本书为青年泰山学者项目出版资助

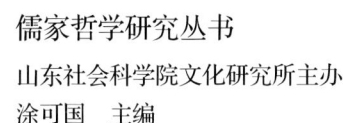

儒家哲学研究丛书
山东社会科学院文化研究所主办
涂可国 主编

经学视野下的《大学》学史研究

张兴 著

中国社会科学出版社

图书在版编目（CIP）数据

经学视野下的《大学》学史研究 / 张兴著. —北京：中国社会科学出版社，2019.11
ISBN 978-7-5203-5308-3

Ⅰ.①经⋯ Ⅱ.①张⋯ Ⅲ.①儒家②《大学》—研究 Ⅳ.①B222.15

中国版本图书馆 CIP 数据核字（2019）第 221825 号

出 版 人	赵剑英
责任编辑	冯春凤
责任校对	张爱华
责任印制	张雪娇

出　　版	中国社会科学出版社
社　　址	北京鼓楼西大街甲 158 号
邮　　编	100720
网　　址	http://www.csspw.cn
发 行 部	010-84083685
门 市 部	010-84029450
经　　销	新华书店及其他书店
印　　刷	北京君升印刷有限公司
装　　订	廊坊市广阳区广增装订厂
版　　次	2019 年 11 月第 1 版
印　　次	2019 年 11 月第 1 次印刷
开　　本	710×1000　1/16
印　　张	19.5
插　　页	2
字　　数	316 千字
定　　价	109.00 元

凡购买中国社会科学出版社图书，如有质量问题请与本社营销中心联系调换
电话：010-84083683
版权所有　侵权必究

序一：以《大学》理解儒学的意义及局限
——兼论统合孟荀

一

《大学》本为《礼记》中的一篇，从唐代韩愈、李翱开始，逐渐受到儒家学者的关注。到了宋代，随着理学的兴起，地位得到进一步提升。南宋朱熹编订《四书集注》，《大学》被收入其中，成为朱熹理学思想的一个重要来源。到了元代，《四书集注》被列为科举考试的必读著作，《大学》更是得到普及和传播，一跃升为儒家的核心经典。在《四书》之中，《大学》字数最少，仅两千余字，但地位却非常特殊，由于它对儒学的思想做了简要的概括和总结，故后人往往根据《大学》来理解儒学。如梁启超先生说："儒家哲学，范围广博，概括起来，其功用所在，可以《论语》'修己安人'一语括之，其学问最高目的，可以《庄子》'内圣外王'一语括之。做修己的功夫做到极处，就是内圣。做安人的功夫做到极处，就是外王。至于条理次第，以《大学》上说得最简明。所谓'格物、致知、诚意、正心、修身'，就是修己及内圣的功夫；所谓'齐家、治国、平天下'，就是安人及外王的功夫。"① 其实《大学》不仅仅是"条理次第"，更是儒学的纲领规模，后人称儒学为修齐治平之学，就反映了这一点。但问题是，用《大学》来概括儒学是否全面？是否反映了儒学的完整面貌？这就涉及到对儒学的理解。我认为如果抛开传统道统说的影响，从孔子开始，完整的儒学至少包括了两个方面：一是成己安人，"为政以德"（《论语·为政》）；二是推己及人，"为国以礼"（《先进》）。前者见于《论语·宪问》

---

① 梁启超：《梁启超论儒家哲学》，商务印书馆2012年版，第4页。

"子路问君子","子曰：修己以敬"、"修己以安人"、"修己以安百姓"。可以看到，《大学》其实正是对儒家这一思想的发挥，其特点是强调修身的重要，主张"自天子以至于庶人，壹是皆以修身为本"，把道德看作政治的根本，将政治道德化，走上了一条德治也就是人治的道路。《大学》的这一套理论，固然在唤醒士人的道德主体、激发传统儒生平治天下的豪情、期待"为生民立命""为万世开太平"上发挥了积极作用。但仔细一想就会有疑问，个人的道德修养，何以有如此大的作用，竟然可以"安人""安百姓"？其实在孔子那里，个人的道德教化，只有在满足了民众的物质生活，在一套礼义制度下才能发挥作用。所以孔子主张"富之""教之"（《子路》），要求"因民之所利而利之"（《尧曰》）。而之所以要富民、利民，就是因为民与我有相同的情感、愿望，故应推己及人，"己欲立而立人，己欲达而达人"（《雍也》），自己想要得到的也应该让别人得到，自己想要实现的也应该让别人实现。在"道之以德"的同时，还要"齐之以礼"（《为政》），德治需要礼治来配合。没有完备的制度，一个君子固然可以独善其身，却很难做到兼济天下。所以孔子感慨，"邦有道，则仕；邦无道，则可卷而怀之"（《卫灵公》），"天下有道则见，无道则隐"（《泰伯》）。所谓"有道""无道"也就是有礼、无礼，特别是国君能否守礼。可见成己安人是有条件的，如果条件不具备，只好"道不行，乘桴浮于海"（《公冶长》）。所以孔子一方面提出超越性的仁，用仁唤醒人的道德意识，把人的精神向上提、向外推，通过道德人格的自我完善，"修己以安人"，"修己以安百姓"（《子路》），主动承担起扶危济贫乃至平治天下的责任。另一方面又十分重视礼，认为"礼乐不兴，则刑罚不中；刑罚不中，则民无所措手足"（《子路》），希望通过"克己复礼"，确立和谐的政治秩序。前者是"为政以德"，后者是"为国以礼"。"为政以德"强调的是执政者的德性、身教，认为"为政以德，譬如北辰，居其所而众星共之"（《为政》）。"子帅以正，孰敢不正。"（《颜渊》）"君子之德风，小人之德草。草，上之风，必偃。"（同上）"为国以礼"则突出礼义制度的重要性，认为"礼之用，和为贵，先王之道，斯为美"（《为政》），礼是人与人和谐相处的制度保障。"能以礼让为国乎？何有？不能以礼让为国，如礼何？"（《里仁》）礼的产生本身就是为了解决人与人之间的对立和冲突的，在前礼义的阶段，由于人有各种欲望，都希望欲望得到最大满足，于是便相互争夺，彼此对立、冲突。

于是人们通过约定制作了礼，对行为进行约束，将欲望限定在合理的范围之内，这样便出现了国家。国家为了维护统治，往往不惜使用暴力，所以礼与刑必然相伴。但一个好的执政者，不只是使民众被动地服从礼，更要使其主动地奉行礼，依据礼彼此谦让。这样就需要执政者身体力行，以礼让治国了。故"上好礼，则民莫敢不敬"（《子路》），"上好礼，则民易使也"（《宪问》）。执政者喜好礼，自觉地遵守、维护礼，则民众就容易管理。虽然"为政以德"与"为国以礼"为孔子所并重，但二者存在侧重的不同。前者注重执政者道德人格的塑造和培养，强调道德对政治的影响；后者则重视礼义、制度的建构，主张用礼来约束乃至完善人性。

根据以上的分析，我们可以看到《大学》主要反映的是儒学成己安人、"为政以德"的内容，它虽然抓住了儒学十分重要甚至是核心的思想，并做了恰当的概括，但毕竟只是完整儒学的一个方面。用《大学》来理解儒学，虽然提纲挈领，揭示了儒学的主要内容，但显然是不完善、不全面的。它在彰显、反映儒学一个方面的同时，却又掩盖、遮蔽了另一面。出现这种情况，与孔子思想的丰富性与不确定性是密切相关的。古代哲人在开宗立派时，其思想往往丰富、含混，具有向多个方向发展的可能。同时由于其表述不够清晰，又常常因材施教，往往使其弟子或后学在理解上产生分歧。结果在宗师去世后，学派内部便出现分化，这可以说是古代学术、宗教发展的一般规律，儒学亦是如此。孔子之后，"儒分为八"（《韩非子·显学》），从思想倾向上看，则可主要分为"主内派"与"主外派"。[①] 按照传统的说法，《大学》出自曾子一派，属于孔门后学主内派的作品，故其突出修身的作用，主张由内在修养达致外在政治。《大学》之后，孟子"道性善"，提出性善论，为儒家的修身奠定了人性论的基础。孟子云，"天下之本在国，国之本在家，家之本在身"（《孟子·离娄上》）。既然身是家乃至国、天下之本，故"行有不得者，皆反求诸己。其身正，而天下归之"（同上），在突出修身的作用上，与《大学》的思路是一致的。而且由于确立了性善论，孟子更强调善性的扩充，并以之为仁政的内在根据，所谓"有不忍人之心，斯有不忍人之政矣。以不忍人

---

① 参见拙文：《孔子思想中的矛盾与孔门后学的分化》，《西北大学学报》1999年2期。又见拙作：《郭店竹简与思孟学派》第二章，中国人民大学出版社2008年版，第55~63页。

之心，行不忍人之政，治天下可运之掌上"（《公孙丑上》），实际是走了一条由内而外、由道德而政治的道路。但不应忽视的是，孔子之后还存在着一个主外派，此派以子夏开其端，由荀子集大成，其思想同样构成儒学的一个重要面相。近些年清华简的发现，特别是《逸周书》重新引起人们的关注，为我们了解这一条思想线索提供了重要的材料。例如，《逸周书》中有《文儆》一篇，当为战国前期儒者假托文王与武王的对话，从内容来看，应属于荀子之前主外派的作品。其文云：

> 民物多变，民何向非利，利维生痛（注：同"通"），痛维生乐，乐维生礼，礼维生义，义维生仁。呜呼，敬之哉！民之适败，上察（注：苛察）下遂（注：坠），信（注：当为"民"之误）何向非私，私维生抗，抗维生夺，夺维生乱，乱维生亡，亡维生死。

"民物"，民性也。民性多变，但有一点是肯定的，就是其追求的无非是利。追求利无可指责，关键在于其可以"通"，也就是共享。如果你在追求利的同时，使他人也获得了利，这样彼此便产生快乐，由快乐产生出礼，由礼产生出义，由义产生出仁。儒家的仁义原来是从利益推导出来的，真可谓"义者，利之和也"（《周易·乾·文言》）。而要做到义利的统一，关键是要推己及人，可以"通"，可以共享。与孟子不同，《文儆》所说的民性是自然人性，具体指情感、欲望等，情感、欲望既可能追求利，也可能追求私。利与私的根本差别在于，利是可以共享的，私却不能共享，只会产生对抗，对抗产生争夺，争夺产生混乱，混乱导致灭亡。而造成私的原因，是执政者过于苛察，不能推己及人，反而与民争利。所以对于民性，应引导其追求利，而避免滑向私，引导的方法是制度、礼义，而遵守礼义、制度便是仁。如果说《大学》《孟子》是由内而外，由修身而治国平天下，由道德而政治的话，那么《文儆》则是由外而内，由政治而道德，由欲望、利益推出礼义乃至仁义，走了与《大学》《孟子》不同的另一条道路。如果说《大学》《孟子》由于是由内圣而外王，主要建构了儒家的内圣之学的话，那么，《文儆》则是由外王而内圣，开始发展出一套儒家的外王之学，而《文儆》之后，对儒家外王学做了进一步发展的是荀子。其《礼论》云：

> 人生而有欲，欲而不得，则不能无求；求而无度量分界，则不能不争；争则乱，乱则穷。先王恶其乱也，故制礼义以分之，以养人之欲，给人之求，使欲必不穷（注：困窘）乎物，物必不屈（注：音jué，枯竭）于欲，两者相持而长，是礼之所起也。故礼者，养也。

与《文儆》一样，荀子也是关注于人的自然欲望，从自然欲望推出制度、礼义。人生而有种种欲望，欲望得不到满足便会向外追求，向外追求如果没有"度量分界"，也就是礼义法度，则必然会产生争夺；争夺导致混乱，混乱导致困穷。"先王恶其乱也"——需要说明的是，荀子这里所描写的是一个前礼义的状态，政治秩序尚未建立，自然不可能有什么王，所谓"先王"只能是后人追溯的说法，实际是指人群中的先知、先觉者。另外，由于传统上认为荀子主张性恶论，而荀子又认为圣人与凡人的人性是一致的，这样便产生第一个圣人如何制作礼义的难题。其实，如果知道荀子并非性恶论者，其完整的人性主张是"人之性恶，其善者伪"，实际是性恶心善论者，这一所谓难题便迎刃而解了。在荀子看来，一方面"人生而有欲"，欲本身虽然并不为恶，但若不加节制，又没有规则约束的话，就会产生争夺、混乱，最终导致恶。但另一方面人又有心，心有思虑抉择和认知的能力。心的思虑、认知活动便是伪，"心虑而能为之动谓之伪"（《荀子·正名》）。虑指心的抉择判断能力，"情然心为之择谓之虑"；能指心的认知能力，"智所以能之在人者谓之能"（同上）。故当人顺从情欲不加节制而导致恶时，其心又会根据认知做出抉择判断，并制作出礼义来，这就是善。如果说礼义的制定是为了解决欲望与物质的矛盾，从而协调二者关系的话，那么制作礼义的动因则是心，是心的思虑、认知活动，也就是伪，[1] 所以荀子的人性论可以概括为性恶心善说。

---

[1] 荀子认为"凡礼义者，是生于圣人之伪"（《荀子·性恶》），故只承认圣人可以制作礼义。但他又认为圣人与凡人在人性上是相同的，其成为圣人是实践礼义的结果，"圣人者，人之所积而致矣"（同上），这样便出现最早的圣人是如何出现的，以及他又是如何制作礼义的难题。要解决这一难题，要么承认圣人是天生的，与凡人并不相同，要么承认制作礼义的实际是心的思虑、认知活动（伪），所谓圣人不过是充分发挥了其心的功能和作用而已。参见拙文：《〈荀子·性恶〉篇"伪"字的多重涵义及特殊表达——兼论荀子"人性平等说"与"圣凡差异说"的矛盾》，《中国哲学史》2019年6期。

其与孟子的性善论显然有所不同，它不是通过区分"人之所以异于禽兽者"(《孟子·离娄下》)，要求以善为性，从而激励人的道德自觉，确立人的价值、尊严，而是着眼于人性（广义的）中欲望与理智的紧张与冲突，从而建构起礼义、制度。如果说孟子的性善论主要为儒家的内圣奠定基础的话，那么，荀子的性恶心善论则为儒家的外王提供了理论论证，它们二者共同构成儒学的重要内容。

综上所论，孔子之后，儒学内部发生分化，出现了主内派与主外派，并最终产生孟子和荀子两个不同的思想体系。如果抛弃成见，不难发现主内派—孟子与主外派—荀子，都是完整儒学的有机组成部分，二者虽然在具体观点上有所对立，但却是相依相存的。前者注重修身、道德人格的塑造，强调道德对政治的引领作用；后者则关注礼义、制度的建构，认为礼义、制度不仅维系了社会秩序，也是转化人性的重要手段。前者主要倾向性善论，关注于人性中正面、积极的内容，故往往突出仁性；后者持自然人性论，既正视情感、欲望可能导致的偏险悖乱之负面，也承认在心或理智的节制下，满足情感、欲望的合理性，故认为人性中包括了情性和智性。前者往往从君子来立论，对其有很高的道德期待，希望君子以善为性，而不以口腹之欲为性，"君子不谓性也"(《孟子·尽心下》)，通过人格的塑造与完善，进而影响政治与社会；后者虽然也尊崇君子、圣王，但由于关注礼义、制度的建构，往往从庶民的特点入手，认为"义与利者，人之所两有也"(《荀子·大略》)，即使尧舜也不能禁止民好利，即使桀纣也不能消除民好义，因而要求因利以求义，重义以克利，更接近孔子"因民之所利而利之"(《论语·尧曰》)的思想。借用孟子的说法，前者关注的是善，后者重视的是法。但既然"徒善不足以为政。徒法不能以自行"(《孟子·离娄上》)，就应将二者相结合，合则两美，分则两伤。从这一点看，仅仅用属于主内派的《大学》来概括或理解儒学，显然是不全面的，反而遮蔽、掩盖了儒学更为丰富的内涵。还有一点值得注意，从孔子到孟荀，都主张对于君子、庶民要区别对待，存在着君子之学与庶民之学的分野。[①] 修身主要是针对君子而言，对于庶民则主张先养后教，"所欲与之聚之，所恶勿施尔也"（同上），不做过高的道德要求。

[①] 参见拙文：《君子儒学与庶民儒学——兼论统合孟荀》，《哲学动态》2019年5期。

《大学》则提出"自天子以至于庶民,一是皆以修身为本",说明其思想是较为特殊的,诚如学者所言,重视内圣、修身是《大学》最本质、最核心的内容。而这些内容随着《大学》成为儒学的核心经典,被大大强化了,反过来又影响到人们对儒学的理解。

二

　　《大学》地位的提升,经历了一个较长的过程,最终完成于南宋朱熹之手,标志是《四书集注》的编订。故朱熹对于《大学》十分重视,他曾说:"某于《大学》用工甚多。温公作《通鉴》,言:'臣平生精力,尽在此书。'某于《大学》亦然。《论》《孟》《中庸》却不费力。""我平生精力,尽在此书,先须通此,方可读书。"① 据记载,朱熹去世前,仍在修订《大学》"诚意"章。"三月辛酉,改《大学》诚意章。甲子,先生卒。"② 可谓一生用心于《大学》,至属纩而后绝笔。学习四书,朱子认为也应先从《大学》入手。"学问须以《大学》为先,次《论语》,次《孟子》,次《中庸》。""某要人先读《大学》,以定其规模;次读《论语》,以立其根本;次读《孟子》,以观其发越;次读《中庸》,以求古人之微妙处。"③ 他还建议,"可将《大学》用数月工夫看去。此书前后相因,互相发明,读之可见,不比他书。"④ 至于《大学》何以如此重要,朱子也有形象的说明。"《大学》是修身治人底规模。如人起屋相似,须先打地盘。地盘既成,则可举而行之矣。""或问:《大学》之书,即是圣人做天下根本?'曰:'此譬如人起屋,是画一大地盘在这里。理会得这了,他日若有材料,依此起将去,只此一道理。'""《大学》是大坯模。《大学》譬如买田契,《论语》如田亩阔狭去处,逐段子耕将去。""须熟究《大学》做间架,却以他书填补去。"⑤《大学》好比"规模"、"坯模",是圣人治天下的根本,真正读懂了《大学》,掌握了这一大根大本,

---

① (宋)黎靖德编:《朱子语类》,中华书局1985年版,第1册,第258页。
② (清)王懋竑:《朱熹年谱》,中华书局1998年版,第407~408页。
③ (宋)黎靖德编:《朱子语类》,第1册,第249页。
④ 同上,第250页。
⑤ 同上,第250页。

才有可能进一步阅读其他经典，确立修身进德的正确方向。

那么，为何《大学》在宋代受到儒家学者的重视，并上升为理学的核心经典呢？学界流行的看法是，汉唐儒学主要是章句之学，虽于礼义制度有所建树，但对天道性命的本源问题却了无新意，缺乏形而上的探索，结果在佛老的冲击下败下阵了，出现了"儒门淡泊，收拾不住"的窘境。所以从北宋开始，儒者开始关注"性与天道"的问题，通过阐发天道性命，以解决人生的价值和意义的问题。在这一过程中，《大学》与《中庸》作为性命之书，受到儒者的重视，地位由此得到提升。如杨儒宾先生就认为："'性命之书'是我们了解《大学》、《中庸》地位升降最重要的概念。"① 但"性命之书"的说法可能更适合《中庸》，却不一定适合《大学》。从内容上看，《大学》基本没有涉及天道性命的问题，虽然谈到诚意、慎独，但主要是从修身上讲，没有涉及宇宙本体。借用牟宗三先生的说法，《大学》属于"横摄的系统"，而不是"纵贯的系统"。"《大学》只列举出一个实践底纲领，只说一个当然，而未说出其所以然。"② 从朱子的论述来看，他重视《大学》也是着眼于为学次第，而不是形而上的内容。"问：'欲专看一书，以何为先？'曰：'先读《大学》，可见古人为学首末次第。且就实处理会好，不消得专去无形影处理会。'""《论》《孟》《中庸》，待《大学》贯通浃洽，无可得看后方看，乃佳。道学不明，元来不是上面欠工夫，乃是下面元无根脚。"③ 可见在朱子的眼里，《大学》恰恰代表的是"实处"，而不是"无形影处"；是"下面"的根脚，而不是"上面"的功夫。"性命之书"的说法，显然是难以成立的。

既然《大学》并非性命之书，它受到宋儒的关注当另有原因。其实如前文所述，《大学》主要反映的是儒家主内派一系成己安人、"为政以德"思想，其特点在于突出、强调修身的重要性，把修身看作政治的根本，将政治道德化，走上了一条德治也就是人治的道路。《大学》受到关注，恐怕在于它的这一思想特点。从这一点看，刘子健先生的观点可能更

---

① 杨儒宾：《〈中庸〉、〈大学〉变成经典的历程——从性命之书的观点立论》，《台湾大学历史学报》1999年，第24期。

② 牟宗三：《心体与性体》，上海古籍出版社1999年版，第1册，第15页。

③ （宋）黎靖德编：《朱子语类》，第1册，第250页。

有说服力，也更值得重视。刘先生认为，儒学从北宋到南宋经历了一个内在的转向，不再关注制度的变革，而热衷于内在道德的完善。这一转向的起因是王安石变法及其引起的一系列后果，而其实质则是对何为儒家正统的不同认识。以王安石为代表的制度改革派认为，儒家经典中已经提供了制度典范，其中所描述的制度绝非纯粹理论构想或乌托邦体系，而是历史上曾经出现的客观存在。这种制度之所以没有被实现，主要是因为人们没有找到推行真理的途径和方法，因而才将其当作高明而虚幻的空谈束之高阁。为了挽救危局，迫切需要厘清古老经典中的基本原则并将其付诸实践。他们的目标是设计政治、经济、社会和教育制度，以便提高道德水准。他们相信道德价值观与功利主义目的可以达成一致，换言之，好的制度既有助于提高道德水准，又是实用的。然而王安石发动的熙丰变法（1069—1085年，又称熙宁变法），却引起保守势力的激烈反对。元丰八年（1085年），宋神宗去世，宋哲宗即位，高太后垂帘听政，起用司马光为宰相，保守派接掌政权，恢复旧制，大开倒车，新法几乎全被废掉，史称"元祐更化"。元祐八年（1093年），高氏去世，哲宗赵煦开始亲政，于次年改年号为绍圣（1094 - 1097），恢复熙宁、元丰变法，保守派失势，大部分变法措施重新付诸实施，史称"绍圣绍述"，又称后变法时期。但此时的变法已丧失了王安石的理想主义初衷，改革精神化为乌有，道德上毫无顾忌，贪赃枉法，肆无忌惮，拒绝革除任何改革体制的弊端，对那些继续反对改革的保守派（"元祐党人"）进行史无前例的残酷迫害，皇帝好大喜功，奢侈无度，整个社会道德沦丧。恢复的变法不仅没有革除弊政，反而聚集了一批声名狼藉之辈，最终招来女真人的入侵和北宋王朝的崩溃。1127年，南宋王朝建立，改革计划、措施宣告破产，声名扫地，没有人敢再公开鼓吹改革。这时出现了一个"道德保守主义者"的集团，他们抨击各项改革措施毫无价值、不合时宜、不道德，应当加以唾弃；同时坚定不移地认为，北宋灭亡的近因虽然是恢复变法时期，但潜在的危害则来自最初的变法本身。王安石将功利置于道德之上，又将国家置于社会之上，本末倒置，犯了根本性的错误。出于对变法及其恶果的强烈反感，他们不仅支持保守主义，而且身体力行，在对儒家经典的解读中极力强调道德，坚信道德的方法是唯一的出路，必须旗帜鲜明地弘扬儒家正统道德原则。① 这种正统观念就来自《大学》，核心是认为建立秩序的关键在于"正心""诚意"，这成为朱熹新儒家学派的一个口号。既然变法的大门已经关闭，制度变革成为不可提及的禁区，权力被高度集中在皇帝手里，至高无上的专制君主是唯一的关键。"如果能给皇帝注入新的动力，他就有可能改变政府。这就是伟大的新儒家朱熹教导皇帝治国在于齐家、齐家在于修身、修身依靠正心诚意的奥妙。皇帝必须正其心，诚其意。不是潜研儒学的人也许会觉得这样的教导与国事无关，但是，作为早期道德保守主义者的继承人，新儒家却相信，当任何可以设想的制度改革和其他措施都不能治愈专制主义的病症时，这才是纯正的儒家救弊良方。"② "总的来说，新儒家哲学倾向于强调儒家道德思想中内向的一面，强调内省的训练，强调深植于个体人心当中的内在化的道德观念，而非社会模式的或政治架构当中的道德观念。""在新儒家学者的头脑中，最重要的就是修身和内心的思想。它们倾向于转向内在。"③ 刘先生虽然所说的是宋代儒学的整体走向，但同样有助于理解《大学》地位的变化。正是南宋儒学的内在转向，使得《大学》受到人们的关注，并经朱子的诠释，一跃成为儒家的核心经典。

其实早在北宋时期，《大学》就已受到了二程、张载的关注，其对《大学》的论断对朱熹产生了重要影响。这一时期也出现了司马光的《〈大学〉广义》、王拱辰的《〈大学〉轴》这样的诠释性著作，司马光关于为政的关键在于正心、诚意的主张，也被以后的宋高宗所欣赏。但整个北宋后期学术界，居于官学地位的是王安石新学，"自王氏之学达于天下，其徒尊之与孔子等……行之以六十余年"，④ 王安石主张制度变革与《大学》倡导的修身为本存在认识上的分歧，以上学者往往也对王安石变法持批评和反对的态度，故《大学》尚未被主流学术界所关注。到了南宋，随着政治形势的反转，王安石新学逐渐失势，理学成为当时的显学，《大学》才由于朱子等人的提倡，地位终于得以提升。可见《大学》受到关注，是与理学、新学的对立和冲突，以及二者势力的消长纠缠在一起

---

① 刘子健著，赵冬梅译：《中国转向内在》，江苏人民出版社2001年版，第36~37页。
② 同上，第119页。
③ 同上，第141~142页。
④ （宋）陈渊：《十二月上殿札子》，《默堂集》卷十二，四库全书本。

的，是儒学内在转向的结果。王安石新学与二程理学是产生于北宋神宗、哲宗时期的两个对立学派，虽然它们都对北宋社会现状强烈不满，认为需要进行根本性的改革，但在变革的方式和途经上则存在根本分歧。王安石重视制度变革，谋求建立一个运行高效的政府；二程则关注心性修养，试图建立一个具有自我道德完善能力的社会。由于认识的分歧，二者在理论建构上也存在明显的差异。王安石关注制度变革，认为"圣人经世立法，以中人为制也"。[①] 所谓"中人"既非圣贤也非恶人，而是趋利避害、追求个人利益同时可以接受教化的普通人。从中人的特点出发，王安石持自然人性论，认可孔子的"性相近也，习相远也"（《论语·阳货》），肯定杨朱"为己"的合理性，"杨子之所执者为己，为己，学者之本也。……是以学者之事，必先为己，其为己有余，而天下之势可以为人矣，则不可以不为人。"[②] 但杨朱只讲"为己"不讲"为人"，"失于仁义而不见天地之全"，[③] 仍是一偏之学。儒学则要在为己的基础上进一步为人，由个己之性（王安石称为"生"）推出普遍之性（可称为"大中之性"），并通过制礼作乐，以立法的形式将其确立下来，使天下之人皆得以"养生守性"。不难看出，王安石实际延续的是儒家内部务外派－荀子的思想路线，笔者曾经指出，"在北宋儒学以仁确立人生意义、价值原则，以礼建构政治制度和人伦秩序的两大主题中，王安石明显偏向后者，其所建构的主要是一种政治儒学，是外王之学，而没有从仁学的角度建构起儒家的内圣之学或心性儒学"。"就此而言，王安石虽然对荀子存在较多误解和批评，而与孟子思想一度更为密切，但其所延续的仍主要是'孔荀之制'，而不是'孔孟之道'；选择的是孔荀的路线，而不是孔孟的路线。"[④] 与之相对，二程注重道德的完善，提倡圣人之学，故持道德人性论，认可孟子的性善论，认为"孟子有大功于世，以其言性善也"。[⑤] 而学为圣人，就需要向内用力。"不求于内而求于外，非圣人之学也。……学也者，使人

[①] （宋）王称撰，孙言诚、崔国光点校：《东都事略·王安石传》，齐鲁书社2000年版，第1册，第662页。
[②] （宋）王安石：《杨墨》，《临川先生文集》，中华书局1959年版，第723页。
[③] 同上，第723页。
[④] 参见拙文：《王安石政治哲学发微》，《北京师范大学学报》2016年3期。
[⑤] （宋）朱熹：《四书集注·孟子序说》引，第179页。

求于本也。"① 所谓"本"就是仁心性体,"凡学之道,正其心,养其性而已。中正而诚,则圣矣。……故学必尽其心。尽其心,则知其性,知其性,反而诚之,圣人也。"② 通过存心、养性,就可以下学上达,"尽心"、"知性"、"知天",达到圣人的境界,进而成己安人,完成社会的道德改造了。所以二程十分重视《大学》,认为其代表了儒家正确的为学和为政路径。程颢说:"《大学》乃孔氏遗书,须从此学则不差。"程颐也说:"《大学》,孔子之遗言也。学者由是而学,则不迷于入德之门也。"③ 其延续的主要是主内派-孟子一系的思想,所倡导的是孔孟之道,如后人所评价的"出处孔孟,从容不勉"。④ 但不论是孔孟之道还是孔荀之制,是"为政以德"还是"为国以礼",是成己安人还是推己及人,都是完整儒学的两个方面,是相互依存而不应分割的。但随着孔门后学的分化,特别是道统意识的兴起,宋代儒者恰恰是用对立的眼光看待学派间的分歧,并由此相互攻讦,对儒学的健康发展造成不可估量的损害。

如果说北宋时期,由于认识的分歧,二程对王安石变法持批评、反对的态度,但一定程度上仍有所反省,如二程说:"新政之改,亦是吾党争之有太过,成就今日之事,涂炭天下,亦须两分其罪可也。"⑤ 那么到了南宋时期,随着王安石及其新法被否定,制度变革已不可能,只剩下道德完善一条路时,作为二程的追随者和理学的集大成者,朱熹对王安石新学做了更为激烈的批判和否定,而其批判的理论根据主要就是来自《大学》。虽然朱熹对王安石人格有较高评价,对新法的逐项措施也多从正面予以肯定,但在朱熹看来,王安石搞反了《大学》谆谆教导的"本"与"末"的关系,忘记了《大学》"自天子以至于庶民,一是皆以修身为本"的教诲,不是以修身、正人心为本,而是以兵革财利、富国强兵为本;不是进行道德拯救,而是从事制度变革。"大本不正,名是实非;先

---

① (宋)程颢、程颐:《二程集》,中华书局1981年版,第1册,第319页。
② 同上,第2册,第577页。
③ 同上,第1册,第18页;第4册,第1204页。
④ 同上,第1册,第328页。
⑤ 同上,第1册,第28页。

后之宜，又皆倒置，以是稽古徒益乱耳。"① 朱熹认为，当时社会存在着"法弊"与"时弊"，"法弊但一切更改之，却甚易；时弊则皆在人，人皆以私心为之，如何变得？嘉佑（注：宋仁宗年号，1056—1063年）间法可谓弊矣，王荆公未及尽变之，又别起得许多弊，以人难变故也。"② 法弊是指制度的弊端，改革起来较为容易；时弊则是指一个时代的弊端，其来自于人欲、私心，是人自己造成的，要想改变最为困难。王安石虽然看到制度之弊，却未看到人心之弊，其变法只能是舍本逐末，治标不治本，结果只能是旧弊未去，新弊又来。要想真正革除弊端，除去时弊，就要回到《大学》所教导的明明德、修身的路线上来，"自天子以至庶人，人人得其本心，以制万事，无一不合宜者，夫何难而不济？"如果不能首先端正人心，却想追求富强、事功，结果只能是"亡人之国而自灭其身，国虽富其民必贫，兵虽强其国必病，利虽近其为害也必远"。③ 所以政治的根本不在于变制度，而在于正人心。正人心包括"正其心""正君心""正天下之心"三个方面，"既以自正其心，而推之以正君心，又推而见于言语政事之间，以正天下之心"。④ 其中"正其心"主要是对士人而言，士人首先要自正其心，进而能正君主之心，"格君心之非"，然后通过君主施行教化，颁布法令，进一步去正天下人之心。正人心的三个方面，正君心是根本、关键。"天下事有大根本，有小根本。正君心是大根本。天下事，须是人主晓得通透了，自要去做，方得。"⑤ "天下之事，其本在于一人，而一人之身，其主在于一心。故人主之心一正，则天下事无有不正；人主之心邪，则天下之事无有不邪。"⑥《大学》有云："一家仁，一国兴仁；一家让，一国兴让；一人贪戾，一国作乱，其机如此。"朱熹注："一人，谓君也。……此言教成于国之效。"⑦ 故朱熹的"正君心"实来自《大学》与《孟子》。尽管朱熹本人并不完全反对讲求财利、事

---

① （宋）朱熹：《读两陈谏议遗墨》，《朱子全书》，上海古籍出版社、安徽教育出版社2010年版，第23册，第3382页。
② 同上，第7册，第2688页。
③ （宋）朱熹：《送张仲隆序》，《朱子全书》，第24页，第3623页。
④ （宋）朱熹：《与汪尚书书》，《朱子全书》，第21册，第1097页。
⑤ （宋）黎靖德编：《朱子语类》，第7册，第2679页。
⑥ 朱熹：《己酉拟上封事》，《朱子全书》，第20册，第618页。
⑦ （宋）朱熹：《四书集注·大学章句》，中国书店1994年版，第9页。

功，但认为其与修德、正人心相比，只能是第二位的，是末而非本，而王安石恰恰在这一点上犯了方向性错误。虽然"王安石改革'法弊'的出发点是好的，改革措施也有可取之处，但王安石不首先从正其心、正君心、正天下之心入手进行变法，而是把'君心''天下之心'导向求利的误区"，"最大坏处是坏了人才风俗，坏了天下的'心'，使私欲泛滥"。①对于正君心，朱熹不仅理论上言之，实践上更是行之。在知南康军任上，朱熹就曾应诏上疏："天下之务，莫大于恤民，而恤民之本，在人君正心术以立纪纲。"结果使孝宗大怒。但朱熹并未因此退却，仍继续向孝宗进言国事。有人劝他："正心、诚意之论，上所厌闻，戒勿以为言。"朱熹答："吾平生所学，惟此四字，岂可隐默以欺吾君乎？"②朱熹认为自己一生所学惟正心、诚意四字，说明《大学》在其心目中所占有的重要地位；而他决不放弃向皇帝进言正心、诚意，则表明朱熹主要是从明德修身、道德完善来理解《大学》乃至儒学的，这就使其对政治的理解与王安石有根本的不同。他撰写《四书集注》，用一生精力注释《大学》，就是想建构与新学不同的理学体系，认为这关系到儒家的道统所系。《大学》就是在儒学的内在转向中脱颖而出，上升为儒家的核心经典。

三

　　《大学》地位的提升和《四书》思想体系的出现，是传统社会后期思想界的重大事件，并对以后的社会发展产生深远影响。以《大学》为代表的《四书》体系，虽然在应对佛老的挑战、完成儒学的复兴、重新确立儒学在传统社会中的主导地位方面，发挥了积极作用，但其一开始就是建立在狭隘的道统说之上，仅以孔、曾、思、孟为儒学正统，并以继承这一儒家道统为己任，而将荀子及汉唐儒学排除在外，其所弘扬的主要是孔孟之道，而忽略乃至否定了孔荀之制，使本来丰富的儒学传统变得狭窄，其自身也不可避免地具有重道德、轻事功，重内圣、轻外王的弱点，不仅

---

① 李华瑞：《王安石变法史研究》，人民出版社2004年版，第41页。
② （元）脱脱：《宋史·道学三·朱熹》，中华书局1985年版，第36册，第12753、12757页。

没有促成儒学的全面、健康发展，反而造成儒学内部更大的对立，使儒学出现内在转向。本来在孔子那里，"为政以德"与"为国以礼"，"为仁由己"与"克己复礼为仁"（《论语·颜渊》），由道德而政治与由政治而道德，是同时并存，相辅相成，互相促进的。虽然孟荀各执一端，一定程度上造成二者的分裂，但汉唐儒者总体上仍是将二者等量齐观，并试图使之相统一，"孟荀齐号"是当时学术界的共识和常态。唐代韩愈提出了狭义的道统说，二程等理学家表示相应和认可，但在整个北宋时期也只是一家之言，宋初的孙复、石介均持一种广义的道统说，其特点是将孟荀以及汉唐时期的扬雄、王通、韩愈，均列入道统之中。所以如果跳出狭义的道统说，换一种整全的眼光，就会发现宋代儒学的发展实际经历了由齐头并进到理学独尊的过程，北宋思想界既有主要发展了孔荀之制的李觏及王安石新学，也有着力弘扬了孔孟之道的以周敦颐、二程、张载为代表的理学，二者的思想进路及具体观点虽然有所不同，但都是完整儒学的有机组成部分，本应在交流中相互借鉴，补充、完善，乃至融合发展出新的学派。但由于狭隘的道统意识，这种互补、融合的局面不仅没有出现，反而引发激烈的党争，终于随着北宋的灭亡，王安石新学被否定，失去官学地位，李觏也影响式微，朱熹理学由于适应了当时的政治需要，虽然也一度遭受挫折，但还是得到官方的肯定和认可，《大学》也在这一过程中确立起儒家核心经典的地位。

关于新学、理学的分歧和对立，学术界已有不少讨论，从儒学自身的发展来看，实际涉及到治国理念尤其是对道德与政治关系的不同理解。儒学从孔子始，主张并追求道德与政治的统一，不论是"为政以德"还是"为国以礼"，都不是将道德与政治打为两截，而是以道德引领政治，以政治促进道德。但这并不意味着道德与政治就没有差别，道德的核心是德性，是对他人的关爱和同情，并由此生发出责任和义务；政治的本质是正义，是以制度化的建构实现利益、好处的公平分配。在儒家的语境中，道德主要表现为仁，包括成己、爱人、仁政等；政治更多体现为礼，包括礼乐刑政等。在儒家看来，一方面道德应引领政治，没有仁则没有礼，"人而不仁，如礼何？"（《论语·八佾》）道德也可以成就政治，如仁政，但主要是以道德的手段实现政治治理，是"以不忍人之心，行不忍人之政"（《孟子·公孙丑上》）；另一方面政治可以促进道德，礼可以成就仁，"克己复礼为仁"(《论语·颜渊》),但主要靠礼义的约束,靠外在的教化。仁与礼有所不同,但又不可截然分开,同样道德与政治也是分而不分的,既有分别但又不可对立、分开。由于仁与礼、道德与政治的这种复杂关系,孔子之后儒学内部发生分化,出现成己安人、"为政以德"与推己及人、"为国以礼"两条路线,前者由道德而政治,后者由政治而道德,孟子主要走的是前一条路线,荀子侧重后一条道路。从这一点看,理学与新学的对立,实际仍是孔孟之道与孔荀之制差别的延续。李觏、王安石主张制度变革,更多关注的是财富的生产和利益的分配问题。在义利观上,主要继承的是荀子的"义利两有"(《荀子·大略》),主张义利统一,反对重义轻利。作为王安石的先导,① 李觏提出"生民之道食为大",②"衣食之急,生民之大患也,仁君善吏所宜孳孳也",③ 所以"治国之实,必本于财用"。④ 认为治理国家的根本是经济基础,是物质财富,反对把物质利益和道德原则简单对立起来。"人非利不生……焉有仁义而不利者乎?"⑤ 那么如何做到义与利的统一,进而治理天下国家呢?"无他,一于礼而已。……夫礼之初,顺人之性、欲而为之节文者也。"⑥ 礼既顺应又节制人的性和欲,节制是为了更好地满足,满足是建立在节制的基础之上。而要做到以礼治国,就需要统治者与民同利,"与众同利则利良民,不与众同利则利凶人"。⑦ 执政者与民同利就会出现良民,不与民同利则会产生恶人。王安石也认为,"盖聚天下之人,不可以无财;理天下之财,不可以无义"。⑧ 这里的"义"是指财富分配中应遵循的道义、正义,具体体现为礼。圣人制作礼乐,就是要满足人们养生的需要。"衣食所以

---

① 李觏为了改变北宋积贫积弱的局面,提出"均田""平土"等主张,对王安石变法做了准备,他的弟子邓润甫也成为王安石变法的得力助手。胡适说:"他(注:指李觏)是江西学派的一个极重要的代表,是王安石的先导,是两宋哲学的一个开山大师。"(《记李觏的学说——一个不曾得君行道的王安石》,《胡适文集》,北京大学出版社1998年版,第25页)

② (宋)李觏:《平土书》,《李觏集》,中华书局2011年版,第191页。

③ 同上,《安民策第十》,《李觏集》,第189页。

④ 同上,《富国策第一》,《李觏集》,第138页。

⑤ 同上,《原文》,《李觏集》,第342页。

⑥ 同上,《礼论第一》,《李觏集》,第5~6页。

⑦ 同上,《庆历民言·释禁》,《李觏集》,第251页。

⑧ (宋)王安石:《乞制置三司条例》,《临川先生文集》,第745页。

养人之形气，礼乐所以养人之性也。……吾于礼乐，见圣人所贵其生者至矣。"① 儒家的核心概念仁义，其实都可以从养生来理解。"世俗之言曰，'养生非君子之事'，是未知先王建礼乐之意也。养生以为仁，保气以为义。"② 二程、朱熹注重道德完善，故把正人心尤其是正君心放在首要位置。在义利观上，强调先义后利，主要发挥的是《大学》和《孟子》的思想。《大学》云："国不以利为利，以义为利也。"朱注："深明以利为利之害……其丁宁之意切矣。"③《孟子·梁惠王上》曰："王亦曰仁义而已矣，何必曰利？"朱注："言仁义根于人心之固有，天理之公也。利心生于物我之相形，人欲之私也。循天理，则不求利而自无不利；殉人欲，则求利未得而害已随之。所谓毫厘之差，千里之缪。"④ 不难看出，李觏、王安石主要延续的是主外派－荀子的路线，走的是由政治而道德的进路，故重视人的感性生命，从个体之性推出普遍之性，也就是可以共享、共存的性，并以此作为建构礼乐制度的根据。一方面从利中推求义，另一方面又以义节制利，持一种义利统一观。其义虽然是普遍的，但不脱离人的感性生命，是形而下的存在。二程、朱熹主要继承了主内派－孟子尤其是《大学》的思想，并做了理论发挥，走的是由道德而政治的路线，故强调以修身为本，主张由格物、致知、诚意、正心达到治国、平天下。在义利观上，主张义优先于利，尤其强调行为动机要出自义。"凡事不可先有个利心，才说著利，必害于义。圣人做处，只向义边做。然义未尝不利，但不可先说道利，不可先有求利之心。"⑤ 二者虽有不同，但如前面所言，只是儒家内部两条不同的路线，并非截然对立的，道德完善与制度变革也不存在本末、高低的差别，而是可以互补的。李觏、王安石新学虽然对儒家仁学重视不够，对道德主体、心性修养有所忽略，但其主张道德价值观不能脱离国家的富强和人民的富裕，对民众的物质利益、情感欲望表现出更多的关注与肯定，仍属于儒学内部的健康力量。

然而令人遗憾的是，由于北宋的灭亡，南宋统治者出于政治的需要，

---

① 同上，《礼乐论》，《临川先生文集》，第703页。
② （宋）王安石：《礼乐论》，《临川先生文集》，第703页。
③ （宋）朱熹：《四书集注·大学章句》，第13页。
④ 同上，《四书集注·孟子集注》，第182页。
⑤ （宋）黎靖德编：《朱子语类》，第4册，第1218页。

把"国事失图"的责任由蔡京上溯至王安石及其新法,认为"惟是直书安石之罪,则神宗成功盛德,焕然明白"。① 这本是历史上不断上演的吾皇圣明、奸臣误国的闹剧,是统治者维护个人利益的一贯伎俩,却影响了南宋的思想界,即使朱熹也概莫能外,他把与新学认识上的分歧上升为政治上的大是大非,把北宋亡国的责任推给王安石,不仅不公允,也影响了后人对儒学的认识和理解。这样前有二程对荀子"大本已坏"的评价,后有朱熹对王安石"大本不正"的否定,儒学内部孔孟之道与孔荀之制两大传统中孔荀之制的传统被中断,无法得到延续和发展。肖永明教授说:"王安石早在北宋中期,就突破了孔孟以来绵延千年的传统偏见,强调义与利的统一,的确不愧是具有特见著识的杰出思想家。如果理学学者能够以理性平和的态度对待新学,汲取其中这些有价值的见解,在注重精神锻造、道德建设的同时,也对制度建设及物质财富的生产、管理予以同样的重视,使二者不偏废,使新学与理学相互取益、相须为用,则无疑北宋以后儒学会朝着更为健康、理性的方向发展,历史不容假设,却能给人以思考与启示。"② 历史虽然无法假设,但可以借鉴。日本著名学者丸山真男指出,日本社会向近代形态的转变中,荻生徂徕等古学派学者发挥积极的作用,他们解构了"修身—齐家—治国—平天下"的连续性思维,将朱子学的道德性转化为政治性,并从中区分出了个人道德与国家政治的不同分野。"在朱子学中,治国、平天下被化约为德行,而德行又进一步被化约为穷理。由于这种'合理主义'的解体,政治逐渐就从个人道德中独立了出来,到了徂徕学,儒学已完全被政治化。然而,规范在向政治之物升华的同时,另一方面就走向人的精神解放,并打开了自由发展之路。"③ 日本古学派对《大学》修齐治平模式的解构,可以从另一位学者伊藤仁斋评论朱熹向孝宗进言正心、诚意之事中得到鲜明的反映。

    愚谓其说固善。然在学者则可,无所以告于人君也。如学者固不可以不以此(注:指正心、诚意)自修。在人君,则当以与民同好

---

① (宋)李心传编撰:《建炎以来系年要录》,中华书局2013年版,第4册,第1487页。
② 肖永明:《北宋新学与理学》,陕西人民出版社2001年版,第235~236页。
③ (日)丸山真男著,王中江译:《日本政治思想史研究》,生活·读书·新知三联书店2000年版,第115页。

恶为本，其徒知正心、诚意而不能与民同好恶，于治道何益？①

在仁斋看来，治国的关键不在正心、诚意的道德动机，而在于国君能够"与民同好恶"，使其获得具体福利的实际效果，这与朱熹一味强调正人心，视君主之心为政治的根本正好相反，而与李觏、王安石的主张更为接近。至于其将道德与政治做适当的区分，认为前者的核心是个人的自修，而后者的根本是与民同利，根据丸山真男的分析，实乃开启了日本近代化的转向。程朱理学与日本古学对《大学》的不同诠释、理解及产生的后果，值得我们反省和思考。

综上所论，《大学》在儒学思想体系中占有重要地位，在历史上也产生过深远的影响，但以《大学》来概括、理解儒学则是不全面的。程朱对《大学》的过分强调，从理学立场对《大学》所做的诠释，在突出孔孟之道的同时，却掩盖乃至否定了孔荀之制，甚至在儒学内部造成不必要的对立和冲突，损害、影响了儒学的健康发展。所以今天讨论儒学，首先要超越狭义的道统论，不能仅仅以《大学》理解儒学，而应将孔孟之道与孔荀之制相贯通，将成己安人、"为政以德"与推己及人、"为国以礼"相结合，构建起完整的儒学思想体系。基于这种考虑，笔者提出了"新道统""新四书"，试图借鉴宋儒以经典诠释建构思想体系的方法，完成当代儒学的重建。儒家道统的核心，无疑是仁义，但韩愈将其理解为"博爱之谓仁，行而宜之之谓义"，② 则不够全面。儒家的仁义，具体理解起来既指仁→义，也指义→仁，实际包含了由仁而义和由义而仁，前者是孟子的"居仁由义"（《孟子·离娄上》），由内在的仁心表现出对他人的责任、义务；后者是荀子的"处仁以义"（《荀子·大略》），也就是以义来成就仁，以正义、公正的制度来实现仁；前者是孔孟之道，后者是孔荀之制。以这种广义的仁义去重新审视传统才是儒家的真道统，是我们倡导的新道统。这种新道统显然无法以传统的四书来代表，其精神也无法简单以《大学》的修齐治平来概括，故需要有新的经典体系，以作为儒学重建的理论依据。这一经典体系，在我看来，应该包括《论语》《礼记》

---

① （日）伊藤仁斋：《童子问》，《日本伦理汇编》第 5 册，第 111 页。
② 韩愈：《原道》，《韩愈全集》，上海古籍出版社 1997 年版，第 120 页。

《孟子》《荀子》，可称为新四书。在新四书中，《大学》被返回《礼记》，需与《礼运》《王制》等篇结合，方可对儒学做出完整的理解和概括。而通过对新四书的理论诠释，统合孟荀，"合外内之道"（《礼记·中庸》），便成为当代儒学重建的重大理论课题。

张兴跟我读博士，他的博士论文《经学视野下的＜大学＞学史研究》，答辩时得到学者的好评，现在他的著作出版，请我写个序言，于是我将对《大学》的思考撰写为上文，权当序言吧。

梁涛　2019 年国庆于九州溪雅苑

序二：《大学》的汉学与宋学研究范式

韩 星

本书是张兴博士在他博士毕业论文的基础上修改而成，是在中国传统经学的视野下对《大学》诠释学术思想史上几个重要阶段和重要问题所作的深入研究，已经具备了系统的《大学》学史研究的基本框架。

这部书的学术意义和价值在于经学视野或者说经学基础。作者把《大学》诠释史上郑注孔疏为代表的汉唐经学与以朱子、阳明为代表的宋明理学一同放到经学史中进行研究，辨析了经学的狭义和广义，指出他所说的"经学史的视野"是广义的"经学"，是将汉唐经学与宋明理学一起作为中国经学史不可或缺的一部分，区分了"汉唐经学"与"经学史的视野下"两者的联系与不同，深入到了一般的哲学史、思想史著述关注不够的经学领域，并以此为基础来进行思想观念的梳理与阐发。

中国传统学问是经史子集的"四部"之学，这不是一种平面并列的学科分类，而是一种立体的思想价值架构，即以经学为核心，而经学是儒家道统（核心价值）的载体，代表中国文化的根本和灵魂，史、子、集则为辅翼流裔。用一个形象的比喻，经犹如树根，史如树干，子为树枝，集为花叶，构成国学大树的整体，全面体现了中国古代学术文化的结构与体系。所以，以经学为基础，才能抓住学术思想的大本大源。经学有一个不断扩大、增加的过程，如唐宋之际"四书"的升格运动，从先秦五经到清末十三经，形成了经学传承与发展的历史。成中英先生归结为一种范式转换，"先秦是一种典范，汉代又是一种典范，宋明是一种典范，清代也有典范。典范一旦形成，就主要在典范里面谈问题。但典范又是变化的，这样就呈现出经学的发展。需要不需要典范呢？经学嘛，是大经大法，价值系统，是为社会提供规则规范，维护社会的稳定。所以不能变来变去，要保持相对的稳定，但经义一旦固定下来，又面临僵化、教条化的危险。这样，就需要新的典范出来。而且需要对经学经常进行哲学的思考，以寻求新的典范。"① 在中国经学发展史上，每一次经学的发展都是典范的转移。

近代以降传统的经史子集这一结构与体系发生了史无前例的转变。左玉河先生考察了以注重通、博的中国传统"四部之学"怎样在形式上完成了向近代分科性质的"七科之学"的转变的过程，大约从19世纪60年代开始，到20世纪初大致成形，到"五四"时期基本确立，到20世纪30年代最终完成。从"四部之学"到"七科之学"的转变，实际上就是从中国文史哲不分、讲求博通的"通人之学"向近代分科治学的"专门之学"的转变。② 这一转变是革命性的，与近代以来中国社会革命性的变革是相互呼应的。对于这一转变的利弊得失，功过是非，现在有越来越多的学者在进行反思，"国学热"、"传统文化热"更是显示了国人学习、研读传统文化基本经典的热情与努力。这是中华文化复兴，重建文化自信，促进中华民族伟大复兴的体现。

长期以来，对《大学》包括"四书"的研读，大都首先和集中在《四书集注》的《大学章句集注》，即宋明理学家的理学思想方面，这是很片面的。张兴博士在经学视野下大跨度、长时段、历史性的考察了《大学》诠释的历史，并提高到"《大学》学"的高度，这是学界还没有人做的。现在已经有了唐明贵的《论语》学史、黄俊杰的《孟子》学史，《大学》《中庸》还没有类似的成果。因此，对《大学》学的发展演变与流传进行系统的学术史梳理是非常必要的，具有填补空白的性质，将对《大学》，乃至整个《四书》学的研究，甚至是中国经学史的研究都会有所裨益。

这部书对《大学》学史的研究放置在经学史的视野下，梳理《大学》学术史，已经有一个比较清晰的框架了，这很难得。经学从汉代开始到清末两千多年的变化当中，有以汉学和宋学两大阶段、两大范式，呈现互为胜负、互为消长的历史，至清代汉学与宋学从分化、对立、相争，到汉学

---

① 梁涛：《国学、经学与本体诠释学——成中英教授访谈录》，《国学学刊》2010年的1期。

② 左玉河：《从"四部之学"到"七科之学"——晚清学术分科观念及方案》，《光明日报》2000年8月11日。

繁荣、宋学衰微，到道咸以降汉宋兼采，一起走向衰亡，经学乃至中国文化，完成了一个春夏秋冬的四季循环，如今正在走出万类萧条的冬季，迎来了全面复兴的春天。本书在内容结构上把汉唐的《大学》学和朱子、阳明的《大学》学作为主体，引用清代四库学者的观点，《大学》在汉唐属于经学（狭义），而在宋明则属于理学，到了清代又重新回归《礼记》，成为"礼学"。作者着重梳理了郑玄、孔颖达、朱熹、王阳明四人的《大学》注释，认为郑玄的《大学》注体现了郑玄的政治理想——即以"君明臣贤"为核心的思想解读；而孔颖达的《大学正义》则是以"诚意之道"为理论基础，以"为政之道"的顺利实行为宗旨；而朱子的《大学章句》则是以学者的"修己、治人"作为宗旨，以"格物致知"作为学者的最重要修养工夫，自然而然推之"新民"（即治人）；而阳明的《大学》学，虽然早年以"诚意"为解《大学》的核心，但是在晚年则以"致知"结合《孟子》之"良知"，结合自身之切身体悟，提出"致良知"学说，则阳明的《大学》学是以"致良知"作为自己学说的核心。后世之学者，虽时有不同之见解，但依然逃不出这四种主要的解读方式。这就能够抓住了《大学》学史的主要方面及其思想主旨，并进一步揭示出汉唐经学与理学、心学，以及汉学与宋学的内在区别与联系。

如果要说不足的话，本书在揭示各家思想主旨时虽然注意到了时代特点的不同，但还未能把思想学术史与社会政治史结合起来，从《大学》文本的诠释与当时的社会政治环境的关联中分析各家思想主旨的社会背景与时代动因；对清代学者研究《大学》学的成果和近代以来学界对《大学》学的现代诠释还没有来得及进行探讨，将来可以扩展补充。

韩星 2019 年 7 月 16 日于北京

目　录

导论 …………………………………………………………………（1）
 一　论文选题 ………………………………………………………（1）
  （一）研究对象（范围）及其界定 ………………………………（1）
  （二）选题理由 ……………………………………………………（4）
 二　文献综述 ………………………………………………………（5）
  （一）研究成果 ……………………………………………………（5）
  （二）研究简评 ……………………………………………………（21）
  （三）研究方法 ……………………………………………………（25）

第一章　《大学》成书、作者与宗旨考辨 ………………………（28）
 第一节　《大学》成书时代考辨 …………………………………（28）
  一　《大学》成书时代的六种观点 ……………………………（28）
  二　《大学》成书时代考辨 ……………………………………（31）
 第二节　《大学》作者考辨 ………………………………………（37）
  一　《大学》作者的九种说法 …………………………………（38）
  二　《大学》作于曾子及其弟子 ………………………………（44）
 第三节　《大学》宗旨及学派归属考辨 …………………………（46）
  一　学术史上关于《大学》宗旨的观点 ………………………（46）
  二　《大学》宗旨考辨 …………………………………………（47）
  三　《大学》的五种学派归属 …………………………………（50）
  四　《大学》学派归属于孔学 …………………………………（51）

第二章　郑玄《大学》学 …………………………………………（53）
 第一节　郑玄《大学注》内容及特点探析 ………………………（53）
  一　注释的内容 …………………………………………………（53）

二　注释的特点 …………………………………………（56）
　第二节　论郑玄《大学注》的政治理想 …………………（63）
　　一　"德"、"政"思想溯源 ………………………………（63）
　　二　郑玄的"为政"观 ……………………………………（67）

第三章　孔颖达《大学》学 …………………………………（77）
　第一节　孔疏《大学注》的形式及内容 …………………（77）
　　一　疏解的形式 …………………………………………（78）
　　二　疏解的内容 …………………………………………（80）
　第二节　《大学正义》的内容及优缺点 …………………（88）
　　一　疏解《大学》原文 …………………………………（89）
　　二　《大学正义》的优点 ………………………………（99）
　　三　《大学正义》的瑕疵 ………………………………（104）
　第三节　《大学正义》之诚意之道 ………………………（107）
　　一　"修身"是"大学之道"的根本 ……………………（108）
　　二　诚意之道 …………………………………………（109）
　　三　诚意与明明德、止于至善 …………………………（117）
　　四　自诚己意与使民诚意 ………………………………（122）
　第四节　《大学正义》之为政之道 ………………………（124）
　　一　絜矩之道 …………………………………………（125）
　　二　贵德贱财 …………………………………………（129）
　　三　用善远恶 …………………………………………（131）
　　四　以义为利 …………………………………………（134）

第四章　朱子《大学》学 ……………………………………（139）
　第一节　《大学章句》的内容及继承性探析 ……………（139）
　　一　《大学章句》的内容 ………………………………（140）
　　二　《大学章句》的继承性 ……………………………（150）
　第二节　朱子"格物"说试诠 ……………………………（154）
　　一　格物的内涵 …………………………………………（155）
　　二　格物的过程 …………………………………………（158）
　　三　格物的选择、目的、性质 …………………………（165）
　第三节　新民说 ……………………………………………（170）

一　新民的内涵 …………………………………………（170）
　　二　新民的内容 …………………………………………（175）
　　三　朱子改"新民"的依据 ………………………………（182）

第五章　阳明《大学》学 …………………………………（186）
　第一节　亲民与新民 ………………………………………（186）
　　一　阳明"亲民"说 ………………………………………（187）
　　二　亲民之本义 …………………………………………（189）
　　三　"亲民"与"新民"思想考辨 …………………………（191）
　第二节　诚意说 ……………………………………………（193）
　　一　以"诚意"为核心 ……………………………………（194）
　　二　"诚意"的内涵 ………………………………………（199）
　　三　诚意向致良知的转变 ………………………………（203）
　第三节　以"格物"为"格心" ………………………………（208）
　　一　早年学习"格物"说 …………………………………（209）
　　二　格致诚正之关系 ……………………………………（216）
　　三　格心说 ………………………………………………（226）
　第四节　良知与致良知 ……………………………………（230）
　　一　良知的概念与内涵 …………………………………（230）
　　二　良知与意念 …………………………………………（234）
　　三　致良知的内涵 ………………………………………（235）

结语 …………………………………………………………（242）

参考文献 ……………………………………………………（265）

导　论

一　论文选题

（一）研究对象（范围）及其界定

本书是以《大学》学史研究为题，并将其放在经学史的视野下予以考量，回归中国传统的经学研究，以经统人，在经学史的视野下，对历代《大学》注释的重要学者的思想进行研究。因为，在儒家的学术传统中，冯友兰所说"经学时代"的任何思想家，其思想都不能脱离对于古代经典的诠释。不论该思想家是"六经注我"还是"我注六经"，其思想都是依经而立、依经而发。从这个角度讲离开经学没有理学，是很正确的。同时，由于《大学》学真正产生影响是在宋代学术发展的大背景下，与当时的理学特别是阳明心学有种种关系，因此本书在以经统人的大框架之下，又依每个个案在《大学》注解上的理论倾向、注释特点，来对其进行分类研究。本论文分章设"郑玄《大学》学"、"孔颖达《大学》学""朱子《大学》学"、"王阳明《大学》学"等等，用意即在此。由此，即将《大学》发展演变的几大方向揭示了出来。

《大学》学史，这一范围包括了对《大学》的作者、成书年代、宗旨、学派归属、《大学》历代改本、思想的流传与发展衍变等几大《大学》学公案的研究，也包括对历代《大学》注疏、《大学》在历史上的作用——对政治制度、士人修身养性等的研究。概括起来，即是三方面：《大学》文本本身的问题、《大学》历代注疏、《大学》的外缘影响。这三个方面相互影响，关系密切。

第一，从《大学》的成书年代、作者以及宗旨来看。一本书必然有其确定的作者与成书年代，《大学》自然也不例外。但在历史上的不同时期，学者对《大学》的作者和成书时代的看法却是众说纷纭，莫衷一是。若尊崇《大学》，即以其为孔门正典，是"圣经贤传"。若不尊《大学》，即以其为后儒伪作，乃杂凑之书。对《大学》作者的看法就必然会影响到对其文本及文本价值和意义的认识。而《大学》文本，在历史上有十几个改本，但至今为止，都未能确定，到底哪一个改本才真正符合《大学》的原貌。不同时期，学者看法不一，各持己说，互有更替。到清末甚至有调和朱、王之说或者否定二者之说者。

第二，从《大学》历代注疏来看。随着历史朝代的更替，学术也会随之变化，不同的时代，产生不同的思想学术风气，在不同的风气氛围孕育之中，自然会产生不同的《大学》学著述。如汉代经学大师郑玄的《大学注》，从对文字的训诂以及对名物制度的考证入手，其风格简约明快，善于突出重点却从不拖沓。宋明的《大学》著述，各自有自己的一套思想体系，更加注重根据自己的需要对义理进行阐发。到了清朝时期，以宋翔凤的《大学古义说》为代表的今文经学学派，侧重于微言大义的讲论，比较注重以古人之书阐发自己的见解。

第三，从《大学》的外缘影响来看。这与上面所说的密切相关。一代有一代之学术，历代《大学》注疏都与当时的现实社会和政治背景有密切关系，两者之间的相互作用力，是推进彼此前进的动力。例如，我们现在所见到的《礼记》一书，是由西汉戴圣所编辑而成的，而戴圣本人又曾经被立为博士，教授学生，这肯定会影响到《礼记·大学》篇在汉代的传授与学习。宋代有程朱的《大学》改本、明代有十几种改本，这些改本的出现与当时的现实社会和政治背景有密切关系，也特别需要引起我们的注意。元、明、清时期，官方采取科举考试制度，以《四书》为参考文献，这也必然影响到《大学》的传习。此外，历史上还有一个反《大学》的传统，从南宋的夏休、陆象山的高第杨简，到清代的陈确，都曾反对过《大学》，之所以会出现这种情况，与当时的现实社会和政治背景也有着密切关系。

关于以上《大学》学的三个方面，不同时代的学者都有涉及。并且每个朝代的学者对《大学》的注释都呈现出了不同于其他时代的特色，所以，值得加以深入细致的研究。

《大学》原是《礼记》中的第四十二篇，《大学》在中国经学史上有着十分重要而独特的地位。目前，我们能够看到的《大学》版本主要有三种：一是《礼记·大学》本，郑玄曾为之作注，孔颖达为之作疏，阳明亦称其为"古本"；二是朱子的《大学章句》改本，此改本是在二程《大学》改本基础上，朱子参以己意的修改本，也是目前最流行的版本；三是刊刻于魏正始四年的"石经本"，也有人称之为"石经大学古本"。此版本研究以及使用的较少，远不及前两个版本流行。

关于《大学》的注疏与阐释，可谓汗牛充栋。然而，它主要以三种形式存在，第一种是包含在《礼记》相关的注疏之中，比如唐孔颖达的《礼记正义》、宋卫湜的《礼记集说》、清杭世骏的《续礼记集说》等；第二种是存在于《四书章句集注》等"四书类"中，以朱子的《四书章句集注》为代表。第三种是单独刊行的《大学》单本，以朱子的《大学或问》、王阳明的《大学问》、清宋翔凤的《大学古义说》为代表。本书就是在经学的视野下对《大学》学史作一个系统的研究，主要选取《大学》郑注孔疏本、朱子的《大学章句》、王阳明的《大学问》等著作，因为这些人所作的《大学》注疏或改本分别代表了汉唐经学、宋明理学及心学。

总体说来，本书是在中国传统经学的视野下对《大学》学史作一系统研究，可视为一系统的《大学》学史研究。笔者认为，将以郑注孔疏为代表的汉唐经学与以朱子、阳明为代表的宋明理学一同放到经学史中进行研究是一个必要的前提。需要指出的是，有人将汉唐经学称之为"汉学"或者"经学"，这里的"经学"指的是狭义上的经学，主要是指汉唐经学。而本文中所说的"经学史的视野"，则是广义的"经学"，是将汉唐经学与宋明理学一起作为中国经学史不可或缺的一部分，所以需要注意一下下文提到"汉唐经学"与"经学史的视野下"两者的联系与不同。宋元明清四代，理学兴盛，一直占据着中国的官方统治思想。至明末清初，程朱理学和陆王心学都仍有着相当深远和广阔的影响。在理学与心学的影响下，《大学》学的理学化倾向就变得非常明显。述朱、述王之作，层出不穷。如果能够系统梳理朱子《大学》学影响下的传承与阳明《大学》学影响下的传承，就可以说抓住了《大学》学史的一个主要方面，这样也就能够揭示出经学与理学的密切联系。同时，在中国古代的经学传统中，虽然理学在宋元明清时期占据官方统治地位，但是到了清代，汉学与宋学并存，尤其是清代的考据学与今文经学，它们也有相关的《大学》著作问世，并对当时的时代作出回应，所以清代经世思想影响下的《大学》学，也是《大学》学史需要研究的不可或缺的一部分。

（二）选题理由

《大学》篇的重要程度是毋庸置疑的，尤其是在宋代成为《四书》中的第一篇之后，地位直接从"记"文变成了"经文"，元明清一直是如此，因此《大学》学史的研究具有重要的学术价值和现实意义。在宋以前，除了极少数学者对《大学》有过注解之外，几乎很少有人专门研究《大学》，但是从宋以后，研究《大学》的人层出不穷，但大多是对朱子与阳明的推崇或者是调和，或者是尊王反朱，抑或是尊朱反王，很少有新的见解。自20世纪以来，学者们主要是从西方诠释学的角度研究朱、王之《大学》，有少部分是从中国经典诠释学的角度来研究《大学》的；此外，还有一些从对比的角度研究郑玄、孔颖达、朱子、阳明的《大学》学，较少有对《大学》思想的流传与发展演变进行系统研究。

事实上，《大学》的思想流传与发展演变有着独特的发展历程，《大学》到底是一篇儒家政治性的论文，还是宋儒眼中的心性之学？《大学》作为儒家政治性的论文到底是如何发展演变的？即使是作为"心性之学"的《大学》，它的发展与演变也是错综复杂的，至少作为"心性之学"中有朱子《大学》一脉与阳明《大学》一脉一直在传承与发展。朱子《大学》与阳明《大学》虽同属宋明理学，但他们都自成体系。无论是从古代的学者，还是当代的学者，将朱子与阳明分别对比的文章数不胜数，但是对于他们自己所属体系的传承则较少关注，往往只是一句话带过。清代四库学者认为，《大学》在汉唐属于经学，而在宋明则属于理学，到了清代又重新回归《礼记》，成为"礼学"。可见，从汉唐至宋明，《大学》所属的思想派别是截然不同的，都有自己的不同主张，但是我们依然可以将此两种《大学》放置在经学史的视野下研究。本书对《大学》学史的研究放置在经学史的视野下，希望能够对《大学》学术史有一个比较清晰的梳理。

进行本题目研究的学术意义在于，将《大学》学的发展演变与流传作一个系统的学术史的梳理是前人所未做过的事情，如果能够系统梳理

《大学》的发展演变与流传，必将对《大学》的研究，乃至整个《四书》学的研究，甚至是中国经学史的研究有所增益。

二　文献综述

（一）研究成果

关于《大学》的研究成果，我们可以依据时代的不同划分为两个大的时间段，一个是清末以前的《大学》研究，一个是20世纪以来的《大学》研究。关于清末以前的《大学》研究，已经有很多学者进行过相关的论述了，兹不赘述。

自20世纪以来，随着对传统文化的逐渐重视，对《大学》的研究也逐步开展。从客观的、学术的立场研究《大学》的学术论文和学位论文也在逐渐增多。硕士论文中直接涉及《大学》书名的就有30篇之多，期刊论文更是数不胜数。在这么多文章中，中南大学辜桃的硕士论文[①]文献征引就特别丰富。作者通过对大陆地区近三十年以来研究《大学》论文的梳理，系统回顾了《大学》自改革开放以来在大陆地区的阐释情况，认为可以从三个方面来认识近三十年来大陆地区《大学》的阐释情况，这三方面的阐释成果分别是教育内容、学术研究、大众文化中的《大学》。同时指出，这三方面的阐释成果既有成就，又有问题，好坏并存，需要仔细辨析。在这里，我们要梳理的《大学》研究仅限于《大学》的学术研究内容，而对其认定的教育内容、大众文化中的《大学》则不加梳理。

通过梳理这些著作与论文，我们发现围绕《大学》研究，主要是从以下六个角度展开的：

1. 从《大学》文本研究的角度来看

关于《大学》的文本问题，主要包括《大学》的作者、成书时代、宗旨（或者性质）、学派归属、《大学》改本问题的讨论。

由于先秦时期技术与书写材料的限制，很多古籍都不能很好地保存下来，因此先秦古籍的成书年代与作者问题也往往难以判断，《大学》篇就

---

① 辜桃：《〈大学〉在近三十年中国大陆的阐释》，中南大学硕士论文，2009年。

是这类古籍的典型代表,其成书与作者也是争论不断。学术界争论的焦点在于《大学》是不是出于孔子及其弟子曾子之手。随着郭店竹简等一批新材料的发现,引起学者们对《大学》作者的热烈讨论。专门探讨这个主题的论文有十几篇。

大部分研究者认为《大学》是曾氏之儒的作品。这种观点虽与宋以后的主流观点相吻合,但学者们纷纷陈出各种新证。梁涛先生仍主张《大学》的作者应当为曾子或者曾子的弟子,之所以提出这个并不新的观点,其原因在于梁涛先生认为近代"疑古派"所认为《大学》晚出的各种理由或者论据都是不能成立的,这是梁先生基于对《大学》成书及文本考察的基础上提出来的观点。而清华大学的李学勤先生通过考察当时的著书体例以及《论语》中曾子的相关言论,指出《大学》应作于曾子[①]。罗华文从《礼记》的成书时间、《大学》中的一些相关因素、与曾子一派的内在联系、与孟荀两家的关系、与《中庸》的关系来证明《大学》"系出于曾氏之儒一派的纯儒家作品"。[②] 罗新慧认为《大学》的思想直接继承于曾子,而胡治洪则将《大学》的作者归于曾子的弟子[③],其理论依据是《大学》曾经明引曾子之语以及一些相关的文献记载。尽管没有达成共识,但还是可以看到学者们对于《大学》和曾子的密切关系持肯定态度。

同样是根据郭店楚简,有的学者却得出了完全不一样的结论。郭沂先生认为子思创作了《大学》。郭先生一方面比较子思书中关于"义利"关系的一番解释与《大学》中"义利"观的差异,另一方面又使用前人的研究论述来佐证自己的观点,最终认为《大学》只可能作于子思,根本不可能出自曾子一派。

至于《大学》的宗旨,唐文治先生认为《大学》的主旨首先是一种大学之教,且此大学之教是以周文王之道为根基的。唐先生认为,文王之道就应该包括仁、敬、孝、弟、慈、信、让、絜矩之道等等。周人以此为

---

① 李学勤:《从简帛佚籍〈五行〉谈到〈大学〉》,载《孔子研究》,1998 年第 3 期,第 47—51 页。

② 罗华文:《〈大学〉成书时代新考》,载《孔子研究》,1996 年第 1 期,第 114—118 页。

③ 胡治洪:《论〈大学〉的作者时代及思想承传》,载《陕西师范大学学报(哲学社会科学版)》,2008 年第 5 期,第 30—34 页。

教，奠定了八百年基业。唐文治先生在《粹芬阁四书读本序》①一文中明确表达了自己对于《大学》主旨的认可。众所周知，自清朝末年以来，国家民族多灾多难，面对日益衰弱的国家，一部分学者开始追求"经世致用"之学，以一种急切的救国救民的心态来治学，一心想着能找到一种立即见效的良药，期望今天学习，明天就能开启民智的速效药，所以，清末的学者一般都特别看重陆九渊与王阳明，进而排斥、压抑朱子。牟宗三先生在《心体与性体》一书中曾经贬低朱子之学是"别子为宗，非孔、孟之正脉"，或许唐文治先生所主张的《大学》宗旨与牟宗三先生有相似之处。

此外，还有人认为《大学》是儒家的一篇政治论文。谈到它的政治思想的论文有两篇。其中一篇是强调《大学》中所蕴涵的政治智慧，②另外一篇强调《大学》文本中所体现出来的关于"道德"在政治中所起的作用。③来可泓先生在《大学直解·中庸直解》④一书中认为《大学》是儒家的一篇政治论文，它是第一个将治国平天下的学说全面论述的儒家著作，它的核心思想是"修己以安百姓"。而《大学》的主要内容，就是"三纲领"、"八条目"，并对"三纲领"、"八条目"进行了阐发论述。即来先生认为，"大学之道"是全面论述儒家治国平天下学说的著作，这是"德治"纲领的体现，不仅体现在国家的政治生活中，而且还体现在个人道德生活之中。

叶秀山先生认为，"止"字才是《大学》真正的哲学精神或宗旨，所有的事情都围绕"止"字来展开。叶先生对"格物致知"有自己独特的理解，他认为"格物致知"的真实含义应该是在排除（被动）"感觉"（物）的基础上，从而真正"认知"万物"自己"，这的确与一般的经验知识论大相径庭。⑤

---

① 唐文治：《茹经堂文集》，《国学大师说儒学》，云南人民出版社2009年版，第143页。
② 余翔林：《〈大学〉中的政治智慧》，载《教育与现代化》1996年第2期，第11—13页。
③ 刘宝才：《〈大学〉〈中庸〉的道德政治论》，载《人文杂志》1990年第5期，第75—80页。
④ 来可泓：《大学直解．中庸直解》，复旦大学出版社1998年版，第3—4页。
⑤ 叶秀山：《试读〈大学〉》，载《中国哲学史》2000年第1期。

任蜜林在《〈大学〉本义试探》①中认为《大学》本身是一个完整的本子，并不存在朱子所说的阙文、错文等问题，主张把"格物"解释成"明明德"、"亲民"，这样"致知"就是"止于至善"；其次，"格物致知"和"三纲领"都是对于"诚意"来讲的，同时肯定了"修身"在《大学》文本中的重要意义。应该说，任先生既看到了朱熹《大学章句》所存在的问题，又肯定了朱熹《大学章句》之于中国思想演变发展的重要贡献，同时肯定了《大学》作为一个完整的本子的文义结构，但是对于《大学》本义的阐发还不是很明确。

郑州大学李炯在他的硕士论文中强调：大学之道既不是一种简单的修身养性的学问，也不是一种纯粹的政治哲学，而是一种立身化世之学，传承的是儒家的"天人合一"精神。大学精神对一个人精神境界的培养起着潜移默化的作用，《大学》"下学而上达"的天命观，表现在现实社会生活之中就是修齐治平之道。这种道德的实践和实践理性精神，是儒家"天人合一"精神的体现。

接下来，我们来看下《大学》的学派归属问题。学术史上最常见的两种划分就是荀学说和孟学说。近代以来，最先主张"荀学说"的就是冯友兰先生。冯先生认为在战国末期，荀学一派的势力要远远比汉代以后的人想象得大得多，更应该以荀子一派的学说来理解《大学》文本之中的"大学之道"。②冯先生强调要以荀子学解《大学》，《大学》应该是荀学一派的著作。冯先生的这一观点对后世学者产生了深远的影响，为众多学者所接受；另一方面，也有人主张《大学》属于孟学派，持这种意见的学者以徐复观先生为代表。徐复观先生的主要观点集中于《中国人性论史·先秦卷》这部书中。徐先生强调《大学》的思想是复杂的，是一种综合性的思想，虽然在某种程度上也受到过荀学的影响，但就《大学》思想内容的主要方面来说，是来自于孟子思想。这是因为《大学》跟《孟子》以心为主宰的思想体系更接近，与《荀子》以法数为主宰的思想体系很不同。③故此，徐复观先生主张应该以《孟子》来解《大学》。这

---

① 任蜜林：《〈大学〉本义试探》，载《哲学研究》2011年第8期。
② 冯友兰：《〈大学〉为荀学说》，《三松堂学术文集》，北京大学出版社1984年版，第181页。
③ 徐复观：《中国人性论史·先秦卷》，三联书店2001年版，第241—244页。

是主要的两派。梁涛先生结合最新出土的郭店竹简，在比较综合的基础上提出新的观点，认为《大学》的产生要远远早于《孟子》和《荀子》，后来的孟学和荀学都受到了《大学》思想的影响。如果从其思想的主要性格方面来看，应该说更接近于子思——孟子一派，故此，梁涛先生认为更合理的做法是将《大学》置于子思——孟子这一思想派别之中进行研究会更合理。①

除了上面提到的这些著作，还有一些著作需要引起我们的注意。比如胡适在《中国哲学史大纲》一书中提到的"外务的儒学"与"内观的儒学"的区别。胡先生认为，在《大学》、《中庸》时期，儒学是有一个由外向内的转化的。早期的儒学讲求的是"外务"，特别重视现实生活中的伦理和政治，比较重视礼乐制度和具体的仪式礼节，不太注重追求人心理的变化。而到了《大学》的时代，发生了重大的变化，《大学》已经具体有了心与意的不同，心之所在就是意。《大学》中所讲到的"正心"，正是从心理变化的层面对人进行分析。由此，胡先生认为《大学》所体现出来的正是一种"内观的儒学"。② 不管胡先生的这种说法符不符合儒家思想发展的实际，至少这种说法为我们研究《大学》提供了一种思路。

在相关硕士论文中，有三篇硕士论文的类型基本是一样的。它们分别是张向华《〈大学〉文本探微》（2006年）、纪文晶《〈大学〉成书公案与流传》（2008年）、邹晓东《〈大学〉：其问题意识与文本解读》（2009年），这三篇硕士论文主要探讨《大学》的文本问题，包括《大学》的作者、成书年代、错简、主旨等。这部分硕士论文分别对《大学》文本的作者、成书年代等进行了考辨，对其思想主旨的发展与演变也提出了自己不同的看法。可以说，这部分硕士论文涉及到了《大学》学史的部分内容，也都认为朱熹与王阳明对《大学》的注释是最重要的。但是，他们对于朱熹《大学》学与王阳明《大学》学传承的体系却很少涉及，这不能不说是一个大的遗憾。

至于《大学》的改本问题，清末以前已经有很多改本，尤其是宋元

---

① 梁涛：《郭店楚简与思孟学派》，中国人民大学出版社2008年版，第133—134页。
② 胡适：《中国哲学史大纲》（卷上），姜义华主编《胡适学术文集·中国哲学史》上，中华书局1991年版，第194—195页。

明以来。到了民国初年，学者廖平也有自己的《大学》改本。到了民国时期，易顺鼎先生有《大学私定本》一书。唐君毅先生也有自己的《大学》改本。台湾地区的学者李纪祥非常仔细地对两宋以后的《大学》改本作了系统地梳理，让我们对《大学》众多的改本有了全面的认识。① 在此基础上，李先生认为，真德秀所编纂的《大学衍义》是一种对《大学》诠释的新的形式，是对朱子《大学章句》诠释方法的继承与发展。

2. 从诠释学的角度来看

国内很多学者都是从诠释学的角度对《大学》进行专门研究。结合两岸的情况，这个时期重要的著作和论文可分为三种：一种是诠释注解类著作；一种是诠释方法类著作；一种是结合经学与理学研究朱子、王阳明的著作。下面我们简要来看一下。

第一种是诠释注解类著作，这类的著作更多地是从中国传统的经学角度进行解释阐发的。民国时期的民间大儒段正元可谓是其中的典型代表。段先生也是以儒家的道统论作为诠释《大学》的核心，《大学》所体现出来的思想与尧舜以来世代相传的圣人心法是一致的，由此，段先生批评了二程与朱子的《大学》，并进行了相关的反思。段先生所采用的诠释方法是建立在传统儒家经学的基础上的，同时整合西方学说、以及中国本土的佛道两家学说，可以说，其理论思辨的一面非常突出，同时也有心灵、心性的直觉体悟。

自民国以来，近代的儒家学者虽身经改朝换代的战乱时代，他们依然对儒家思想充满了信心，当然极为重视《大学》中的思想资源。整体而言，这些儒家学者认为宋明理学在现代社会依然有其价值存在，依然有益于世道人心的重建。对于《大学》的研究，整体上依然是以朱熹和王阳明为主，从学术方法上主要以传统经学的方法考察朱熹、王阳明《大学》经解的得失。学者主要有钱基博先生、傅斯年先生、钱穆先生、梁漱溟先生、熊十力先生等，其中以钱穆先生成果较多。

《四书解题及其读法》② 是钱基博先生著作中的一节小文章，里面相对集中地论述了《四书》学的内容。在这一文章中，钱先生对朱熹之后

---

① 李纪祥：《两宋以来大学改本之研究》，学生书局1988年。
② 钱基博著，傅宏星编：《大家国学·钱基博卷》，天津人民出版社2008年。

的《四书》学以及清代以来的《大学》研究作了较详细的梳理和评价。

傅斯年先生认为二程和朱熹的"性论"虽然在某种程度上跟孟子有区别，但总体上是承接孔子思想而来的。

钱穆先生在《朱子新学案》一书中，细致地考察了朱子在解释《大学》时提出的许多思想。

前面我们提到的用传统方法治学的学者主要是站在程朱的立场，但也有部分学者站在陆王之学的立场。这部分学者再次提出重归《礼记·大学》的观点，希望能够用一种全新的诠释来规整朱子《大学》注解的失误之处，这以伍、严两家对《礼记·大学》的解说为代表。梁漱溟先生对伍、严两家《礼记·大学》的解说可谓推崇备至，强调王阳明对《大学》的诠解更加符合孔孟思想，因此对朱子的《大学》整体持批评的态度。所谓的伍、严两家是指伍庸伯和严立三两位先生，此解说是两位先生讲《大学》的记录，是由梁先生以及其他一些学者共同整理两位先生的演讲记录而来的。

伍庸伯先生是一位有着传奇人生经历的独特学者，人生经历比常人丰富得多。伍先生原名伍观淇，庸伯是他的字，出生于广东番禺。年轻的时候上过保定陆军大学，在国民革命军北伐时期担任过总司令部的办公厅主任，在抗日战争时期担任过四纵队司令。出于对人生意义的怀疑，曾寻求真理于儒释道及基督教，最后归宗儒家，一生服膺《大学》，于儒家修养工夫深有所得。晚年在北京讲解《大学》，被梁漱溟等人编录成文，即《〈礼记·大学篇〉解说》。[①] 伍先生认为，古本《大学》并无阙文，《大学》第一章即是对"格物致知"的解释；所谓"物"，即是《大学》中所说的天下、国、家、身，所谓"知"，即是知物之本末先后关系的"知"，"格物致知"即是对身、家、国、天下这些事物本末先后关系的认知。伍庸伯先生对《大学》古本"格物致知"的独特诠解，对于理解《大学》古本原义具有重要意义。

要说到近代新儒家的代表人物，首当其冲的就是熊十力先生，可谓是新儒家的第一人，也是我们后面要提到的牟宗三、唐君毅、徐复观三人的

---

① 参见梁漱溟：《梁漱溟先生论儒释道》，广西师范大学出版社2004年版，第123—153页。

老师。熊先生系统总结了朱熹和王阳明两家《大学》研究的成就与不足，在思想倾向上比较认同王阳明的"致良知"之说，但对于朱熹的"新民"说、"格物"说与"絜矩"说同样十分重视。熊先生的《大学》研究有一种浓浓的救世情怀，这应该与其受到佛教思想的影响有关。当然，由于深受时代背景的限制，熊先生也有不足之处，比如将《大学》的"格物"思想与西方的科学相比附，将"絜矩之道"与社会主义思想看作是一样的，都是不可取的。

台湾地区柳岳生先生的《大学阐微》一书，认同王夫之的观点，认为古本《大学》次序颠倒，朱子章句本条理次第，联系贯通，得意而理顺；认为《大学》是儒家经典的要旨，讲的是儒家圣王之教，可以作为今后世界新文化运动的最高指导精神。[①] 然此书由于作者阶级立场的原因，该书中有些内容需要引起我们的注意。

这一时期，大陆地区也出现了一批以注解为主的著作。如来可泓的《大学直解·中庸直解》、王文锦的《大学中庸译注》、邓球柏的《大学通说》、陈戍国的《四书校注》中的《大学校注》、方向东的《〈大学〉〈中庸〉注评》、吴应宾的《古本大学释论》等。这几部书对于《大学》的字音、字义、文义、名物制度等进行了重点疏解，将清代乾嘉以来的训诂成果运用于《大学》的注疏中，运用的正是传统训诂学的方法，走得正是传统的解经之路。

在这些诠释注解类著作中，有些注解还体现出多重视域的融合。《大学》经过各个时代学者的阐释后，出现了许多衍生形态的文本。对于那些产生过重大影响的衍生文本，当代学者把他们综合到一起，然后加入自己的解释，形成多方视域融合的文本。如邓球柏的《大学通说》中，"在止于至善"的注解中引用朱熹、胡炳文、孔颖达三人的说法，最后总结得出"孔氏从品德行为上说解，'在止于至善'，朱子注解'在止于至善'是从个人品德及心理的角度阐发的。实质上对'在止于至善'应该从两方面同时把握，就是将美好的品德心理和美好的品德行为结合在一起，从整体上进行把握。"在这里，作者征引前人的注解并加入自己的体会，体现了《大学》文本的原初视域、朱熹等三人的视域及作者的当今视域等

---

① 柳岳生：《大学阐微》，学生书局1979年。

多重视域的融合。另外，陈戍国在其《四书校注》中的注解一般是先列郑玄的注，接着又将朱熹相关的注解列出来，在此基础上对二位学者的注解进行评价。如作者说郑玄、朱熹两位先贤的说法都是对的。作者下面紧接着来了一个按语：这里说的就是所谓表率作用。在这个句解中，作者征引郑玄和朱熹的解释，然后再参以作者的评论，形成一种多重视域的融合。

中国人民大学国学院韩星教授所著的《〈大学〉〈中庸〉解读》[①] 一书，首先选录了汉唐至清末的《大学》、《中庸》代表性的注疏作为文献选编，展现了其诠释历史的发展脉络；其次在仔细研读历代注疏的过程之上，作者进行了现代解读，使现代人能够明白大学之道，修身之法。应该说，这本书对于专门研究《大学》和《中庸》的研究者来说是不可多得的一本参考著作，这本书几乎涉及到了历史上主要的《大学》《中庸》注疏，无论是从古籍整理的角度，还是文本诠释的角度，此书都值得学者好好研读。

此外，还有一类汉英对照的注释形式，汉英对照本是《大学》注释本的另一种形式。主要有两本书，第一本是由理雅各英文翻译、杨伯峻中文翻译的《四书》；第二本是由傅云龙中文翻译、何柞康英文翻译的《大学·中庸》，这两者的共同形式都是汉英相互对照的版本。两者都以朱熹的《大学章句》为底本，前者比较精炼，后者则是对中译的逐字翻译。

第二种是诠释方法类著述。由于朱子的《大学章句》产生的影响巨大，再加上宋明理学被认为是最符合西方哲学的学问，所以有些以西方诠释哲学的思想和方法为鉴，反省儒家传统的解经方法与内在逻辑理路的不足之处，进一步从现代诠释学的角度重新考察朱子的经解著作，这一全新的诠释方法的运用可谓是近三十年来研究朱子《大学》的一个关键转变。

在这里，能够熟练运用西学批评朱子学及《大学》学，并取得突出成就的当属牟宗三先生。其核心论点都集中在其《心体与性体》下册之第五章节内。牟先生首先讨论了朱子对《大学》的诠解，强调朱子的诠解并不符合《大学》原本的原意。众所周知，自宋明以降，朱子与王阳明对《大学》诠释的分歧是一个重要的问题，牟先生力图解决这一重要

---

① 参见韩星《〈大学〉〈中庸〉解读》，中国社会科学出版社 2018 年。

问题。牟先生认为过去众多学者之所以重视《大学》是源于朱熹在这方面的权威，朱熹讲《大学》，人们都效法朱熹，也开始讲《大学》，王阳明也不例外。由于王阳明的"良知"学说可谓是直承孟子而来，在对《大学》作诠释的时候也以"良知"解说"明明德"，所以，阳明所诠释的《大学》从根本上来说就是孟子的《大学》，而朱熹对《大学》的诠释却是以程伊川的注解为根据，所以王阳明就将朱熹的那种诠解给扭转过来了。那么，我们究竟应该采取哪种说法或者态度以及标准呢？牟先生认为，应当以《论》、《孟》、《中庸》、《易传》所体现出来的思想体系来规范《大学》。牟先生指出《大学》本身的含义或者方向具有不确定性，虽然《大学》模糊地提出了一个从主观到客观实践的纲领，但却未对这些主客观的纲领作一些明确的解释。为什么会出现这种不确定性，牟先生认为这实际上是孟子以后儒家的道统就未能传下去所致，由此导致了《大学》本义的隐晦以及实践的缺失，由此来看《大学》的本义也就变成不可确定的了。总体来看，牟先生将朱子的《大学》研究基本上是否定了。

朱熹是诠释《大学》的大家，这个毋庸置疑。所以，一些通论朱熹诠释经典的著作也是我们关注的重点书籍。这种类型的著作主要有两部，第一部是曹海东先生所著的《朱熹经典解释学研究》；第二部是周光庆先生所著的《中国古典解释学导论》。另外，有两本书在部分章节之中部分地涉及到了朱子诠解经典方法上的一些特点，这两本书是《诠释与定向——中国哲学研究方法之探究》、《中国孟学诠释史论》，其作者分别是刘笑敢、黄俊杰两位先生。

尤其需要指出的是，邹晓东博士的《意志与真知——学庸之异》一书基于真理意识与生存问题，提出了一条与宋明理学研究范式不一样的研究理路，走出了四书学的经典诠释和儒学理解的藩篱，结合其师谢文郁教授的"本性之善"与西方哲学中的"真理问题"提出了一系列令人耳目一新的观点，可谓是近期借助全新诠释研究方法的一本不可多得的著作。[①]

第三种是结合经学与理学思想，研究朱熹、王阳明解经、诠经的著述。这类著作的研究成果尤为显著。如侧重于研究朱子经学的，以蔡方鹿

[①] 邹晓东：《意志与真知——学庸之异》，齐鲁书社2018年。

先生的《朱熹经学与中国经学》、陈来先生的《朱子哲学研究》为代表；侧重于研究阳明经学的以陈来先生的《有无之境——王阳明哲学精神》为代表；着重研究朱子、王阳明理学的代表佳作有，由朱汉民、肖永明先生共同撰写的《宋代〈四书〉学与理学》，台湾地区则有陈逢源先生的《朱熹与〈四书章句集注〉》等等，都是不错的作品。

前面梳理的主要是学术著作，这一时期也有几篇非常重要的学术论文。比如，在《论朱熹〈大学章句〉的解释特点》一文中，陈来先生认为朱子对《大学》的诠释是心性论基础上的解释。沿着陈来先生的路径进行《大学》解读的文章还有王海宏先生的《大学之道的理学化——以朱熹〈大学章句〉为核心的解读》一文，两者基本上属于一个类型的文章。此外，杨儒宾先生有两篇重量级的论文尤其值得关注，其中一篇论文是讲《中庸》与《大学》如何从《礼记》中的单篇一步步变成经典的，论文题目是《〈中庸〉、〈大学〉变成经典的历程：从性命之书的观点立论》；另一篇论文是《水月与记籍：理学家如何诠释经典》，都写得非常精彩。此外，还有两篇比较有新意的文章，分别是郭晓东先生的《善与至善：论朱子对〈大学〉阐释的一个向度》、冯达文先生的《从朱子与阳明之〈大学〉疏解看中国的诠释学》。这是这一时期比较重要的学术文章，研究朱子经学及《大学》学不可不看。

3. 从个案研究的角度来看

对前儒注解《大学》的个案研究，对于《大学》学术史资料的整理十分重要。这些前儒包括郑玄、孔颖达、朱熹、真德秀、丘濬、王阳明、王夫之、刘宗周、黎立武、毛奇龄、颜元等人。

目前，国内对《大学》进行专门研究的博士论文有两篇。其中一篇是岳麓书院周之翔的《朱子〈大学〉经解研究》[①]一文，是一篇专门对朱子《大学》经解作个案研究的专门论文。作者全面论述了朱子从接触《大学》一直到去世之前解释《大学》的整个过程，可谓详细备至，并着重分析了朱子解《大学》所采用的原则、方法以及内涵，是一篇非常优秀的博士论文。另外一篇是福建师范大学陈永正的《从〈大学衍义补〉试析丘濬思想》一文，作者以《大学衍义补》作为文献基础，全面而且

[①] 周之翔：《朱子〈大学〉经解研究》，岳麓书院博士论文，2012年。

系统地探析了丘濬思想所产生的时代背景、渊源，以及丘濬在政治、经济、文化、教育、律法和军事等方面的思想。作者认为丘濬的思想渊源是以《大学》、《大学衍义》为重心，广泛涉猎先秦儒家的思想经典、汉唐宋儒学者的学说著作以及历史典籍中兴衰治乱的教训，是以"民本"思想作为自己的写作核心，而此书也是中国古代治理国家最全面的、最具总结意义的百科全书。

此外，由于自北宋二程极力推崇《四书》以后，《大学》就存在于《四书》之中。随着近些年来研究《四书》学的论文逐渐增多，研究《四书》的博士论文中也会涉及到《大学》的研究。这方面的论文以陆建猷所撰写的《〈四书集注〉与南宋四书学》一文为代表。作者认为，在宋以前，五经合集可以说是整个中国经学的核心，而自《四书章句集注》出现以后可以说基本取代了汉唐的五经之学，成为中国的新经学。朱熹选择章句与集注这两种不同的诠释文体是有意识的行为，其目的就是希望通过对《大学》、《中庸》、《论语》、《孟子》的全新诠释，建立起来了一个全新的"四书学"系统。此外，作者还从思想史发展流变的视角揭示了四书的经学地位，可以说是一篇优秀的博士论文。

此外，还有一篇关于朱熹"四书学"的博士论文。2013年河北大学张伟的《朱熹"四书学"思想研究》一文，主要以朱熹"四书学"的诠解思想为核心，向着探析朱熹"内圣外王"的理论目标出发，以儒家修养工夫论的视角作为问题的切入点，对朱熹的"四书学"进行了比较笼统、模糊的解读。其中，对朱熹《大学章句》的经学厘定、《大学》"格物致知"的工夫次第、《大学》的"絜矩之道"都有专门的论述。

国内硕士论文集中在对朱熹、王阳明、王夫之、颜元、丘濬等人各自的《大学》观进行的个案研究，这样的硕士论文大约有十几篇。这些论文主要是就朱熹、王阳明、王夫之、颜元、丘濬等人解《大学》作了一些个案研究，从数量上来看研究朱熹与王阳明的硕士论文最多，也从侧面反映了在《大学》研究中，朱熹与王阳明是两座主要的山峰。

4. 从比较研究的角度来看

自20世纪以来，尤其是中国改革开放以来，比较研究在中国大陆比较盛行，因此《大学》与其他作品之间的比较也比较盛行，这方面的研究成果主要集中在横向和纵向两方面的比较。

与《大学》进行横向比较研究的对象主要有两类：民族文化经典与跨民族文化经典。首先，与它比较的民族文化经典主要有《礼运》、《中庸》、《道德经》和《福乐智慧》。《礼运》、《中庸》和《大学》皆出自《礼记》，三者体现的思想既有联系，也有区别。这三本书中所体现出来的"大同之道"、"中庸之道"与"大学之道"，实际上处于不同的地位，强调要"依靠大学、中庸之道的和平哲学思想，才能达到走向大同世界的目标"。[①] 不同点在于《礼运》"立足于'天下为家'的社会现实"，[②] 可以理解为儒家政治哲学的最高之体现，[③] 而《大学》则是"'为家'社会中的为学次第"，[④] 这当然也是一种政治纲领，这种政治哲学的层次要低于前面所说的"大同之道"的政治层级；[⑤]《中庸》提倡以行动达至"外王"的工夫过程，[⑥] 而《大学》是提倡以"省"达到"内圣"的路径。提到道家和《大学》的关系，学者们都从用语和思想等方面阐述，认为《大学》在"特定层面上体现了儒道两家思想的会通"，道家的"为道"与"为学"思想能够有机地结合在一起，使两者得到统一，是儒家与道家相互吸收、相互补充的产物。[⑦] 有学者还对《福乐智慧》与《大学》进行比较。虽然从这两本书产生的时间上来看，这两本书产生于不同的时间段，但是《大学》中的"大学之道"与《福乐智慧》中的"福乐之道"在思想精神上有着惊人的相似，其在文章主旨、立论角度、阐释方法上都具有比较相似的逻辑指向。[⑧] 其次，与跨民族文化经典的比较

[①] 思维：《大同世界与大学、中庸之道》，载《孔子研究》1999年第3期，第68页。

[②] 孙实明：《〈礼运〉和〈大学〉的社会伦理观》，载《学术交流》1993年第6期，第73页。

[③] 周继旨：《"大同"之道与"大学"之道——论先秦儒家对人生的"终极关怀"与"具体设定"》，载《孔子研究》1992年第2期，第41页。

[④] 孙实明：《〈礼运〉和〈大学〉的社会伦理观》，载《学术交流》1993年第6期，第73页。

[⑤] 周继旨：《"大同"之道与"大学"之道——论先秦儒家对人生的"终极关怀"与"具体设定"》，载《孔子研究》1992年第2期，第41页。

[⑥] 程辽：《"省"、"行"之异——从"三纲领"看〈大学〉和〈中庸〉之别》，载《重庆师范大学学报（哲学社会科学版一）》2005年第5期，第69页。

[⑦] 丁原明：《〈易〉〈庸〉〈学〉与道家》，载《孔子研究》1996年第1期，第30页。

[⑧] 热依汗·卡德尔：《〈福乐智慧〉与〈大学〉》，载《民族文学研究》2008年第3期，第86页。

研究也有一些成果。从哲学的视角来看，有学者强调，《大学》中的"三纲八目"，如果从宏观的视角进行分析，那么，我们就能看到孔子思想和怀特海思想有交叉融合的地方；① 如果从政治的视角进行分析，有人将《政府论》与《大学》两书进行比较，认为《大学》中所体现出的政治统治的合法性的基础是建立在"德"之上，而《政府论》把合法性建立在"被统治者同意"的基础上，从而引出"人治"与"法治"的不同主张。② 与此相应，还有学者对《大学》与《政治自由主义》这两本书进行了仔细的比较，③ 认为它们体现了中国古代的德治传统与西方现代社会的法治传统，存在很大区别，并以此为理论背景提出一种介于两者之间的组织社会道德生活的方案。

此外，还有人对《大学》进行纵向比较研究，主要包括从经学与理学的角度、理学与心学的角度。比如，曾军先生就从经学与理学比较的视角进行研究，曾先生认为《四书》中的《大学章句》、《中庸章句》是属于理学范畴的，而《礼记》中的《大学》篇、《中庸》篇则是属于传统的经学范畴，它们各自的思想渊源是不同的，只能属于不同的思想体系，不能混为一谈，需要对两者进行区别研究。④

对前人《大学》注解的比较研究是一个重点，这些硕士论文主要集中在对郑玄、孔颖达、朱熹、王阳明解《大学》的对比上。这种比较研究的硕士论文主要有四篇。它们分别是孟威龙、吴菲、冯晴、刘登鼎的硕士论文。这些论文对不同学者诠释同一个问题的情况，作了比较深入的研究，分别对郑玄、孔颖达、朱熹、王阳明等人从不同的视角进行了对比，包括对"格物致知"诠释的理解，朱熹"新民"说与阳明"亲民"说的比较，还包括朱熹、王阳明《大学》研究的得失等问题。可以说，这类硕士论文，包括一些文章是《大学》研究中最常出现的形态。

---

① 王立志，冯秀军：《过程哲学与大学之道》，载《河北学刊》2006年第3期，第39页。
② 张才新，吕达：《政治统治合法性建构说之比较——〈政府论〉和〈大学〉的对比分析》，载《五邑大学学报（社会科学版）》2003年第2期，第18—20页。
③ 陈泽环：《〈大学〉和〈政治自由主义〉之间》，上海市社会科学界联合会2008年度上海市社会科学界第六届学术年会文集（哲学·历史·文学学科卷），上海人民出版社2008年。
④ 曾军：《"四书之〈大学〉〈中庸〉非〈礼记〉之〈大学〉〈中庸〉"考释》，载《重庆邮电大学学报（社会科学版）》2008年第3期，第92页。

此外，还有一篇硕士论文需要引起我们的注意，其作者是西北大学的王建宏。该文作者从唐代的韩愈、李翱到宋代的司马光、程颐、程颢、朱熹，一直到明代的王阳明等人的著作人手，通过比较这些学者对《大学》关注的不同侧重点，论述了不同学者在《大学》诠释过程中所体现出来的学术思想的继承、流传与转变，同时认为这体现了儒家思想前所未有的巨大转变，即从"内圣外王"到宋明"心性论"的转化。作者通过对这一转变过程的描述，以期对儒家思想发展的历史概况有一个比较清晰的认识，从而进一步推动对儒学特质的探究。

不管是横向比较研究，还是纵向比较研究，都有助于我们认识《大学》在时空中与其它经典的联系与区别，特别是对于传统文化的延续以及对外交流十分有益。

5. 从语言文字研究的角度来看

语言文字研究也是学者们关注的一个热点。主要集中在两个方面的研究，一是对历代儒者诠解《大学》文本的训诂特点进行探讨；二是从《大学》中比较重要的问题来讨论，都集中在"格物"、"知止"、"大学"、"絜矩之道"、"亲民"等问题的讨论，其中"大学"和"格物"的讨论显得尤为突出。

何妍霓的《浅析朱熹〈大学章句〉的训诂》一文是从专业的训诂学视角探讨朱熹注解《大学》训诂特点的一篇佳作。作者十分重视朱熹《大学章句》所体现出来的训诂特点，总共从十个不同的角度进行了探讨，比如对词语、语言现象、典制风俗、篇题的解释、注音、校勘、句子的串讲、历史事实的补充、章旨的说明、作者感想的阐发等等，是比较专业地从训诂学角度进行学术研究的论文。

从《大学》中比较重要的问题来讨论的有以下几个：

关于"大学"的含义，叶秀山指出，"大学"是一门'大学问'、'大道理'，亦即所涉及的是'大事'"。[①] 蒋纯焦先生认为"一种精深广博的学问"[②] 才是"大学"的真正含义之所在，这与叶先生的理解基本一致。此外，姜亦刚也持有相同的观点。与上面三人的理解不同，王沂暖先

[①] 叶秀山：《试读〈大学〉》，载《中国哲学史》2000 第 1 期，第 109 页。

[②] 蒋纯焦：《浅论"大学之道"》，载《贵州文史丛刊》1999 年第 1 期，第 34 页。

生认为"大学"跟我们现代的"大学"是同一概念,也就是说"大学"是一个国家的最高教育学府[①],这明显不符合古代社会的真实情况。显然,这里透射出当代学者把《大学》看成政治论文与教育论文的区别。《大学》之中的"格物"说一直是《大学》问题研究的重点,朱翔飞对其进行"平议",张向华对其进行"试阐",但主要还是梳理前人的研究成果。

《大学》原是《礼记》中的一篇,所以研究《礼记》学的一些博士论文也会涉及《大学》的研究。如2009年四川大学潘斌的博士论文《宋代〈礼记〉学研究》。作者提出,《大学》不仅提出了一套"内圣外王"之说,而且对"格物致知"论尤为重视,这是《大学》在宋代以后十分受重视的两个最重要原因。此外,作者还对二程、朱熹、湖湘学派(包括胡安国、胡宏、张栻等人)、陆九渊等的"格物致知"思想进行了分析。

除了我们上面提到的这些论文与专著,也有一些专著和论文专门研究朱子《大学》学相关思想与概念。比如乐爱国先生所撰写的《朱子格物致知论研究》一书,这本书对于朱子的"格物致知"学说进行了专门的探讨。

6. 从总体回顾的角度来看

台湾地区有着深厚的中国传统文化研究的底蕴,有许多优秀学者用力于传统文化的研究,比如赵泽厚先生的《大学研究》[②]一书。赵先生对《大学》的作者问题、原文主旨、文章大意等方面进行了详细地研究和论述。此外,还有台湾地区的陈逢源先生。从陈先生的论著中,我们获知,在这五十年中,台湾地区以《四书》为名称的翻译注释多达24种,以《大学》或《学庸》为名称的翻译注释多达15种。在学术论文方面,有四十五六篇学术论文研究探讨《大学》,有四篇论文比较朱熹、王阳明的《大学》。

在学术论文方面,对《大学》的作者、名义、成书年代、思想属性、"格物"等问题进行研究和梳理的主要有两篇,分别是张向华、纪文晶的

---

① 王沂暖:《大学新注》,载《西北民族学院学报》1994年第2期,第89页。
② 赵泽厚:《大学研究》,台北中华书局1972年。

硕士论文。

还有一篇研究综述——《〈大学〉研究综述》,[①] 其作者是金建州。这篇综述简单的描绘了从汉代一直到清代《大学》研究的基本概况,概述了《礼记·大学》篇从两汉至唐代的研究状况和两宋及宋以后《大学》的研究状况,在此基础上主要介绍每个朝代重要学者的思想以及有关《大学》的研究著作,让我们对《大学》从汉代至清代的研究历程有个大概了解。此外,金建州的硕士论文《大学研究考论》,除了继续探讨前面提到的研究概况外,还着重研究了《大学》的作者、改本及其他一些重要注解问题。

屠建达的硕士论文,集中考察了二程、朱子、阳明、陈确等人的《大学》改本,认为每一个改本所体现出来的思想都与学者自身的思想倾向有着密切的关系,最终得出结论,"半开放性"是儒家经典特有的特色,在这些儒家经典中存在着"当下"与"过去"、诠释者与作者之间的张力。

曾军雄的硕士论文着重研究了《大学》在宋明理学时代不同学者所作的不同解释,论述《大学》中不同时代不同学者对"道"的追寻,以及在其中展现的价值追求,希望从中得出儒学发展变迁的主流轨迹,以及其中所展现出来的儒学发展的一般规律。

通过我们对20世纪以来研究《大学》的著作与期刊、论文的梳理,我们可以看出朱子《大学》学和王阳明《大学》学是研究的重点。两者在被纳入到现代学术体系中后,在研究深度与研究广度上,都得到了大大的拓展。尤其是将西方诠释学的方法应用到对朱子《大学》学、王阳明《大学》学的阐发上,可谓成果斐然。这为后来的学者理解《大学》的思想与价值提供了全新的思路。

(二) 研究简评

随着越来越多的学者对《大学》的关注,《大学》文本与思想的研究也随之进一步深入,亟需对《大学》流传与发展演变这一方面的研究,且对研究提出了更高的要求。由于《大学》学的研究还存在着较大的空间,对于一些争议性的问题尚需要进一步梳理,对于有研究价值且较少谈

---

① 金建州:《〈大学〉研究综述》,载《文教资料》2008年第4期,第5—7页。

及的问题需要进一步发掘。综合前人研究的成果，其中仍然存在很多有待深入和修正的问题。

1. 研究范围过窄，深度不够

这一点与对《大学》学文献的收集和整理有关，若不能充分收集和整理宋元明清的《大学》学文献，就不能对宋元明清《大学》——从前期到后期——有清晰地了解，就很容易忽视许多值得研究的话题。就学界研究所涉及到的《大学》学人物来看，主要有郑玄、孔颖达、二程、朱熹、王阳明、王夫之、丘濬等。吕大临、宋翔凤、魏源、杨简、陈确以及其他的很多人物则很少涉及。这固然与很多人物的《大学》学著述早已亡佚有关，但这些著述的很多内容在一些《礼记》学著作中却是存在的，其中包涵了很多极为丰富的信息。如从卫湜《礼记集说》中的《大学集说》中可以发现，两宋时期注释《大学》的竟然有二十多家注疏被存留在《大学集说》中，可由此对两宋时期学者对《大学》注释的流传与发展演变进行研究。这样，研究的范围不仅扩大，可以充分理解两宋《大学》学发生、发展的脉络；而且，研究也更加富有深度，更加具有历史流动感。

另一个极为明显的研究过窄和不够深入的表现是，以往研究者虽然看到明代《大学》改本之丰富，但好像对此视而不见，并未对此作过深入分析。在朱熹的《大学章句》笼罩下的元明清《大学》学，如果不对元明清《大学》改本作研究，便不足以了解朱熹《大学章句》的影响，也不足以明了元明清《大学》学对于朱熹直至明代前期《大学》学继承了什么，批判了什么。这造成的结果就是，无法从宏观上把握元明清《大学》学发展的多维向度，也无法在细微层面上进行深度分析。

关于《大学》的错简阙文问题与《大学》的改本问题是两个紧紧结合在一起的问题。目前的学界一般只关注二程、朱熹对《大学》错简阙文的研究，对由此所引发的众多《大学》改本问题关注度远远不够，这不能不说是一件非常遗憾的事情。

另外，对于民国时期研究《大学》成果的严重忽略，是非常令人遗憾的。比如在台湾学者林庆彰主编的《民国时期经学丛书》中，单独以《大学》为名称的单本著作就有二十三本，比如曹元弼、黄倬南、顾惕生、李喆元等的《大学》著作，几乎没有见到过有人对这些《大学》著作进行研究；而以经学史和《四书》为篇名的就更多了，然而学界对这些民国时期学者的《大学》研究几乎从未涉及，这不能不说是一个巨大的遗憾。

2. 研究角度的单维化

从研究者的已有成果来看，主要是从诠释学角度对《大学》学做研究。却很少有学者专门针对文本，从文本的诠释与当时的社会政治环境的关联中分析元明清的《大学》学。当时的社会政治形势与个体的遭际，如何反映在个体对于《大学》的注解和诠解中，这是极有意义的课题，研究视野的开阔可以从中体现。尤其是元明清时代的《大学》研究者，他们的《大学》著作就是他们当时思想与处境的一种反应。也即，研究者不是就文本谈文本，也非脱离文本谈思想，更不是脱离社会背景谈文本与思想。

此外，明代的《大学》学处在宋明理学的学术背景下，理学与经学交错影响的背景下，从哲学角度的分析和经学角度的分析都是必要的。在研究明代的《大学》学过程中，如何处理它与宋明理学及当时的学术大背景——如三教融汇思潮——的关系，这是极为重要的，也是最难驾驭的。明代有很多高僧曾经对《大学》做过一些研究，但目前很少有学者注意他们。单维化的研究视角，对于处理这一难题，是远远不够的。

3. 缺乏从经学史角度进行研究

对文献进行详细的分析与理解，是从经学视角进行研究的基础。对于《大学》学著作进行文本上的研究，对于从经学角度研究《大学》是最重要的。然而，对于《大学》文献资料的搜集与整理也是差强人意，比如吕大临、司马光、胡宏、胡安国、张栻等人的《大学》注解，在今天他们的著作中已经看不到了，但是在卫湜的《礼记集说》中的《大学集说》却有保存，然而却很少有人能够将其整理出来，而这是研究《大学》学最基本的文献整理工作，更是从经学史角度进行研究的必要前提。清人杭世骏的《续礼记集说》中的《续大学集说》部分，保留着姚际恒关于《大学》的注解，但在姚际恒自己的著作中却已经看不到了，这些都是《大学》研究中差强人意的地方，还需要我们对其进行整理，在此基础上才能顺利展开从经学史的角度研究《大学》。

对于明清学术思想发展的意义，学者屡有论述。蒙文通、稽文甫等人都有所阐释。台湾学者林庆彰先生在《明末清初经学研究中的回归原典运动》一文，认为"被抽离的经书，应回复原位，如《大学》、《中庸》。"① 其立论与论证颇富启发意义。所谓原典，对儒家来说主要就是《十三经》，经典具有神圣性、权威性。根据他的界定，明末清初时期的回归原典运动，是指倾向汉学的学者，为厘清宋明理学程朱、陆王义理之争而以群经辨伪作为表现方式的回归原典运动。而这一说法，实与余英时对明清学术变迁的看法不谋而合，即从思想的内在理路来说，为了解决义理的纷争，必然要回到原典，以原典文本为依据，这就走向了"道问学"，而清代汉学的生发就与此有关。明清《大学》学也具有这样的"回归原典"的特点。

皮锡瑞在《经学历史》一书中，将中国经学史分为十期，认为元明为经学积衰的时代，他说："论经学，宋以后为积衰时代"，"论宋、元、明三朝之经学，元不及宋，明又不及元。"② 马宗霍在其《中国经学史》一书中，认为宋元明清之学问是"每况愈下"。③ 对此，有学者辨析道："宋、元、明学术思想，在中国哲学史上有其特殊的地位，而在经学史上却不甚了了。以宋为'变古'，尚可理解；以元、明为'积衰'，则值得商榷。"④ 辨析有理，儒学在元代并不受推崇，其经学成绩有限。"元儒解经，不能出朱子之范"。⑤ 而明代后期，阳明心学风动一时，解经之风也为之一变，且汉学自明代中期开始复兴，下开清学，自有其独立位置和重要价值，远逾于元代，不应以"积衰"和"明又不及元"视之，否则清代经学之"复盛"便无从谈起。皮锡瑞对宋学持有偏见，更卑视明代经学，谓"明时所谓经学，不过蒙存浅达之流。"⑥ 顾炎武之说是就明代所编《五经大全》所提出的批评，皮锡瑞不当妄自移此以置彼。也许是因为《大学》为宋代以后所确定的经书，故不受经学史论著的重视，蒋伯

---

① 林庆彰：《明末清初经学研究的回归原典运动》，载《孔子研究》1989年第2期，第106页。此文后收录于其所著《明代经学研究论集》，文史哲出版社1994年。
② 皮锡瑞：《经学历史》，中华书局1981年版，第275、283页。
③ 马宗霍：《中国经学史》，上海书店出版社1984年版，第134页。
④ 张志哲：《中国经学史分期意见述评》，载《史学月刊》1988年第3期，第4页。
⑤ 马宗霍：《中国经学史》，上海书店出版社1984年版，第129页。
⑥ 皮锡瑞：《经学历史》，中华书局1981年版，第278页。

潜《经与经学》、马宗霍《中国经学史》、李源澄《经学通论》对《大学》很少涉及，在《大学》专经的研究上是很不足的。由此可见，综述性的经学史和经学研究也存在有待解决和澄清的问题。《大学》学的研究，对于今天了解宋元明清经学的流变，有着重要的意义，值得加以研究。

(三) 研究方法

基于以上情况，笔者认为，今后《大学》学的研究要取得突破成就，就须特别注重：

1. 将《大学》学史的研究放在中国传统经学史的视野下

自20世纪以来，中国大陆，包括港澳台等许多学者对《大学》进行了多角度、深层次、大范围的研究，并在各个方面都取得了卓有成效的成果。但是，将《大学》置于经学史的视野下，探讨《大学》学的流传与发展演变的论文与专著还是很少，这不能不说是一个巨大的遗憾。因为中国古代的学术主流就是经学，不研究经学就很难真正地理解中华民族的独有精神，将《大学》置于中国传统经学史的视野下研究有利于从整体上把握《大学》诠释的流传与发展演变。

2. 从中国经典诠释学的角度进行研究

所谓中国诠释学，其核心与实质其实在于"经典诠释学"。当前对于传统经典和学术的研究，"经典诠释"已成为一个热点和重点。从汉唐经学到宋明理学，一直到清代的乾嘉之学，每个时期都会形成一些对经典注释的原则与方法，而在中国长期的经典解释历史中，这些原则和方法是我们理解古人治学以及重新诠释经典所必不可少的。即使是现代的新儒家，其对儒家思想的发展也是依靠重新诠释儒家思想和经典实现的。

所谓的"经典诠释学"，这与西方的海德格尔和伽达默尔的诠释学不是一个概念，两人的诠释学最终是以导向本体论为目的，而"经典诠释学"是将诠释学作为一种方法去使用的。中国历史上存有悠久的经典注释的传统，形成了学者所默识心通的注释原则和方法，是客观存在的事实，有其存在的固有性。将诠释学运用于对历代《大学》学的分析和理解中，主要是想以此考察历代主要儒者如何看待《大学》的文本与作者、如何注释《大学》、如何将《大学》的内容应用于现实社会中，以及历代的社会政治形势如何反映在当时儒者对《大学》的注释中。中国传统的经典注疏文本，从注释者对经典的理解、注释，再到将经典中富含的有意义的内容应用于当下，这都与西方诠释学的内在理路是一致的，具有西方诠释学理论的三个要素。这是中国传统经典注疏所固有的特点。

3. 文献学的方法

对《大学》学史的研究，是以对《大学》学相关著述的搜集、整理、考证、辨伪为前提的。由于朱子《大学章句》本的盛行，很多《大学》学其他著述就很少有人关注了。这对于《大学》学史的研究是非常不利的，至少不能对所有的相关文献做到一网打尽，所以这一文献学工作尤其显得重要。具体来说：一是文献的搜集和整理。提到文献的搜集和整理，那不得不提的就是我们现在所能用到的各种丛书以及类书。概括起来主要有三大类书籍，分别是四库类、经解类、目录类。其中四库类书籍包括《四库全书总目提要》、《续修四库全书》、《四库全书存目丛书》等；经解类书籍包括《经义考》、《清经解》、《续清经解》、《通志堂经解》等；目录类书籍包括《中国古籍善本书目》等。搜集资料力求全面地了解《大学》学著述的种类、数量和内容情况，如此可谓"因类求书，因书究学"。二是文献的分析与解释。研究古代学者的思想，脱离不了各种文献。研究《大学》的学术思想，必然少不了对有关《大学》古代文献的研究。文献学的方法必然要求我们首先要收集各种文献资料，尽可能多得掌握相关的文献，在此基础上对文献进行阅读并对其分类，在进行写作之时能够做到史料与论点、论据的结合。

4. 传统文献和出土文献相结合的方法

荆门郭店楚简所出土的文献中有属于儒家思想的著作——《五行》经文，而在长沙马王堆帛书中也出土了《五行》的经文，两者可以相互校勘。李学勤先生就曾撰文提出，《五行》篇和《礼记》中的《大学》篇是一样的，是一篇有经、有传的作品。同时，两种《五行》中都有"慎独"，与《大学》"慎独"有着密切的关系，可以说简帛《五行》篇的"慎独"思想和《大学》的"慎独"思想是一脉相承的。要想进一步研究《大学》，就必须对儒家传世的经典文献和注释进行充分把握，同时结合现在新出土的相关文献，在准确把握前人研究成果的基础上，展开对《大学》的进一步研究。

总之，《大学》研究是一项综合性的系统工程。将《大学》放在中国传统经学史的角度下，有利于更加立体的探讨《大学》的流传与演变。在方法论的意义上，运用中国经典诠释学的方法、文献学的方法、传统文献和出土文献相结合的方法，虽然各自的侧重点不同，但又是互相联系、互相补充的。文献学是基础，是史料，也是传统文献，可以与出土文献相结合运用。这些方法论的运用正说明《大学》研究的日益成熟，也将是未来《大学》研究的主方向。

第一章 《大学》成书、作者与宗旨考辨

第一节 《大学》成书时代考辨

在宋代之前,《大学》一直存在于小戴《礼记》之中,学术史上一直被认为是七十子后学所作,基本上没有太大的问题。自宋代以来,《大学》作为独立的篇章存在,其成书时代问题逐渐被众多学者讨论。南宋以来,最先比较系统地探讨《大学》作者的是朱子。在元明清时期,众多学者对《大学》的成书时代提出自己的看法。于是,《大学》成书时代问题又出现了多种说法。

一 《大学》成书时代的六种观点

学术史上有关《大学》成书时代的主张大致有以下六种。

（一）春秋末战国初说

东汉时期著名的古文经学家贾逵说:"孔伋居于宋,惧先圣之不明,而帝王之道坠,故作《大学》以经之,《中庸》以纬之。"[1] 从这段话中,我们可以看出,贾逵认为《大学》应当成书于春秋末战国初期,同时认为《大学》的作者是子思,同时子思还作了《中庸》。可以说,这是所能见到的最早讨论《大学》成书年代及作者的史料。支持贾逵此种观点的还有明代大儒刘宗周、郑晓等人。

自从贾逵之后,许多注解过《大学》的学者都未曾涉及到其成书年代,比如郑玄、孔颖达、司马光等等。一直到宋代的二程与朱熹才又有所涉及。

---

[1] 转引自蒋伯潜:《诸子通考》,浙江古籍出版社1985年版,第360页。

程子说："《大学》乃孔氏遗书，须从此学则不差。"① 二程既然认为《大学》是孔子的遗书，那么孔子生活在春秋末期，自然也是将《大学》的成书年代推断在了春秋末年战国初年。

在二程之后，朱子受到二程影响，一开始接触《大学》的时候是赞同二程的观点的。朱子说："至于孔子而笔之于书，其门人弟子又相与传述而推明之。"所以朱子在一开始的时候认为《大学》是孔子所作。但当朱子在自己的《大学章句》架构基本成熟之后，朱子改变了自己的观点。朱子说："右经一章，盖孔子之言，而曾子述之。其传十章，则曾子之意而门人记之也。"② 这是说，《大学》经的部分是作于春秋末年的孔子，而传的部分则是作于战国初年的曾子。虽然，朱子的前后观点有所差异，但与二程的观点一样，都可以归纳在春秋末年战国初年这段时期。此后，赞同朱子经、传分别作于孔子、曾子说法的，还有明代学者黎立武、清代学者翟灏。

（二）战国时期说

《大学》作于战国时期的观点以冯友兰先生为代表。冯先生认为，荀子作为战国末期的儒家集大成者，是一位儒家大师。后来的儒家学者大多出自荀子门派。而荀子又多次言"礼"，因此大小戴《礼记》中的很多篇章，大部分都应该按照荀子学说的观点来理解。同时还特别提出小戴《礼记》中的《学记》篇尤应该以荀子的观点来讲教育。且《大学》中以"格致诚正修齐治平"为"大学之道"，与《学记》中的"大学之道"，其主要意思都是一致的。故此《大学》中的"大学之道"也应该用荀子学说的观点来解释。③

著名史学家劳榦先生则认为《大学》作于孟子之后荀子之前。④ 这篇文章的篇题为《大学出于孟学说》，是劳榦先生为了反驳冯友兰的《大学为荀学说》而发表的。

清人崔述则从战国时期文体的角度立论，认为《大学》文本繁多而

---

① 程颢、程颐：《二程集》卷二，中华书局1981年版，第18页。
② 朱熹：《四书章句集注》，中华书局2010年版，第5页。
③ 冯友兰：《中国哲学史》上卷，中华书局1961年版，第438—439页。
④ 劳榦：《大学出于孟学说》，载""中研院"历史语言研究所集刊论文类编》（文献考订编），中华书局2009年版，第2601—2608页。

且多排比句，这种形式与战国时期的著作体例基本一致，因此崔述认为《大学》应作于战国时期。

以上三种观点虽然认为《大学》的思想倾向是不同的，但同样都将《大学》的成书年代断定在了战国时期。

（三）秦汉之际

现代新儒家的代表人物徐复观先生认为《大学》成书于秦汉之际。徐先生从《大学》中引《书》的现象及"大学"一词的出现角度进行考证，认为《大学》的成书时代应该是在秦始皇统一六国之后，最晚应该是在西汉建立之前。

（四）西汉初年说

有学者认为《大学》作于西汉初年。此说以唐代的经学家赵匡为代表。赵匡的观点保存在其弟子陆淳的《春秋集注纂例》中。赵匡的观点有两个，一是认为《礼记》中的篇章，可能是孔门之后的末流学生所撰写的；一是认为《礼记》诸篇也可能是西汉初年诸儒所私自撰写的。

任继愈先生也认为《大学》的作者已经不能进行详细考证了，但是从《大学》篇所体现出来的时代特征来看，应当是属于西汉初期的著作。详细可参考任先生的《中国哲学史》一书。

在《大学》文本中有引用《尚书》的《太甲》篇。但据学者的考证，在西汉初年，《尚书·太甲》篇就已经佚失。《大学》文本曾引用"《太甲》曰"，这从侧面证明了《大学》是不可能作于西汉初年的，其成书时代只可能更加提前了。

（五）汉武帝及以后

台湾及日本学者很多都认为《大学》应该作于汉武帝及以后时期。

如傅斯年先生认为，《大学》作于汉武帝时期，具体时间应该在孔仅、桑弘羊登用之后，轮台下诏之前，傅斯年先生在《中国古代文学史讲义》中有详细说明。[1]

台湾地区的赵泽厚先生通过详细分析《大学》文本与董仲舒著作之间的关系，则得出《大学》是汉武帝时董仲舒所作的结论。[2] 大陆学者金

---

[1] 《傅斯年全集》，台北联经出版公司1980年版，第147—148页。

[2] 赵泽厚：《大学研究》，台湾中华书局1972年。

建州也赞同此说。

日本学者武内义雄也认为,《大学》应该成书于汉武帝时期,或者是在汉武帝之后所作。①

（六）东汉说

陈确是最早提出《大学》作于东汉时期的学者。陈确是明末清初的思想家,是明代大儒刘宗周的弟子。陈确在《大学辨》一文中认为,《大学》的宗旨看起来是圣人之旨但实际上则是佛教之旨,与佛教的虚诞是一样的,这是子游、子夏所不可能传授的,因此根本不可能是秦朝以前的儒家学者所作。② 我们知道,佛教是在两汉之际才传入中国的。那么按照陈确所说的,不可能是秦代以前的儒者所作,而《大学》的主旨又接近于禅学,再结合我们前面所说的佛教传入中国的时间,则《大学》的成书时间最早也只能在东汉初年。这种说法是最不值得驳斥的,考证《大学》载入《礼记》的年代,最晚也在戴圣《礼记》的编纂成书,也就是说最晚也在西汉宣帝之时,与陈确的这种说法相去甚远。

二 《大学》成书时代考辨

《大学》一书本是小戴《礼记》中的一篇,要考察《大学》一书的成书时代,那就必须要考察《礼记》的成书过程。所以,我们首先要来看《礼记》是如何成书的。

（一）从《礼记》删编的底本来看

从戴圣删编《礼记》的底本来看《大学》的成书年代。

我们知道,《大学》原本是小戴《礼记》中的一篇文章,而小戴《礼记》的成书是戴圣对古"记"删减之后编辑而成的。所以,只有弄清楚小戴《礼记》所依据的古"记"的成书时代,自然就会清楚《大学》的成书时代。学术史上关于《礼记》所依据的古"记"来源主要有三种说法。

第一种观点是大戴删古礼,小戴又删大戴礼。

---

① [日] 武内义雄：《大学篇成立年代考》,收入江侠菴编译：《先秦经籍考》,河洛出版社1975年。

② 《陈确集》,中华书局1979年版,第552页。

这种说法最早来自于晋人陈邵，而《隋书·经籍志》基本承袭此种观点。陈邵认为，西汉的戴德将古《礼》204篇文章删成了85篇文章，这就是我们所说的大戴《礼记》；戴德的侄子戴圣又依据大戴《礼记》为底本，又将85篇文章删成了46篇文章，也就是我们现在所说的小戴《礼记》。东汉末年的马融、卢植两人考证多家版本的同异，依从戴圣的小戴《礼记》，删掉那些重复的篇章及其叙略，然后刊印于世，这就是我们所说的今天的《礼记》本。而《隋书·经籍志》则认为，西汉初年，河间献王刘德得到孔子的弟子及后学者所记载的131篇文章，当时也没有传播这些文章的人了。直到刘向的时候才考校这些经书文籍，查到这些经书文籍总共有130篇。刘向根据书籍的顺序分别进行了记叙。之后又得到了《明堂阴阳记》33篇文章、《孔子三朝记》7篇文章、《王史氏记》21篇文章、《乐记》23篇文章，一共有五种类型，算上前面河间献王刘德所得之131篇文章，总计有214篇文章。到戴德之时，戴德又将这214篇古"记"中繁琐累赘的文章删掉，最后得到85篇文章，被称为大戴《礼记》。之后戴圣又对戴德的大戴《礼记》进行了删减，只剩下46篇文章，被称为小戴《礼记》。东汉末年的马融开始教授学生小戴《礼记》。马融在小戴《礼记》的基础上又增加了一篇《月令》、一篇《明堂位》、一篇《乐记》，郑玄又是马融的学生，而郑玄又对小戴《礼记》作过注，这样小戴《礼记》总共就有49篇文章了，这就是我们现在所看到的小戴《礼记》。

　　陈邵与《隋书·经籍志》的看法基本上是一致的。应该是《隋书·经籍志》承袭了陈邵的说法。《隋书·经籍志》认为古"记"为214篇，指的应该是陈邵所说的古"记"204篇。这中间所差的十篇在于二者对于《礼记》中的《乐记》篇章数量认识不一样所致。《乐记》原本有11篇文章，陈邵将这11篇文章都视为一篇文章，因此《礼记》的总数只有204篇。清代学者陈寿祺认为，怀疑《乐记》总共有23篇文章，其中有11篇文章已经在这131篇《记》之中，去掉这重复的《乐记》11篇文章，因此正好是204篇。[①] 由于《隋书·经籍志》没有将《乐记》中重复的这11篇文章删掉，仍旧以《乐记》23篇计算，因此会有总数214篇文章。

[①] 陈寿祺：《左海经辨》，续修四库全书，经部，群经总义类。

第二种观点是根据依附于《礼记》的古文"记"删编而来。

有很多先秦古籍,都是分"经文"与"记文"的。"经文"自然是圣人所作的儒家经典,而"记文"则是指对于经文的注解、阐释和说明。孔颖达在《礼记正义·序》中说,《礼记》这部经典,是出自于孔子之手,但是正规的礼节变得残缺不全,没有人能够说得明白……等到孔子死后,孔子的七十二位徒弟一起编撰他们闻于孔子的言论,以此来写出《记文》。这些《记文》,有的是记录过去的礼节,有的是记录礼节变化的原因,有的是记载孔子的日常生活,有的是杂乱的叙述得失,因此将其编纂记录下来,这就是《记文》。① 这些"记文"从先秦一直流传到西汉《礼记》正式编纂而成,其存在形式是一直依附于"经文",而此时的"经文"主要是指《仪礼》。所以,当时的礼学家在研究、教授《仪礼》之时,也会偶尔传授一些作为参考文献的"记文"。二戴所传授的《礼记》,在晋代之前称为《礼经》或者《士礼》,晋代之后才改为《仪礼》。《汉书·艺文志》中记载,西汉初年,鲁人高堂生传授《士礼》17篇,也就是今本《仪礼》。等传到汉高宗孝宣皇帝的时候,东海郡人后仓对《士礼》最明了。戴圣、戴德、庆普都是后仓的弟子。鲁人高堂生在教授《士礼》的同时,自然会传授给弟子们一些对它进行诠释的"记文"。《经典释文·叙录》中说,到了后仓传授《士礼》的时候,他讲解《士礼》的文字已经达到数万字,号称是《后仓曲台记》。由于后仓是在曲台校书作记的,因此被称为《后仓曲台记》。由此可见,后仓曾经见过这些"记文",同时在其传授弟子之时对它们进行过整理。可见,在刘向对这些经书文籍校勘之前,这些"记文"早已存在。因此,西汉刘向不但有发现的"记文",而且当时传授礼学的礼学家也掌握了作为解释材料的"记文"。很有可能,戴德删定《礼记》的底本就来源于礼学家们所传授的作为材料的"记文"。故此,徐坚认为,东海郡的后仓善于说礼,在曲台殿撰写《记文》180篇,号称为《后仓曲台记》。后仓将其传授给梁国人戴德及戴圣。戴德删编《后仓曲台记》为85篇文章,就是大戴《礼记》;戴圣又删编85篇大戴《礼记》为46篇文章,就是小戴《礼记》。

第三种观点是《汉书·艺文志》中的"《记》百三十篇"。

---

① 孔颖达:《礼记正义》,上海古籍出版社2008年版,第4页。

清人毛奇龄说，《礼记》这本书，《汉书·艺文志》中只是说《记》有一百三十一篇，应该是指《礼记》还没有成书时的底本而言。又说，《汉书·艺文志》记载，《记》有一百三十一篇文章，而这就是《礼记》的底本。其实，班固在《汉书·艺文志》中所说的"《记》百三十一篇"是大戴《礼记》跟小戴《礼记》文章总数的合称。清代著名学者钱大昕认为："小戴《记》四十九篇，《曲礼》、《檀弓》、《杂记》皆以简策重多，分为上下，实止四十六篇，合大戴之八十五篇，正协百三十一数。"①小戴《礼记》共49篇文章，但是《曲礼》、《檀弓》、《杂记》由于简策的数量众多，因此都分为上下两篇文章，实际上看，其实只有46篇文章，再加上大戴《礼记》中的八十五篇文章，正好凑足班固所说的131篇文章之数。出现这种差异的原因，大概是因为西汉前期所发现的那些古文"记文"经过戴德、戴圣的编纂删减之后大多消亡了，等到班固再编写《汉书》的时候，古文"记文"班固就未能看到，因此班固就用大戴、小戴《礼记》的总数目来指称被二戴所删编的古文"记文"。班固说："献王所得书皆古文先秦旧书，《周官》、《尚书》、《礼》、《礼记》、《孟子》、《老子》之属，皆经传说记，七十子之徒所论。"② 此处的《礼记》绝对不是指戴圣的《礼记》，因为此戴圣的《礼记》成书于汉宣帝之时，而河间献王所得的先秦旧书时间是在西汉早期，要比汉宣帝早得多。因此，班固所说的131篇的古文"记"就是西汉早期河间献王所得到的书，也就是班固所说的大、小戴《礼记》总数所指代的底本古文"记"文。

大约班固作《汉书》时，前汉发现的古文"记"经两戴删除后多亡佚不见了，故他又用此总数为131篇的大、小戴《礼记》代称那些两戴据以为底本的古文"记"。《礼记》是汉宣帝时博士戴圣所编之书，它当然不会出现于汉武帝时河间献王、鲁恭王所发现的古文先秦旧籍里，而班固《汉书》以《礼记》称之，这是班固用大、小戴《记》代称那些两戴据以删成《礼记》的古文"记"的明证。

这三种主要的关于《礼记》底本来源的观点虽然侧重点不一致，但是这三者之间有一个共同点，那就是《礼记》是删编古文"记文"而来

---

① 钱大昕：《廿二史考异》卷七，第156页。
② 班固：《汉书·景十三王传》，中华书局1999年版，第1839页。

的。从我们上面的详细列举来看，戴圣所依据的"记"都是古文"记文"，而这些"记文"的作者就是孔子的弟子"七十子后学者"，而"七十子后学者"又都是战国时期之人。这些人，刘向认为是六国时候的人，颜师古承袭了刘向的说法，"师古曰：刘向《别录》云六国时人也。"[①]同样认为是六国时代的人。因此，可以肯定地说，这些古文"记文"都是战国时期所作。而战国时期也包括从春秋末年到战国初年、战国中期（六国时期）以及战国末年（秦统一前期）三个阶段。说战国时期，可以断定《大学》成书的下限不会晚于战国末期，很可能在战国这三个时期之内。

（二）从《大学》文本与郭店楚简的关系来看

新出土的郭店楚简中的儒家竹简中的几篇文章为我们研究《大学》的成书年代提供了新的材料。李学勤先生通过分析《大学》文本与郭店楚简《五行》篇的文本，认为这两篇文章都是一种经、传相结合的文章。《大学》文本中的"曾子曰"跟当时的"墨子曰"、"孟子曰"、"太史公曰"等都是相同的，都是当时时代著书的通行格式。同时认为《大学》中的思想与《论语》中所体现出来的孔子思想是一致的，赞同朱子"圣经贤传"的说法，并确定《大学》可以被认作是曾子的作品。许多后来的研究者也都比较赞同李学勤先生的观点。

梁涛先生也从三个方面对《大学》的成书时代及作者问题进行了探究。[②] 第一，通过分析《大学》文本与《学记》之间的关系及修齐治平、至善等思想，提出《大学》晚出的结论是不可靠的。第二，通过分析《大学》文本与《五行》篇的内容，认为朱子分经、传的做法是不成立的。第三，通过研究《大学》之思想与传承，认为《大学》与曾子一派有着密切的联系。最后，梁涛先生认为，《大学》应当成书于曾子或者曾子弟子之手。

郭店楚简中的《五行》篇中有"慎独"的内容，这跟《大学》文本中的"故君子必慎其独也"是有相同之处的。据梁涛先生的考证，郭店楚简《五行》篇与《大学》文本中的"慎独"意思是一致的，慎独即

---

① 班固：《汉书·景十三王传》，中华书局1999年版，第1356页。
② 梁涛：《〈大学〉早出新证》，载《中国哲学史》2000年第3期，第88—95页。

"诚其意"，可以理解为人无论是在单独一人还是众人面前，均应"保持内心的专一"。①

在《郭店竹简与思孟学派》一书，梁涛先生通过对相关资料的详细考证认为，"慎独"在《五行》与《大学》中，它们的意思是一样的，都是"保持内心的专一"。学术界已经基本确定《五行》篇是子思所作，曾子又是子思的老师，他们的思想有相同或者类似之处，这也是合情合理的。

虽然，李学勤先生与梁涛先生对于《五行》篇分经传的问题有着截然相反的看法，但两位先生都认为《大学》的作者应该归属于曾子或者曾子的弟子，同时认为《大学》的成书时代应该在战国早期。

(三) 从《大学》引用《书》、《尔雅》来看

《大学》文本除了引用孔子与曾子的话语之外，还大量引用了《诗》、《书》的内容。首先来看下《大学》引《书》的现象。

第一，从《大学》引用《尚书·太甲》篇看其著述年代。

《大学》文本曾引用"太甲曰"，《太甲》篇是《尚书》中的一篇。在汉代伏生所传授弟子的《尚书》中只有二十九篇文章，其中并无《太甲》篇，司马迁只录名字，不见内容。这说明西汉初年《太甲》篇就已经失传了。而在孔壁中所发现的《古文尚书》比伏生所传《尚书》版本多十六篇，共有四十五篇，根据《尚书正义》中引述郑康成的《书序》之注，此十六篇之中也未见《太甲》篇。

而我们今天看到的《太甲》篇是来自于伪《古文尚书》，共五十八篇，是东晋时期梅赜所献。梅赜总计伪造了二十五篇文章，同时又将伏生的《尚书》二十九篇分为三十三篇，于是总计为五十八篇《尚书》。而《太甲》就存在于伪造的二十五篇之中。《大学》来自于《礼记》，而《礼记》又是由西汉戴圣所编定，它是不可能引用东晋时期的《古文尚书》的。《大学》成书之时，《太甲》篇还没有失传，因此，《大学》才有引用它的可能性。可见，《太甲》篇跟《尚书》中其他的一些篇章一样，是在秦始皇焚书之后亡佚的。由此可以推断，《大学》的成书最迟也是在秦始皇焚书开始之前。这是可以断定的《大学》成书的下限。

---

① 梁涛：《郭店楚竹简与思孟学派》，中国人民大学出版社2008年版，第300页。

第二，从《大学》引用《尔雅》来看。

《尔雅·释训》篇与《礼记·大学》篇有一段文字是极为相似的。这段话就是《大学》文本解释《诗经·卫风·淇澳》一诗的含义的。关于这件事情，孔颖达在《大学正义》中提到过，孔颖达认为，这段话是记者引用《尔雅·释训》的话来解释《诗》的。不同之处主要有两点，一是《尔雅·释训》用"烜"字，《礼记·大学》用"喧"字；《尔雅·释训》用"谖"字，《礼记·大学》用"諠"字。二是，《礼记·大学》比《尔雅·释训》多四个"者"字，即在"如切如磋"等四个词组之后有个"者"字，而在《尔雅·释训》之中是没有的。上面这四个不同的"喧"字，虽然文字版本多有不同，但都有"显著"的意思。可看作同一个意思。不仅孔颖达认为《大学》是引用《尔雅·释训》来解释《诗》，在这之后的清人邵晋涵、郝懿行等人也赞同此观点，杨一波在其硕士论文《〈尔雅〉成书考》中也认为《大学》是引用《尔雅·释训》来解释《诗》的，笔者也赞成这种观点。据杨一波考证，《尔雅》一书成书于孔子之前，可以看作是《尔雅》一书的成书时间下限。《尔雅》一书多释《诗》、《书》，同时与春秋时期"赋诗言志"的传统很接近，而《大学》曾引用《尔雅·释训》篇的内容，且《大学》也是大量引用《诗》、《书》来解释文章主旨，与春秋时期"赋诗言志"的传统是一致的。故此，笔者认为，《大学》成书于《尔雅》流行之后，而《尔雅》又成书于孔子之前，《大学》中有三处引孔子与曾子之言释《大学》之内容，《大学》最早可能成书于战国早期。

第二节　《大学》作者考辨

关于《大学》的作者问题，学术史上一直存有争论。目前学界有关《大学》作者的说法主要有九种，分别为孔子说，孔子、曾子、曾子门人说，曾子说，七十子后学所作说，子思说，荀子说，"无名秦儒所作"说，汉初诸儒说，董仲舒说。笔者认为，从《大学》中所主要出现的社会阶层、《大学》引文所体现的史实、《大学》文本所体现出来的思想来看，《大学》的作者归于传统上的曾子及其弟子的说法可能性比较大。

关于《大学》的作者问题，从汉代的郑玄一直到唐代的孔颖达，都没有明确的界说。郑玄谈到《大学》时说"名曰《大学》者,以其记博学可以为政也,此于《别录》属通论"①。郑玄并没有说《大学》出于何人之手,只说了《大学》名称的意思。由此可见,东汉时已不知此篇的作者了。

一 《大学》作者的九种说法

关于《大学》的作者问题,学术史上一直存有争论,焦点在于它是否出自孔子、曾子之手。《大学》的作者究竟是谁?西汉戴圣初编的《礼记》、东汉郑玄的《礼记注》和初唐孔颖达的《礼记正义》均未涉及,同时《汉书·艺文志》、《隋书·经籍志》、《旧唐书·经籍志》和《新唐书·经籍志》对此也无著录,至此千余年来,各种意见纷纷歧出。随着郭店竹简等一批新材料的发现,引起学者们对《大学》作者的热烈讨论。通过梳理发现,学术史上有关《大学》作者的说法主要有九种。

（一）孔子说

一直到北宋五子时期,张载是最早提到《大学》作者的思想家。张载认为《大学》是"出于圣门",还提出《大学》跟《中庸》两篇文章与《礼记》中的其他篇章是不同的,尤其需要引起学者的注意。

在张载的基础上,程颢、程颐进一步提出:"《大学》乃孔氏之遗书,须从此学,则不差"。"《大学》,孔氏之遗言也。学者由是而学,则不迷于入德之门也"。这就是说,程子认为《大学》是"孔氏遗书"。

但是"孔氏遗书"之意,到底是遗书是孔子所作呢?还是孔子所得到的古代先贤的遗书呢?从常识来看,说某人的遗书,一般会认为是这个人所作之书遗传下来的。所以,学者一般会认为程子的观点是认为《大学》是孔子所作之书。对此,清代学者翟灏提出了不同的意见。翟灏认为:关于《大学》一书,我们在很久之前就已经不知道作者的姓名了,程子认为这是孔氏的遗书。说是孔氏的遗书,也不一定就得是孔子自己所作的。比如,"六经"都是经过孔子删编修定的,用来传授给弟子们,这些都是孔氏的遗书。这都是最为准确恰当不会改变的结论。②

---

① 郑玄注,孔颖达疏:《礼记正义》引《郑目录》,北京大学出版社1999年版,第1592页。
② 翟灏:《四书考异》,《皇清解》本。

程子的说法在古籍中并没有相关的材料证明《大学》是孔子所作。但从《大学》文本的内容来看，的确又是儒家的思想。朱子在最开始的时候，也是认为《大学》作于孔子。朱子说"《大学》非圣人不能及也"，故此程子从《大学》文本意思上推测，《大学》应该是孔子所作的，是一种大概的推论。从此之后，《大学》作于孔子的说法被宋代许多学者所接受。

程子的说法，与事实是不相符的。但是程子此说也是有其功绩的，正是由于程子将《大学》的著作权归于孔子，才使得《大学》的价值开始受到后人的重视，《大学》的意义才有可能发扬光大。可以说，程子此说起到了非常重要的作用。

到了明代，王阳明基本上也是认为《大学》为孔子所作。阳明说"《大学》古本乃孔门相传旧本耳"[①]，阳明认为，《大学》是孔门相传的旧本。在这里，"孔门"既可以指孔子，还可以指孔子的七十二弟子。接下来，阳明又说"无乃重于背朱而轻于叛孔已乎"，[②] 这是说以《大学章句》为是，不以《大学》古本为是，是对于孔子的背叛，其罪过是最大的。由此可见，阳明对于《大学》的作者问题是非常倾向于孔子的。此外，王阳明在《大学古本序》中说："圣人惧人之求之于外也，而反覆其辞。旧本析而圣人之意亡矣。……庶几复见圣人之心，而求之者有其要。"[③] 阳明的这段话，就直接认为是孔子作《大学》了。

《大学》中出现了两处"子曰"，从汉语表达方式来看，引用他人言语方说"某人曰"，自己著述，直接言说即可，何以把自己挪作他人？此二处的"子曰"为他人引用之辞。

由此看来，《大学》作于孔子说并不成立。

（二）孔子、曾子、曾子门人说

学术史上最先确定《大学》作者的就是朱子。朱子对《大学》分经分传，并在《大学章句》序言中说是"圣经贤传"。《大学》经文的部分是孔子所作，《大学》传文的部分是曾子所作。

[①] 王阳明：《传习录》，中国画报出版社2014年版，第188页。
[②] 同上书，第189页。
[③] 王守仁撰，吴光、钱明、董平、姚延福编校：《王阳明全集》上，卷七，文录四，上海古籍出版社2011年版，第271页。

朱子在《大学章句》中说："右经一章，盖孔子之言，而曾子述之。其传十章，则曾子之意而门人记之也。"① 也就是朱子认为，《大学》的经文部分是曾子记述孔子的话语，《大学》的传文部分是曾子的弟子记述曾子之意。朱子的学生曾问："子谓正经盖夫子之言，而曾子述之，其传则曾子之意，而门人记之，何以知其然也？"朱子回答说："正经辞约而理备，言近而指远，非圣人不能及也。然以其无他左验，且意其或出于古昔先民之言也，故疑之而不敢质。至于传文，或引曾子之言，而又多与《中庸》、《孟子》者合，则知其成于曾氏门人之手，而子思以授孟子无疑也。"② 虽然朱子在《大学章句·序》中与《大学章句》首章之末稍有不同，但从朱子的回答来看，朱子基本上确定了《大学》是孔子、曾子、曾门弟子合著的结果。

（三）曾子说

这种说法分为曾子独著与曾子主著说、曾子后学说。

大部分研究者认为《大学》是曾氏之儒的作品。这种观点虽与宋以后的主流观点相吻合，但纷纷陈出各种新证。

曾子主著说，梁涛先生通过对《大学》的成书与文本的考察，指出近代以来认为《大学》晚出的各种理由均不能成立，《大学》"应成于曾子或其弟子之手。"③ 罗华文从《礼记》的成书时间、《大学》中的一些相关因素、与曾子一派的内在联系、与孟荀两家的关系、与《中庸》的关系来证明《大学》"系出于曾氏之儒一派的纯儒家作品"④。

曾子独著说，李学勤先生基于当时的著书体例和《论语》中曾子的言论，指出《大学》"确可认为是曾子的作品"⑤。

曾子后学说，罗新慧从《大学》的思想内涵着手探求其与儒家学派的关系，指出《大学》"与曾子思想存在着较为直接的继承性质"⑥。胡

---

① 朱熹：《四书章句集注》，中华书局 2010 年版，第 5 页。
② 朱熹：《朱子全书》第 6 册《大学或问》，上海古籍出版社 2010 年版，第 514 页。
③ 梁涛：《〈大学〉早出新证》，载《中国哲学史》2000 年第 3 期，第 88—95 页。
④ 罗华文：《〈大学〉成书时代新考》，载《孔子研究》1996 年第 1 期，第 114—118 页。
⑤ 李学勤：《从简帛佚籍〈五行〉谈到〈大学〉》，载《孔子研究》1998 年第 3 期，第 47—51 页。
⑥ 罗新慧：《曾子与〈大学〉》，载《济南大学学报（社会科学版）》1999 年第 6 期，第 33—37 页。

治洪通过《大学》明引曾子之言及相关文献记载说明它的作者是"曾子的后学"①。二人虽然论证的角度与方式不同，但基本都赞同曾子后学所著之说。

关于《大学》作者的争论，尽管至今未休，但是朱熹的"孔子之言曾子述之，曾子之意门人记之"说仍然占上风，绝大多数认可《大学》是生活在战国初期的"曾子所作"。

（四）七十子后学所作

此说，见于班固《汉书·艺文志》中。班固对于大小戴《礼记》成书过程的记载中略有提及。班固认为，大小戴《礼记》的成书是对先秦时期古本"记文"的删编而来的，这部分文章总共有一百三十一篇，而这些文章都是来自于七十子后学所作。班固的这种说法，基本上是正确的。由此可以确定，大小戴《礼记》的底本来自于先秦时期的文献，而这些文献都是孔子的七十子后学所作，而《大学》又是《礼记》中的一篇，故此，《大学》的作者也肯定是来自于孔子的七十子后学。

现代新儒家唐君毅则认为："《大学》应是先秦战国时期七十子后学之宗奉孟子之学者在酌取墨子、庄子、荀子思想的基础上所完成的作品。"②

（五）子思说

贾逵认为《大学》作于子思。他说："孔伋居于宋，惧先圣之不明，而帝王之道坠，故作《大学》以经之，《中庸》以纬之"③。承袭子思说的还有王柏、刘宗周、郑晓、江永等人。明代大儒刘宗周说："今抽绎二书，《中庸》原是《大学》注疏，似出一人之手，而篇中又有'曾子曰'一条，意其遗言多本曾子，而曾子复得仲尼所亲授，故程子谓'孔氏遗书'，而朱子谓'曾子之意，门人记之'，有以也"。明清两代的很多学者都认为《大学》是子思所作。依据的都是汉代贾逵的论述，再加上朱熹的"其传十章，则曾子之意，而门人记之也"说法的影响，便得出了这

---

① 胡治洪：《论〈大学〉的作者时代及思想传承》，载《陕西师范大学学报（哲学社会科学版）》2008年第5期，第30—34页。
② 唐君毅：《中国哲学原论·导论篇》，中国社会出版社2005年版，第209—210页。
③ 见刘宗周：《大学古记·自叙》，转引自孙德华《子思学派考论》，吉林大学博士学位论文，2010年。

样的结论。但贾逵的言论并无古籍为证，不足以证明这个说法真实可信。

现代学者郭沂利用郭店楚简，认为《大学》出自子思。郭沂在《子思书再探讨——兼论〈大学〉作于子思》中，通过比较子思书中关于义利关系的一番解释与《大学》中义利观的异同，并使用前人的论述作旁证，得出《大学》"出自子思手笔，不可能作于曾子一系"① 的结论。

（六）荀子说

《大学》是否荀子所作？

冯友兰先生首先提出了《大学》与荀子有关的说法。冯友兰说："《中庸》大部分为孟学；而《大学》则大部分为荀学"。即冯先生认为《中庸》所讲的大部分内容应归于孟子之学；而《大学》所讲的大部分内容应归于荀子之学。钱穆先生与戴君仁先生也基本赞同冯先生的这种说法。钱穆先生曾经说过："但《大学》亦绝非曾子所撰，如其讲格物、致知，把知与物，合并立论，这显然是后出的事，《论语》上显然没有，那有曾子便忽然这样讲了。"钱穆先生坚定地认为《大学》肯定不是曾子所作的，因为在曾子的老师孔子那里一直是将知与物分开来讲，作为孔子弟子的曾子是不可能忽然就将格物与致知合在一起进行论述的，非常明显这是曾子以后发生的事情，那就有很大的可能性是战国晚期的时候产生的，就有可能是作于荀子。

（七）"无名秦儒所作"说

此说以徐复观先生为代表。徐先生认为《大学》为秦汉之际的一位无名秦儒所作。徐先生从《大学》中引《尚书·秦誓》的现象及"大学"一词的出现时间进行考证，认为《大学》应该是"秦统一天下以后，两汉政权成立以前的作品"，即《大学》的成书时代应该是在秦始皇统一六国之后，最晚应该是在西汉建立之前。并大胆推测《大学》是"某一个今日无从知道姓名的伟大儒者，为了反抗法家，乃将儒家的思想，有计划地整理综合而成的教本"②。徐复观先生所理解的《大学》作者是为了反抗法家，将儒家思想进行有计划整理而创作的教本，是一位今日不知姓

---

① 郭沂：《子思书再探讨——兼论〈大学〉作于子思》，载《中国哲学史》2003年第4期，第27—33页。

② 徐复观：《中国人性论史·先秦篇》，湖北人民出版社2002年版，第244—246页。

名的伟大儒者。刘强编译的《给年轻人读的〈大学·中庸〉》认为："《大学》旧说为曾子所作,实为秦汉时期儒家的作品"①。

陈确也认为不可能是先秦时期孔子的弟子所作。陈确是明末清初的思想家,是明代大儒刘宗周的弟子。陈确在《大学辨一》中说"其言似圣而其旨实窜于禅。其词游而无根,其趋罔而终困,支离虚诞,此游、夏之徒所不道,绝非秦以前儒者所作可知。"②认为《大学》的宗旨看起来是圣人之旨但实际上则是佛教之旨,与佛教的虚诞之旨是一样的,这是孔子的学生子游、子夏所不可能传授的,因此《大学》根本不可能是秦朝以前的儒家学者所作。

(八) 汉初诸儒

有学者认为《大学》作于西汉初年。此说以唐代的经学家赵匡为代表。赵匡的观点保存在其弟子陆淳的《春秋集注纂例》中。《春秋集注纂例》中记载："《礼记》诸篇,或孔门之后末流所撰;或是汉初诸儒私撰之。"③也就是说,赵匡的观点有两个:一是认为《礼记》中的篇章,可能是孔门之后的末流学生所撰写的;一是认为《礼记》诸篇也可能是西汉初年诸儒所私自撰写的。

(九) 董仲舒说

提出此说的主要是中国台湾的赵泽厚先生,金建州也持此说。

赵泽厚先生通过详细分析《大学》文本与董仲舒著作之间的关系,则得出《大学》是汉武帝时董仲舒所作的结论。④大陆学者金建州也赞同此说。

综上所述,关于《大学》的作者问题可谓是众说纷纭,莫衷一是,直到今天依然未能有一个一致的解答。可以看出,学术史上影响比较深的是朱子的"圣经贤传"一说,后世很多学者认为《大学》出自于曾子之手,很大程度上是受朱子影响。现在很多学者依然同意朱子的这种观点,只是在论证上稍有不同。

---

① 刘强编译:《给年轻人读的〈大学·中庸〉》,蓝天出版社2009年版,第1页。
② 陈确:《大学辨一》,《陈确集》,中华书局1979年版,第552页。
③ 陆淳:《春秋集注纂例》,文渊阁四库全书本。
④ 赵泽厚:《大学研究》,台湾中华书局1972年。

二 《大学》作于曾子及其弟子

笔者认为，《大学》的作者归于传统上的曾子及其弟子的说法可能性比较大。理由有以下三点。

（一）从《大学》中所主要出现的阶层来看

《大学》文本中出现的社会阶层，主要有民、众、天子、庶人、君子、小人、国人、仁人、仁者。其中君子出现13处，小人出现4次，民出现11次，仁人或仁者出现4次，天子出现1次，庶人出现1次，国人出现1处，众出现3处（有两处作"众人"讲，一处作"众多"讲）。可以看出，小人、民、众（人）、庶人、国人的概念基本上都是商、西周、春秋时期的概念，都可以泛称为"民"，主要涵义为一般的劳动者。区别于"自然人"的概念，"民"首先是一个政治概念，作为"民"是有参政的机会、服兵役、缴纳赋税的义务的。其次，将小人、民、众、庶人、国人统一归于"民"的概念也可以，但将其统一归于"小人"的概念可能会更好，因为"小人"在春秋以来逐渐变成对广大劳动群众的指称，不仅包括平民，还包括奴隶。而剩下的君子、天子、仁人、仁者，都可以概括为"君子"阶层，也就是统治阶层。"君子"是商、西周以及春秋时期对当时的贵族阶层的通称。主要包括天子、诸侯、公卿、大夫、士等。也就是当时的统治阶层，在这个时期的统治阶层主要是指大大小小的奴隶主，而非战国时期的新兴的地主阶层。

需要注意的是，从春秋末期开始，"君子"的称呼也逐渐从对"有位者"的称呼向"有德者"进行转变，这在《论语》里面有着较为显著的表现。可以说，《大学》中的"君子"与"小人"之间的对比，对"民"的强调，依然是沿着孔子在《论语》中关于"君子"与"小人"与"民"的划分而来的。如果仅从这个角度而言的话，《大学》作为孔子弟子或者孔子弟子的弟子之手的可能性极大。而《大学》文本之中也两次引用孔子之话语、一处引用曾子之话语来论述《大学》之内容，这也说明《大学》的作者是非常熟悉孔子与曾子以及《论语》，而《大学》引用曾子的话语并不见于大戴《礼记》中的"曾子十篇"之中，所以《大学》很可能是作于曾子及曾子弟子之手。在当时文化传播极其不发达的古代，只有师徒、弟子之间关系比较密切的情况下才可能出现这种情况。

也就是说，学术史上认为是曾子及其弟子所作的可能性是极大的。

（二）从《大学》所记载的历史事实来看

《大学》文本中所说的"修齐治平"所对应的是天下、诸侯国、卿大夫之家，所体现的也是周代以来的分封制，可以说，在西周之前，整个天下、国家、卿大夫之家的运转都是按照"分封制"与"宗主制"的体系下比较正常的运转的，但到了春秋时期，各诸侯国之间的征战就非常的频繁了，在《大学》文本之中就有几处体现。一个是《大学》引《秦誓》从侧面反映了秦晋之间的战争，一个是《大学》引《楚书》反映的依然是晋国与周边国家的战争。《大学》文本所引的《秦誓》发生在春秋早中期、《楚书》中晋文公重耳流亡之事也是发生在春秋早中期，而孟献子的事情则发生在春秋中期的鲁国，可见《大学》作者比较熟悉的是春秋末期之前的历史，而《大学》所引的孔子与曾子之语，又证明《大学》的成书不会早于春秋末期，而曾子则属于春秋末战国初期之人，因此《大学》作者存在于战国早期的可能性是最大的。

（三）从《大学》文本所体现的思想方面来看

《大学》文本中有"孝者所以事君也"一句，与《孝经》中"故以孝事君则忠"可以联系在一起。通常我们认为《孝经》的作者是曾子，曾子在《孝经》之中强调了"以孝事君"，而在《大学》文本中也出现了"孝者所以事君也"极其相似的一句话，这其实是"移孝作忠"以事君的体现。在先秦文献之中，"以孝事君"的观念除《大学》文本之外，还有一处体现在《吕氏春秋》中的"人臣孝则事君忠"。[①]《吕氏春秋》已经是秦朝时期的著作了，很可能是在整理儒家文献之时参考过《孝经》或者《大学》。所以，仅从《孝经》与《大学》的这种极其类似的对"孝"的观点来看，《大学》也是极有可能作于曾子及其弟子之手的。

另外，《大学》与《论语》等书记载的曾子言论基本一致。任铭善先生已经详细论述过了，由此看来，"《大学》确可认为是曾子的著作。"比如，忠恕之道，任先生认为，明明德是忠，亲民就是恕，与曾子的思想是一致的。

综上所述，《大学》的作者应该是作于曾子及其弟子之手，这个说法

---

① 吕不韦：《吕氏春秋》第十四卷孝行览第二，四部丛刊景明刊本。

也是目前学术界所承认最多的说法。在现有的史料及出土文献之下，此种说法的确是最符合情理的。因此，笔者也认同此种说法。

第三节 《大学》宗旨及学派归属考辨

关于《大学》的宗旨或者性质，郑玄认为是"博学为政"之学，孔颖达基本上承袭郑玄的观点。而朱子和阳明都以为是"大人之学"，其主旨是讲"心、性"哲学，历来众所纷纭，莫衷一是。而关于其学派归属问题，近几十年来，学术界也一直争吵不断，未能有一个肯定的答案。接下来，我们就来探讨《大学》的宗旨及其学派归属问题。

一 学术史上关于《大学》宗旨的观点

学术史上有关《大学》宗旨的主张大致有以下六种。

（一）儒家政治伦理思想说

部分学者认为《大学》的宗旨是儒家的政治论文。从政治思想角度谈论《大学》宗旨的有两篇论文。其中一篇是强调《大学》所蕴含的政治智慧，[1] 另一篇是阐述《大学》所体现出来的道德的政治作用。[2] 来可泓在其书中则认为，《大学》是儒家学者对治国平天下学说论述最全面、最系统的政治论文。[3]

（二）儒家教育理论说

唐文治先生认为《大学》主旨是一种大学之教，此大学之教是建立在周文王之道的基础上的。所谓的周文王之道，既包括孝、悌、慈、仁、敬、信、让等，也包括絜矩之道。唐先生推崇陆、王心学，而晚清以来的学者以迫切的救亡图存之心，特别追求迅速启蒙人心的方法，因此也非常重视陆王之学。而港台新儒家的牟宗三先生批判朱子是"别子为宗"，并不是孔子、孟子的儒家正脉，其宗旨与唐先生的观点基本是一致的。

---

[1] 余翔林：《〈大学〉中的政治智慧》，载《教育与现代化》1996年第2期，第11—13页。

[2] 刘宝才：《〈大学〉〈中庸〉的道德政治论》，载《人文杂志》1990年第5期，第75—80页。

[3] 来可泓：《大学直解．中庸直解》，复旦大学出版社1998年版，第3—4页。

（三）儒家通论礼意或者与礼有关的学术思想说

在中国历代以来的儒家学者中，许多人都认为《大学》是儒家通论礼意或者与礼有关的学术思想说。比如西汉的刘向、东汉的郑玄等人，都认为《大学》的思想是与礼有着密切的关系的。

清代学者凌廷堪也主张用"礼意"来解释《大学》，坚持以《礼记》本身来理解《礼记》；同样是清代学者，汪中也认为《大学》的宗旨是"礼"的通论，是儒家学者关于"礼"的绪言。

近代学者梁启超[①]与蒋伯潜[②]也认为《大学》属于儒家通论礼意或者与礼有关的学术思想说。认为《大学》之宗旨的最终目的是使国家与社会达到一个最佳的礼治状态。

（四）儒家"心性"哲学说

将《大学》理解为儒家的"心性"哲学典型代表就是朱子与阳明了。朱子是以"性"为代表的典型，在其《大学章句》中，朱子分别从"天命之性"、"气质之性"的角度对人的气禀进行了阐述。而阳明的《大学》说则是儒家"心"哲学的代表，如阳明对"格心"与"致良知"的解释。此二人是认为《大学》为儒家"心性"哲学说的集中代表，也将是笔者阐述的重点，兹不赘言。

此外，王建宏认为《大学》是对儒家礼制文明的总结，是最早对儒家内圣外王的政治思想的表述；叶秀山先生认为《大学》的宗旨在一"止"字，是"立定"之意，是指所有的人与事都止在自己合适的位置，即立定说。[③]

以上这些说法中，以政治说与"心性说"最为常见，以通论礼意说最中庸，其余学说支持的人比较少，也与《大学》本来宗旨不甚相合。

二 《大学》宗旨考辨

下面，笔者将分别从"大学"一词的读音与词义以及《礼记·学记》中的"大学之道"来讨论《大学》的宗旨。

---

① 梁启超：《饮冰室合集》，第九册《要籍解题及其读法》，中华书局 1989 年。
② 蒋伯潜、蒋祖怡：《经与经学》，世界书局 1983 年。
③ 叶秀山：《试读〈大学〉》，《中国哲学史》2000 年第 1 期。

（一）"大学"的读音

《大学》文本中的"大学"二字，我们今天是读为现在的读音，但是在古代之时，"大"字一直是读为"太"音的。郑玄与陆德明在其注解中一直是读"太"音。而在《礼记》文本中，凡出现"大学"两个字在一起的情况下，"大"字都是要读为"太"音的。如在《礼记·文王世子》篇中"大师诏之瞽宗"一句，郑玄注曰："大，音泰。"同时，对于《礼记·文王世子》篇中出现的大乐正、大学、大傅、大祖、大寝等等，都是注为"泰"音。《礼记·祭义》曰："食三老、五更于大学，所以教诸侯之弟也。"郑玄注曰："大，音泰。下大学注大皆同。"

明末清初思想家陈确说："夫学何大小之有，大学、小学仅见《王制》，亦读太。"① 《大学》文本中的"大"字，一直到北宋时期的司马光依然是读作"太"音。司马光曾经写过《致知在格物说》，司马光说："《太学》曰：致知在格物。格，犹扞也，御也。"朱子在《大学章句》最开始的部分说："大，旧音泰，今读如字。"②

（二）"大学"的词义

综上所述，《大学》文本中的"大学"两字，从汉代至唐代一直被认为是"太学"，直到朱子之时才将"太学"改为"大学"。朱子将"大学"理解为"大人之学"，其意思是"成熟君子的学问"或者是"所以能成为成熟君子的学问"。对于朱子此种解释，后人有很多赞许之处，甚至直到今天也依然有其独特的价值。但是，仅从"大学"二字在古代之含义的角度来看，朱子的此种解释却是错误的。原因有以下两点：

第一，古代只有"太学"之名，而无"大学"之名。从严格的意义来说，在汉代之前，中国古代是没有非常正式的教育制度的。一直到汉武帝时代，开始兴办学校，但此时的学校只是处于开始发展阶段，依然是不成系统的。一直等到汉平帝之时，西汉政府才正式确立从中央到地方的学校系统。当时的学校分为中央学校与地方学校，中央的学校是最高等级，而且只有一级，这就是太学；而地方学校则分为四个等级，它们分别是学、校、庠、序四级，其中，学与校两级别分别是由郡国、县邑负责承办

---

① 《陈确集》，中华书局1970年。
② 朱熹：《四书章句集注》，中华书局2010年版，第4页。

的，庠与序两级分别是由乡、聚所负责承办的。① 由此可见，在周代至汉代的文献中"大学"一词，指的都是由国家设立的最高等级的教育学府，也就是"太学"。而在《大学》文本中，将"大学"理解为"太学"也并没有特别不通之处。

第二，在先秦两汉时期，儒家有几个相似的概念与朱子所理解的"大人之学"含义相近，比如说"君子之道"、"君子之学"、"圣人之道"等等。如果说《大学》的作者是儒家学者，他想要表达自己的"大人之学"，那直接用"大人"就好了，而且还能跟《周易》中的"大人"相发明，为何还要用"大学"来表达"大人之学"呢？"大学"与"大人"在先秦两汉完全是两个不同的概念，所以"大学"的意思肯定不是"大人"，而是指国家所设立的高等学校。可以说，朱子所认为的《大学》所讲的是"大人之学"只有在朱子自己的哲学系统中或者在宋明理学的系统中才有其合理的解释，除此之外，"大人之学"跟《大学》是没有什么关系的。我们对"大学"的理解也只能是按照汉唐学者的解释来，即是将"大学"理解为"太学"，"太学"就是由国家所设立的高等教育学校。

我们已经仔细探讨过"大学"一词的读音与含义，《大学》古本中的"大学"一词在朱子之前，一直是读为"太学"，"大学"在秦汉之间的文献中跟"太学"的意思是一样的，其最合理的解释就是国家所设立的一种高等教育学校。"大学"一词是不能理解为朱子、阳明所说的"大人之学"的。既然我们已经知道"大学"一词的名义是什么，那么我们就可以来推断一下"大学"的宗旨，或者说"大学之道"讲的是什么。

(三)《礼记·学记》中的"大学之道"

台湾学者刘又铭先生认为，"大学"既然是指由国家所设立的一种高等教育学校，那么"大学之道"就应该理解为在大学中国家所教导学生的为政之道；换句话说就是，学生们在国家所设立的高等教育学校中所学习的知识是一种"为政"之道，是要在完成学业之后付诸实践的道，而且此"道"的核心是如何为政。② 笔者非常赞同刘先生的这种看法。也就

---

① 陈青之：《中国教育史》，台湾商务印书馆1936年版，第101页。
② 刘又铭：《大学——荀学进路的诠释》，载林庆彰主编：《中国学术思想研究辑刊》，二十编，第二十一册，台湾新北市：花木兰文化出版社，第22页。

是说要实践《大学》中所说的"明明德、亲民、止于至善"。《礼记·学记》中记载："夫然后足以化民易俗，近者悦服而远者怀之，此大学之道也。"

《学记》中的"大学之道"跟《大学》中国家所主张教导"君子"阶层的东西是一致的，都希望学生们能够一步一步地学习，由"小成"向"大成"发展，等到达"大成"的境界之后，根据此"为政之道"去实践、去推行。此"为政之道"，就是学习的重点，就是学习的核心。《学记》中所多次出现的"大学"一词，也是一种学校之意，这个应该没有问题。而"为政之道"的主要内容则是"化民易俗，近者悦服而远者怀之"，这与"大学之道，在明明德，在亲民，在止于至善"的意思是完全一致的。

需要注意的是，在先秦时期，儒家学者治学最主要的目的就是为了从政，笔者在前文中对《大学》文本中的阶层进行过相应的探讨，其中"君子"阶层是春秋时期的主要为政者，主要包括天子、诸侯王、卿大夫等阶层。因此，将《大学》中的"大学之道"理解为国家在大学之中教导"君子"阶层而传授的"为政之道"是一种非常合理的解释，我们从《大学》全文的主要内容来看也可以得出同样的结论。

三 《大学》的五种学派归属

关于《大学》的学派归属问题，历史上主要有孔学说、"荀学"说、"孟学"说、孟荀两家说、内观的儒学说等五种。

笔者在前文中已经提到，冯友兰先生认为《大学》是荀子一派的著作，自然应该以《荀子》学来解释《大学》，自然《大学》的学派归属应该归于"荀学"派。[①] 冯先生的这一观点被许多学者接受，颇有影响；钱穆先生也主张"《大学》应归入荀子系统内"。[②]

正如笔者前面所述，唐君毅与徐复观先生都认为应当以《孟子》学来解释《大学》，故此二人都认为《大学》为"孟学"说。梁涛先生亦

[①] 冯友兰：《〈大学〉为荀学说》，《三松堂学术文集》，北京大学出版社1984年版，第181页。

[②] 钱穆：《大学格物新义》，（香港新亚研究所演讲稿）；后收录《新亚遗铎》（台北：东大图书公司1989年），第850页。

赞成徐先生的观点，但是在结合最新出土文献的基础上，对《大学》与《孟子》、《荀子》进行综合比较所得出的结论，认为《大学》与思孟学派之间的关系更加紧密。朱子所诠释之《大学》也是属于孟学之系统。

劳思光则认为《大学》是综合荀子与孟子两家之学说。①

陈槃在1960年发表《大学今释别记》，认为"《大学》是孟子以前孔门儒者所作"。②

还有一种说法是胡适先生所提出的内观的儒学说。③

四 《大学》学派归属于孔学

学术史上之所以会出现《大学》的学派归属问题的探讨，主要集中于其对《大学》成书时代的判定问题，我们在前文之中已经对《大学》的成书年代进行过仔细的考辨。既然《大学》成书于战国早期，那时的《孟子》、《荀子》还没有出现，可以说《大学》的成书是要远远早于《孟子》与《荀子》的，所以两书在不同程度上受到了《大学》的影响，且《大学》一书对《孟子》、《荀子》所产生影响的角度是不同的。关于这一点，已经有很多学者阐述过了。因此，学术史上最主要的两派是将《大学》划分为孟学派与荀学派。这其实是颠倒了这三本书的成书时间所导致的一种错误推理。因此，《大学》的学派归属是不能划归于孟子或者荀子的。

如果非要进行划分的话，笔者认为，将《大学》划归为孔子说还是比较准确的，这主要是从《大学》的成书时代与《大学》的宗旨方面进行考虑的。

前文已述，《大学》的宗旨是指儒家的"为政之道"，具体一些来说，是以"天子"为统治核心的"君子"阶层如何治理家国天下的"为政"原则与方法。而孔子在《论语》中对"君子"的定义固然有着"美德"的一方面，但最主要的还是首先从"地位"的角度来规定"君子"的概

---

① 劳思光：《新编中国哲学史（二）》，台北：三民书局1991年版，第34—45页。
② 陈槃：《大学今释别记》，(《大陆杂志》第21卷1、2期合刊，民49年)后收录至《大学中庸今释》，台北：正中书局1984年版，第65—82页。
③ 胡适：《中国哲学史大纲》（卷上），姜义华主编：《胡适学术文集·中国哲学史》上，中华书局1991年版，第194—195页。

念，由"君子"居"位"来展现其一系列不同于"小人"的行为与道德规范。

这与《大学》之中对"君子"的阐述是相当一致的，也主要是从"地位"的角度来说"君子"，同时由于"君子"之"地位"，所以"君子"必须同时具备良好的"为政"政策与较好的道德行为。孔子的思想不仅仅只包括"为政之道"的思想，还包括最重要的"仁"等思想，但在《大学》文本之中所体现的主要是"为政之道"的思想，且此"政"是同时指"政治"与美德而言的，笔者会在郑玄对《大学》的注解一章中进行论述，兹不赘言。

综上所述，如果非要对《大学》的学派归属进行划分的话，笔者认为归于孔子说比较好。

第二章　郑玄《大学》学

郑玄生活在东汉末年，是当时著名的经学家，曾经拜马融为师，学习经学，之后注解了多部儒家经书，可谓是东汉末年经学的集大成者。皮锡瑞、段玉裁以及日本学者本田成之都对郑玄的贡献作出高度评价。郑玄一生淡泊名利，不愿往仕途方向发展，即使是有当大官的机会也依然主动放弃，不愿被官职所束缚。郑玄遍览群书，广注经书，融会贯通今古文经学，在中国经学史上占有崇高的地位，而郑玄本人也被清人尊为汉学的师表。郑玄以其杰出的成就，当之无愧。

第一节　郑玄《大学注》内容及特点探析

郑玄的《大学注》是现存最早的关于《大学》的注解，其地位的重要性不言而喻。然而学界对《大学注》本身的研究却很不够，大多是在研究《大学》时顺带提一下。本节拟从文本注释的角度对郑玄的《大学注》进行一个全面的探析，从整体上把握郑玄《大学注》的内容及特点。

一　注释的内容

郑玄的注释，如果从文献学的角度来说就是训诂。训诂之意，最基本的就是让读者能够明白字词大意。但是，由于《大学》成书于先秦时期，距今至少已经有两千三百多年了，再加上脱离当时具体的语境，我们已经很难直接看懂《大学》原文了。要想理解《大学》原意，不得不借助郑玄的注解。

郑玄对《大学》的注释，形式多种多样，灵活多变。从主要内容来看，包括对字词句的注释、对句子大意的串讲或揭示其言外之意、引用史实进行注释。而对于字音的注解，郑玄总共指出了四个字的读音，这四个字分别是："谦读为慊"，"厌读为黡"，"悇字或作峻，读如严峻之峻"，"命读为慢，声之误也"。

（一）对字词句的注释

郑玄对《大学》的注释可以分为三大类，即字、词组、句子三方面的注释，其中字又可以分为字音与字义两方面。

从字音方面来说，郑玄对于字音还是比较重视的，在注释中经常会出现对字音的注释。如：

谦，读为"慊"，慊之言厌也。①
命，读为"慢"，声之误也。②

从字义方面来说，这是郑玄注释最多的地方。如：

得，谓得事之宜也。③
物，犹事也。④

从词组方面来说，如：

"明明德"，谓显明其至德也。⑤
老老、长长，谓尊老敬长也。⑥
壹是，专行是也。⑦
"民不倍"，不相倍弃也。⑧

---

① 孔颖达：《礼记正义》，上海古籍出版社2008年版，第2237页。
② 同上书，第2253页。
③ 同上书，第2236页。
④ 同上书，第2237页。
⑤ 同上书，第2236页。
⑥ 同上书，第2251页。
⑦ 同上书，第2237页。
⑧ 同上书，第2251页。

从句子方面来说，如：

> 是故君子无所不用其极。——君子日新其德，常尽心力不有余也。①

这里要说明一下，文章中出现的"是故君子"是《大学》原文，而在破折号后面的"君子日新其德"则是郑玄对《大学》原文的注解。这里的破折号是笔者自己加上去的，以便于区分原文与注解。由于郑玄的注解是夹杂在《大学》的原文之中的，所以，其对《大学》的注解就会经常以这种形式出现。因为下文中还会经常出现，故在这里预先说明一下。

（二）阐述句子大意或揭示言外之意

郑玄的《大学注》，善于阐发句子中的"微言大义"，使其显露出来，让读者能够明白其中蕴含的深意。其注解善于阐发字里行间的旨意，多用"言"或"谓"字来表示，当然也有直接概括句意的，不使用"言"或"谓"等词语来表示。如：

> 致知在格物。——其知于善深则来善物，其知于恶深则来恶物，言事缘人所好来也。②
> 富润屋，德润身，心广体胖。——三者言有实于内，显见于外。③

上面的第一个例子是以"言"字开头以揭示本句话的言外之义。第二个例子则是直接阐述本句话的大意。

（三）引用史实释句

郑玄的《大学注》，有时会引用一些史实来解说句意，或提供一些历史背景。

比如：

---

① 孔颖达：《礼记正义》，上海古籍出版社 2008 年版，第 2239 页。
② 同上书，第 2237 页。
③ 同上书，第 2238 页。

偾，犹覆败也。《春秋传》曰："登戾之。"又曰："郑伯之车偾于济。"戾，或为吝。偾，或为犇。①

《楚书》，楚昭王时书也。言以善人为宝。时谓观射父、昭奚恤也。②

舅犯，晋文公之舅狐偃也。亡人，谓文公也。时辟骊姬之谗，亡在翟，而献公薨，秦穆公使子显吊，因劝之复国，舅犯为之对此辞也。仁亲，犹言亲爱仁道也，明不因丧规利也。③

秦穆公伐郑，为晋所败于殽，还誓其群臣而作此篇也。④

以上这三个例子，郑玄分别引用了《春秋传》《楚书》以及秦晋殽之战的史实来注解《大学》，这说明郑玄注解《大学》时善于运用自己丰富的历史知识，能够简单扼要的点明历史事件的来龙去脉。这对于学者提供了一个绝佳的线索，同时也体现了郑玄学问的博大。

二 注释的特点

(一) 对字词的注解以简短为核心

郑玄的注解一般比较简短，但在比较简短的同时其涵义就比较深奥一些，也就是说其注解简约深奥。

对于单个字的注释，在郑玄的《大学注》中总共出现了四十五次，其中涉及到字音的有四处字，其中两处格式为"某，读为某，"接着是对字的意思进行解释，如：厌，读为黡，黡，闭藏貌也。⑤ 一处格式为"某，读如某某之某"，接着是对该字的意思进行解释，如：恂，字或作"峻"，读如"严峻"之峻，言其容貌严栗也。⑥ 一处格式为"某，读为某"，接着对这个字的读音进行判断，如：命，读为"慢"，声之误也。⑦

---

① 孔颖达：《礼记正义》，上海古籍出版社2008年版，第2250页。
② 同上书，第2252页。
③ 同上书，第2252—2253页。
④ 同上书，第2253页。
⑤ 同上书，第2237页。
⑥ 同上书，第2238页。
⑦ 同上书，第2253页。

指出该字的现在读音是错误的。

总体来说,郑玄对字音的注解是最少的。需要说明的是,郑玄对于单个字的注释很多是暗引《尔雅》进行注释的,这在孔颖达的疏解中可以看到多处,这里就不详细说明了。

而对于单个字字义的解释是郑玄的一个重点。从形式上来看,对单个字的解释主要有四种形式。一是,某,谓……也。这种情况出现了三次。如:得,谓得事之宜也。[1] 用,谓国用也。[2] 二是,某,犹……也。这种情况出现了十四次。如:物,犹事也。[3] 偾,犹覆败也。[4] 三是,某,……也。这种情况出现了二十七次,其特点是极其简短,主要是以单字来解释单字,偶尔会出现两到三个字的情况。如:格,来也;[5] 克,能也。[6] 四是,某,或作……;或者,某,或为……。这种情况出现了六次,其中"或作"有四次;"或为"有两次。如:倍,或作偝。[7] 諓,或为"题"。[8]

对于词组的解释,郑玄的注解主要集中在两个字或三个字的词组上。主要有三种形式,第一种是,某某,谓……也。这种情况出现了六次。如:"明明德",谓显明其至德也。[9] "一家"、"一人",谓人君也。[10] 第二种是,某某,言……也。可以说,这是第一种形式的一个小变形。如:严乎,言可敬畏也。[11] 但是,这种情况比较少,只出现了两次。第三种是,某某,……也。如:壹是,专行是也。[12] 盘铭,刻戒于盘也。[13] 民不倍,不相倍弃也。[14] 这种情况最多,达十九处。

---

[1] 孔颖达:《礼记正义》,上海古籍出版社2008年版,第2236页。
[2] 同上书,第2252页。
[3] 同上书,第2237页。
[4] 同上书,第2250页。
[5] 同上书,第2237页。
[6] 同上书,第2239页。
[7] 同上书,第2251页。
[8] 同上书,第2239页。
[9] 同上书,第2236页。
[10] 同上书,第2250页。
[11] 同上书,第2238页。
[12] 同上书,第2237页。
[13] 同上书,第2239页。
[14] 同上书,第2251页。

(二) 阐述句子大意

郑玄的《大学注》并不仅仅是集中在对某一字、某一词的解释上，更重要的是对《大学》中的内容做进一步的解释和说明。一般是先注释具体的字词，之后多用"言"或"谓"的形式来对句子的内容做进一步解释和说明，这些解释和说明是我们了解郑玄经学思想最重要的材料。如郑玄对"於（呜）戏（呼）！前王不忘"一句的解释：

> 圣人既有亲贤之德，其政又有乐利于民，君子小人各有以思之。①

在这段注解中，郑玄将《诗》中的"前王"理解为"圣人"，其内在的主旨就是说只有"圣人"之"德"与"政"才能让君子、小人都各得其所，都能找到自己的职分。君子思之以德，小人思之以乐利，整个国家处于一种和谐的境地。这句解释可以说是郑玄以"为政"为核心注解《大学》的关键，因为从这一句话之后，郑玄对《大学》注解的侧重点几乎都是在"德"与"政"之上。

再比如郑玄对尧舜、桀纣所行政教之注解：

> 言民化君行也。君若好货而禁民淫于财利，不能止也。②

"民化君行"是郑玄对尧舜、桀纣所行政教的总结，同时也是对这句话大意的阐述。民众所受到的教化主要来源于君主的行为。君主最主要的、最重要的行为有两个，一个是"祭天"，另一个就是"安民"。以仁爱之行临民，民众就会跟着他走。以残暴之行临民，民众就会以残暴之行对待他。这是从教化的角度来谈如何"亲民"。这句话的解释是说君主要好好教化民众，而教化民众最好的方法不是言教，而是身教，也就是身教重于言教。这与早期的儒家思想是一脉相承的。

(三) 交代背景或者补充史料

郑玄对《大学》文本引用所涉及的史实或时代背景所做的补充和说

---

① 孔颖达：《礼记正义》，上海古籍出版社 2008 年版，第 2238 页。
② 同上书，第 2250 页。

明，有利于我们更好地理解《大学》文本。如：

> 《康诰》曰"克明德"，《大甲》曰"顾諟天之明命"，《帝典》曰"克明峻德"，皆自明也。——皆自明明德也。——《帝典》，《尧典》，亦《尚书》篇名也。①

这是郑玄对《大学》所引用《大甲》《帝典》出处的解释，这对于我们查找原文对照提供了十分方便的线索。

此外，郑玄对《大学》文本中出现的历史人物、历史事件的注解十分详尽。

> 言殷王帝乙以上，未失其民之时，德亦有能配天者。谓天享其祭祀也。及纣为恶，而民怨神怒，以失天下。监视殷时之事，天之大命，持之诚不易也。②

在这个例子中，郑玄以殷王帝乙（以前的商王）能够以德配天、纣王为恶以致民怨神怒的历史事件来注解天之大命，可谓是尤为准确。

> 《秦誓》曰："若有一介臣，断断兮，无他技，其心休休焉，其如有容焉。人之有技，若己有之。人之彦圣，其心好之，不啻若自其口出，寔能容之，以能保我子孙黎民，尚亦有利哉！人之有技，媢嫉以恶之。人之彦圣，而违之，俾不通，寔不能容，以不能保我子孙黎民，亦曰殆哉！"——秦穆公伐郑，为晋所败于殽，还，誓其群臣，而作此篇。——若己有之、不啻若自其口出，皆乐人有善之甚也。——佛戾贤人所为，使功不通于君也。③

对《大学》文本中出现的《秦誓》引文，郑玄首先说明了《秦誓》

---

① 孔颖达：《礼记正义》，上海古籍出版社2008年版，第2239页。
② 同上书，第2252页。
③ 同上书，第2253页。

篇的由来。秦穆公率领军队讨伐郑国,在"殽"这个地方跟晋国的军队遭遇,发生了历史上有名的"殽之战",结果秦军损失惨重,晋国大获全胜。面对这种败局,秦穆公回到秦国后对着群臣发下誓言,于是就有了这篇文章的出现。《秦誓》文辞虽然比较简单,但是却比较生动,语意比较恳切,含有强烈的自我警戒的诚意。郑玄非常清楚地交待了《秦誓》这篇文章的由来以及所涉及到的人物,同时对于秦晋殽之战的大致经过也做出了阐释。

(四) 交代《大学》中所涉及的一些历史人物

郑玄对《大学》中所涉及的人物都有明确的交代,也有利于我们理解《大学》文本。如:

> 《楚书》曰:"楚国无以为宝,惟善以为宝。"——《楚书》,楚昭王时书也。言以善人为宝。时谓观射父、昭奚恤也。①

郑玄对这句话的注解对于我们理解这段引文的作用至关重要,因为它交代了里面的关键人物,那么我们就可以按图索骥对《大学》中所涉及的人物进行详细的了解了。

再如:

> 舅犯曰:"亡人无以为宝,仁亲以为宝。"——舅犯,晋文公之舅狐偃也。亡人,谓文公也,时辟骊姬之谗,亡在翟。②

此外,还有:

> 孟献子,鲁大夫仲孙蔑也。③

郑玄指出舅犯是晋文公的舅舅、亡人指的是晋文公重耳、孟献子是鲁

---

① 孔颖达:《礼记正义》,上海古籍出版社2008年版,第2252页。
② 同上书,第2252—2253页。
③ 同上书,第2254页。

国的大夫，我们如果想了解更多的史料可以按图索骥去寻找。

（五）解释名物制度

对于名物、制度方面的解释，《大学注》也有所涉及。郑玄大约有十处这样的注解，其中有两处还特别指明《大学》引用《诗经》与《尚书》的出处。由于《大学》文本本身就非常短小，其中涉及的名物、制度也比较少，因此，郑玄《大学注》中的名物、制度解释相对来说要少一些，但也是有所体现的。

如：

> 盘铭，刻戒于盘也。①
> 伐冰之家，卿大夫以上，丧祭用冰。百乘之家，有采地者也。②

在上面的例子中，郑玄对于盘铭是什么，百乘之家与伐冰之家又是指什么，都进行了解释。而这些名物制度对于现代学者理解古人的具体状况、思想都是必不可少的。

（六）引用其他经典对《大学》文本进行注解

郑玄引用其他经典对《大学》文本进行注解的地方总共有四处，引《论语》两处，引《老子》一处，引《春秋传》一处。下面我们就仔细来看一下。

在汉代，《论语》和《孝经》的传播很广泛。所以，郑玄引用《论语》来注解《大学》的地方有两处，这两处均以"《论语》曰"加以说明。

第一处是：

> 就而观之，知其所止，知鸟择岑蔚安闲而止处之耳。言人亦当择礼义乐土而自止处也。《论语》曰："里仁为美。择不处仁，焉得知？"③

---

① 孔颖达：《礼记正义》，上海古籍出版社2008年版，第2239页。
② 同上书，第2254页。
③ 同上书，第2239页。

这是说，鸟儿都知道应该选择岑蔚安闲的地方作为自己停止活动的地方，而作为一个合格的人，也应该像鸟儿一样，将礼义乐土作为自己生活的家园。

第二处是：

> 国家利义不利财。盗臣损财耳，聚敛之臣乃损义。《论语》曰："季氏富于周公，而求也为之聚敛，非吾徒也，小子鸣鼓而攻之可也。"①

一处是引《老子》。

> 言君有逆命，则民有逆辞也。上贪于利，则下人侵畔。《老子》曰："多藏必厚亡。"②

郑玄此处引老子之语来注释《大学》文本中的君主贪利必亡之义，可谓十分确切。

还有一处引《春秋传》。

> 偾，犹覆败也。《春秋传》曰："登戾之。"又曰："郑伯之车偾于济。"戾，或为吝。偾，或为犇。③

郑玄认为对君主的要求是不能过于贪利。在这里，郑玄引《春秋传》的话语来解释"戾"，认为"戾"或许应该理解为"吝"，而在前面说"戾之言利也。"对"戾"字做出了两种解释，而这两种解释都是可以解释得通的。在这里说国君不能贪利吝啬，要宽厚爱人，让利于民众，这样民众才不会作乱。从对这一个字的解释就可以看出郑玄的博学多识，不愧"通才"之称。

---

① 孔颖达：《礼记正义》，上海古籍出版社 2008 年版，第 2254 页。
② 同上书，第 2252 页。
③ 同上书，第 2250 页。

以上就是郑玄注解《大学》的主要内容及特点。从其注释内容来看，主要包括对字词句的注释、对句子大意的串讲或揭示其言外之意、引用史实进行注释。从其注释的特点来看，一是对字词的注解以简短为核心；二是阐述句子大意；三是交代背景或者补充史料；四是交代《大学》中所涉及的一些历史人物；五是解释名物制度；六是引用其他经典对《大学》文本进行注解。这是我们得以了解郑玄注《大学》核心思想的必要途径，须引起学者们的重视。

第二节 论郑玄《大学注》的政治理想

郑玄是著名的文献学家、经学家，他遍注群经，是汉代学术的集大成者。《后汉书·郑玄传》称郑玄："括囊大典，网罗众家，删裁繁芜，刊改漏失，自是学者略知所归。"[1] 皮锡瑞在《经学历史》中称："郑君康成，以博文强识之才，兼高节卓行之美，著书满家，从学盈万。……咸言先儒多阙，郑氏道备，自来经师未有若康成之盛者也。"[2] 郑玄一生未做过大官，不倾慕名利，心无旁骛，博闻强记，最终以其杰出的成就奠定他在学术史上的崇高地位，后来被清代尊为汉学的师表。

郑玄的《大学注》是现存最早的关于《大学》的注解，其重要地位不言而喻。然而学界对《大学注》本身的研究却很不够，大多是在涉及到《大学》文本时顺带提一下其对某个字词的注解，而对《大学注》所体现出来的政治理想甚少涉及，这不能不说是一种遗憾。那么，郑玄《大学注》的核心思想是什么？他主要是从哪些角度进行注解的？又是通过哪些方面体现出来的呢？这将是本节探讨的重点。

一 "德"、"政"思想溯源

在《大学》文本中，"德"字出现的概率特别高，尤其是在《大学》引《诗经》、《尚书》的地方，可谓比比皆是。要想了解郑玄注《大学》的思想路径，"德"是我们必须要考察的一个维度，原因就在于郑玄以

---

[1] 范晔著，李贤注：《后汉书·郑玄传》，中华书局2005年版，第814页。
[2] 皮锡瑞著，周予同注：《经学历史》，中华书局1959年版，第141页。

"为政"作为注解《大学》的核心，而所为之"政"又是《大学》中的"德政"，所以我们就需要考察一下"德"字及其观念的起源。

（一）"德"：全生、保生、厚生

"德"字及其观念起源于什么时候？现在，我们一般说的"德"就是指"道德"、"德行"，但在中国文化最开始的时候，"德"的本义却不是这样的。金春峰先生在《"德"的本义及其历史考察》一文中对这一问题有详细的阐述，他认为："'德'字及其观念起于何时？只能以甲骨文、金文和《周书》为据，乃周人之新观念。其原始义非'道德'、'德行'，而系全生、保全生命，引申为恩惠德泽；初为政治范畴，以后扩展为哲学性命范畴，与'性'为同类概念。"①

金先生认为，在这些甲骨文和金文之中，"德"最原始的含义并非后世所常说的"道德"与"德行"，而是统治者对民众所施行的"全生"、"保生"政策，引申为统治者对民众的恩惠德泽。在最开始的语境之中，"德"完全是一个政治范畴，而在后世逐渐发展成了哲学与道德范畴，与"性"成为同一个类型的概念。

金春峰先生从周取代商的朝代更迭中推论出"从甲骨文的征伐杀戮之'值'，演变为周代金文之'德'，代表从杀戮、消灭生命转到保全生命。保生全生，成全生命，是对人的最大恩惠与德泽，故'德'字与生命相联系。政治上，其内涵是'保民'与'敬天'，'天聪明，自我民聪明；天明畏，自我民明威'.（《书经·皋陶谟》）'人无于水监，当于民监'.（《书经·酒诰》）故'德'的内涵，本义是全生、保生、厚生，是政治范畴，非道德修养范畴。"②

《大学》讲"明明德"，大量引用《尚书》、《诗经》中的篇章来说明"德"这一政治范畴的重要性，正好说明《大学》是继承春秋时期政论的一个基本概念——"德"而来的。在春秋时期，政治与政治家的基本思想与观念，基本是以"皇天无亲，惟德是辅"为轴心，这样的例子太多了，这在《左传》中比比皆是，限于篇幅我们就不举例了。

春秋时期出现的比较重大的政治争论，基本上都是围绕着"皇天无

---

① 王守常编：《师道师说·金春峰卷》，东方出版社2016年版，第60页。
② 同上书，第63—64页。

亲，惟德是辅"这一核心观念展开的。可以说，此时的"德"要比"道"的地位要重要得多。众所周知，孔子与老子都生活在春秋晚期，在他们的思想中"道"是居于本原地位的，但此前它与"德"相比就要处于次要地位了。在此之前的"道"字，不仅出现的次数非常少，而且其意义多以"道路"这一具体意义的使用为主。在春秋末期，以"德"为核心的情况才慢慢发生较大的变化。

到了孔子与老子之时，"道"的概念开始从"道路"向"天道""王道"这种具有着普遍性意义的"道"转变，此时具有一般性、普遍性的"道"开始逐渐成为"道"的主要内涵，最终导致了"德"的地位开始由主导向次要的转变，"道"的地位变得比"德"更加重要。

孔子说："朝闻道，夕死可矣。"（《论语·里仁》）"道之将行也，命也；道之将废也与，命也。公伯寮其如命何！"（《论语·宪问》）"志于道，据于德，依于仁，游于艺。"（《论语·述而》）经过孔子、老子二人的提倡与阐发，"道"逐渐演变为一切价值的本源，而"德"就渐渐从政治意义上向道德意义上转变，逐渐由"保民""敬天"的政治内涵向"德行""道德"意义上转变。但是，政治内涵的"保民""敬天"并没有完全消失，取而代之的是"政"。换句话说，"为政"中蕴含着"保民""敬天"的思想，从春秋时期的"德"向春秋末期的"德政"开始转化，并在以后逐渐以"为政"取代政治意义上的"德"。

目前学界主流的观点都认为《大学》是曾子及其弟子所作，在曾子的《大学》中"道"与"德"都有所体现，比如"大学之道""絜矩之道""明明德""克明峻德"等等。从《大学》文本所引《诗经》《尚书》的文字来看，此时的《大学》所体现"德"的政治意义更多一些。

（二）"政"：与民生息息相关的国家事务

既然郑玄用"为政"来注解《大学》，不弄懂"为政"两字的内涵，我们又怎么能理解郑玄的思想呢？因此，我们需要考察一下"政"字的内涵。

"政"字最早出现在《尚书·洪范》篇："八政。一曰食，二曰货，三曰祀，四曰司空，五曰司徒，六曰司寇，七曰宾，八曰师。"由上可知，"政"包含粮食、货物、祭祀、司空、司徒、司寇、宾客、军队等等，可以说涉及到了大部分的国家事务和国家机构。一般来说，"政"虽与百姓的生活息息相关，但却不是专门针对普通民众而言的，其主要是从国家统治阶层的视角而言的，也就是从为政者的视角而言的。"为政"就是为政者将国家层面的政事做好，管理好百姓。由此可见，"政"的本意是不带任何偏向性的。"政"是有重大原则的国家事务，是与民生息息相关的，是正大光明的。

金春峰先生认为："'德'的本义与'生'相联系，故其内涵，就个人言，指道德，也包括聪慧才能。"[①] 金先生的这种理解对吗？先秦时期有很多这样的例子，金先生列举了两个。第一个，"禹能以德修鲧之功"，出自于《国语·鲁语上》。这里的"德"就包括大禹治水的品德和才能。第二个：叔孙穆子聘于晋，说："臣闻之曰：'怀和为每怀，咨才为诹，咨事为谋，咨义为度，咨亲为询，忠信为周。'君贶使臣以大礼，重之以六德，敢不重拜。"同样出自于《国语·鲁语上》。在这里，"六德"里面包括咨才、咨事、咨亲三方面，这三方面都不是"道德"的"德"。"德"须包含智慧、才能和道德两个层面，因此"圣人"的"圣"也应该包括智慧、才能和道德两个层面。孔子说"天生德于予"（《论语·述而》），实际上就是包含智慧、才能与道德这两个层面，并非像后世那样理解的仅仅是代表"道德"一面而言。《诗·大雅·荡之什》说仲山甫具有武勇超人、忠贞为国的美好德行，说他是"民之秉彝，好是懿德"。在这里，"懿德"不仅包含着仲山甫高尚的德行，而且也包含了他武勇的才能。此时的"德"更像是我们后世所说的"德与才"的总称。

对于《大学》文本中"於（呜）戏（呼）！前王不忘"这句话的注解，更可以看作是郑玄注解《大学》的核心提纲。郑玄认为："圣人既有亲贤之德，其政又有乐利于民。君子小人，各有以思之。"[②] 郑玄所理解的"前王"是指"圣人"，且是圣人之"德"与"政"于民有利。在郑玄的理解中，能够使君子、小人都不愿忘记的"前王"，只有"圣人"才能做到。而"圣人"必须同时具备"德"与"政"两种能力，才能使君子、小人各得其所，各有能够思念的东西。

综上所述，"德"在春秋时期的政治语境之中是包括智慧、才能与道

---

① 王守常编：《师道师说．金春峰卷》，东方出版社2016年版，第72页。
② 孔颖达：《礼记正义》，上海古籍出版社2008年版，第2238页。

德两个层面的。郑玄在这里，用"圣人"之"德"与"政"两个层面来注解"於（呜）戏（呼）！前王不忘"，可谓是非常切合经文的本义。"圣人"不仅具有亲近贤人的德行，而且还具有管理国家事务、管理百姓的智慧与才能，使百姓既有乐又有利，整个国家的民众，无论哪个阶层都能和谐相处，都能找到自己的位置，这种治理国家的状况恐怕只有"圣人"才能真正做到。而"德"、"政"就成为郑玄注解《大学》最核心的指导思想。

二 郑玄的"为政"观

孔颖达的《礼记正义》云：

> 案郑《目录》[①]云："名曰《大学》者，以其记博学，可以为政也。此于《别录》属通论。"[②]

郑玄花费心思最多的地方是对于句子的注解，其对句子的注解是我们了解郑玄注最重要的地方。郑玄总共对二十八个句子进行了注解。可以说，除了两三处句子以外，郑玄对其他句子的注解，都是直接或间接的跟"为政"有关。郑玄认为："《大学》者，以其记博学，可以为政也。"[③]这句话并非是对《大学》二字的简单注释，更重要的是体现了郑玄《大学注》的"为政"思想。可以说，"为政"并非是郑玄随便进行的注解，而是郑玄对《大学》文本的深刻理解，同时也为我们理解《大学》的宗旨提供了一个非常重要的线索。

综观郑玄对《大学》一文的注解，郑玄整篇文章的重点就在于"为政"二字，通过对其注解的仔细梳理，笔者认为，"为政"二字在《大学注》中是有其侧重点的。其侧重点就在于所为之"政"是"德政"，"德政"二字可谓是郑玄《大学注》的核心思想。

那么，郑玄所理解的"德政"又具体是从哪些方面进行阐释的呢？

[①] 郑玄：《三礼目录》，原书早已亡佚，孔颖达在《礼记正义》中有所引述。
[②] 孔颖达：《礼记正义》，上海古籍出版社2008年版，第2236页。
[③] 同上。

前文提到，《大学》文本中"德"字的本义是全生、保生、厚生，属于政治范畴，其内涵则是"保民"与"敬天"，而这恰恰就是郑玄注解"政"的方面。这就跟郑玄对《大学》篇题的解释是一致的："《大学》者，以其记博学，可以为政也"①。郑玄的"为政"观，其核心是沿用春秋时期"德"的政治内涵，即"保民"、"全民"与"敬天"。

既然郑玄是以"为政"为核心思想注解《大学》文本的，那么，在确定了"为政"的含义之后，必然会有"为政者"，在郑玄的《大学注》中的"为政者"又具体指谁呢？

要保证国家的正常运转，"为政者"是不可或缺的。在郑玄的理解中，"为政者"主要指两类人，一种就是上天的代表国君，或者说是天子；另一种就是围绕在国君身边的大臣，这些大臣主要从事于国家治理的具体事务，也是国家重要的"为政者"。在郑玄的理解中，《大学》文本中"为政"最主要为的是"德政"。可以说，"德政"主要包括国君与"大臣"或"贤臣"对国家大事的处理。郑玄对《大学》的注解，反映了郑玄对良好国家政治生活的期望，更重要的是反映了郑玄对"君明臣贤"政治理想的渴望。前文已提到，"为政者"所为之"政"是"德政"，因此必然会对国君与贤臣之"德"有着明显的要求，而郑玄在诠释《大学》文本之时，则有着明确的注释。

需要说明的一点是，《大学》文本中所提到的"先王"，在郑玄的注解中一直被理解为"圣人"，是一种有德、有位的载体。这两者是缺一不可的，不能只有德，也不能只有位。有德，是首要条件，更是上天对为政者的最基本要求；有位，才会有政，各种政策法度才能顺利实行。而只有"德"与"位"结合在一起的时候，实行的才是"仁道"，才能达到一种和谐的政治理想，也就是《大学》中所说的"止于至善"的境界。

（一）明君之德

第一，君主要能"以德配天"。

郑玄认为，一般的百姓并没有严格的行为标准，他们最直接的模仿对象便是君主的行为，正是君主行为所起到的示范作用，君主不谨慎地看待自己的行为习惯可以吗？很明显，君主必须要谨慎、审慎地对待自己的行

---

① 孔颖达：《礼记正义》，上海古籍出版社 2008 年版，第 2236 页。

为。因为国君如果陷于"邪辟失道"的境地，其结果只能是身死国灭，教训不可谓不重。可以说，这正是上天的聪明和威严从民众身上得到验证最真实的表现，也是要求国君能够"敬天"的体现。

在郑玄看来，君主之所以能够成为国家的统治者是由于"上天"的护佑而来的，是"上天"意志的体现，因此，君主的行为要受"上天"的意志支配。当君主的行为不符合天意的时候，"上天"就不会再庇护他，会降下各种征兆让君主反省，甚至最后让君主失去领导地位。由此来看，君主之"德"是郑玄注解国君为政最重要的一个维度。在对《诗》云"殷之未丧师，克配上帝。仪监于殷，峻命不易"（《礼记·大学》）注解时，郑玄是这样注解的：

> 言殷王帝乙以上，未失其民之时，德亦有能配天者，谓天享其祭祀也。及纣为恶，而民怨恨神怒，以失天下。监视殷时之情也，天之大命，得之诚不易也。言君有逆命，则民有逆辞也。上贪于利，则下人侵畔。①

郑玄认为，殷商的国君在早于帝乙国君的时代，此时的国君尚能够实行"德政"，还有民众的支持，此时殷商国君之"德"尚能够配得上上天的护佑，换句话说就是"上天"还在享用殷商国君对"上天"的祭祀，"上天"还在保佑着殷商对民众的统治。

等国君之位传到了纣王手里，纣王可谓是无恶不作，这就导致了广大民众的怨恨以及"上天"的震怒，随之而来的就是商纣王的身死国灭，天下也转到周人手中。从殷商一开始得天下以至最后失天下这件事情作为一种借鉴，"上天"所保佑的"大命"，能够得到是多么地不容易！郑玄对于这两句话的注解，其实是说君主要能够"以德配天"，要能够"敬天"，商纣王无恶不作，是对"上天"的不敬，是"失德"的表现。君主要想治理好自己的国家，就一定要"敬天"，就一定要"保民""全民"。在这里，郑玄之所以强调君主要"以德配天"也是基于对东汉统治末期动荡不安政局的一种谴责，同时也是对广大民众处于水深火热现实状况的

---

① 孔颖达：《礼记正义》，上海古籍出版社2008年版，第2252页。

一种无奈。在郑玄的理解中,"敬天""保民"也是东汉王朝的统治者必须要去做的,郑玄希望东汉王朝的统治者能够做到,但是如果统治者做不到,也会落得像商纣王一样悲惨的结局,东汉王朝也会被他人取而代之。

郑玄所理解的"天命"是处于一种不断变换的状态之下的,在注解"惟命不于常"一句时,郑玄将"命"注解为"天命",且是专门针对国君而言的。郑玄认为,首先国君是受命于天的,也就是国君的"天命"所在,即国君之所以能够统治民众的原因所在。其次,国君的"天命"存在两种变化,一种是"天命"不是永远不变的,也就是说国君的"天命"在一定情况下会发生变化;一种是国君所受之"天命"并不只是专门保佑一家,也就是说"天命"也可以是保佑殷商以外的人。那怎样才能永保统治者的"天命"呢?郑玄认为,统治者的政治统治一定要能"保民""全民"才能长久地得到"天命",否则就会失去"天命"。而国君一旦失去"天命",也就是做不到"以德配天",那就离身死国灭不远了。

第二,君主要能"求贤""放恶"。

郑玄在注解《大学》时,注入了尊贤、用贤思想,君王祭祀、治国都要任用贤人,君明臣贤,则万民和谐,天下和谐。

众所周知,汉代选官采用的是察举制。开始之时,的确能选出一些德才兼备的人进入统治阶层。但是,到了东汉中后期,东汉政治所选用的人大多名不副实,所以谚语有云"举秀才,不知书;举孝廉,父别居"。《后汉书·李固传》云:"古之进者,有德有命;今之进者,唯财与力。"[1]治理好一个国家并不容易,国君也不能一个人就将所有的事情都做了,只能是依靠广大的贤臣、贤才,因为这些人的数量众多,不仅参与国家政策的制定,而且更重要的是直接代表君主执行国家制定的各种政策。这就凸显出了贤才之于国家治理的重要性。郑玄本无心从事于仕途,但是他却经历了东汉末年朝廷政局的黑暗,作为一名贯通今古文的经学大师,郑玄的儒家情怀是非常强烈的,郑玄尤其明白贤人对于政治统治的重要性,所以郑玄才特别提出国君要能大量起用贤人。因此,在《大学注》中郑玄尤其强调贤才之于国家治理的重要性。

---

[1] 范晔著,李贤注:《后汉书·李固传》,中华书局2005年版,第1401页。

第二章 郑玄的《大学》学

在郑玄的眼里，为政者主要包括人君和大臣。因此，这就要求人君能够发现有贤能的大臣，然后任用有贤能的大臣。对大臣，同样要求"慎其德"。因此，《大学》文本中"《诗》云'节彼南山，维石岩岩。赫赫师尹，民具尔瞻。'有国者不可以不慎，辟则为天下僇矣。"（《礼记·大学》）这两段进行诠释时，郑玄是这样注解的："岩岩，谓师尹之高严也。师尹，天子之大臣，为政者也。言民皆视其所行而则之，可不慎其德乎？邪辟失道，则有大刑。"（《礼记正义》）郑玄认为，"岩岩"是说师尹的高大与威严。师尹是天子的大臣，是为政者中的核心人物之一，民众都会依据师尹的行为而作为自己行为的行动准则，可以不慎重地对待自己的德行吗？一旦乖谬不正，失去道路，就会面临严重的刑罚。在这里，郑玄明确点出了"为政者"主要是以师尹这样的大臣为代表。对于这样的大臣，一定是要择贤而任用的，也就是说要"任贤"。

一个国家最宝贵的财富是什么？或者说国君最宝贵的财富是什么呢？郑玄认为最宝贵的财富是善人。在郑玄的理解中，善人几乎就是贤人的另一种表述方式。

儒家所推崇的一直是贤人政治，尤其明白贤人在国家治理中的重要作用。综观整个古代社会，只要是政治比较开明、人民生活水平比较好的时候，都会有一群贤臣或者一批贤人在国家机构中担任官员，贤人所代表的是一群优秀的大臣，这群人对于国家的政治管理和民众管理起着重要的作用，从某种程度上说是能左右一个国家的繁荣发展程度。前文提到，统治者要做到"全民""保民"，而做这些工作的人就是一个个具体的大臣，如果这些大臣都是贤人，那么"全民""保民"工作就会做得比较好，统治者能够"全民""保民"了，那么国君的"天命"就可以长久地保持下去，一个国家的治理也就变好了。因此，贤人之于国家治理的重要价值就体现在其"全民""保民"治理上。

事实上，与"任贤"相对应的一面就是"放恶"，用后世的话说就是"远小人"。在对"唯仁人放流之，摒诸四夷，不与同中国。此谓唯仁人，为能爱人，能恶人"（《礼记·大学》）一句进行解释时，郑玄这样说："放去恶人媢嫉之类者，独仁人能之，如舜放四罪而天下咸服。"（《礼记正义》）在这里，郑玄对"仁人"的解释是像舜那样的人才能称得上是

"仁人"，这个要求已经非常高了。中国历史上能做到这种程度的人也就只有尧、舜、禹、汤、文武、周公这几人而已。而这些人所居之位几乎等同于国君之位，也可以理解为一国之君主。对于恶人，要远离他们，放逐他们。什么样的人才能称为"仁人"？像舜那样的能够放逐"四罪"而使天下百姓咸服的人才能称为"仁人"。

这里有个问题，国君为什么要爱人，为什么要恶人？爱人是为了"保民""全民"，而恶人也是为了"保民""全民"。爱人就是爱护民众的生命、财产等等，而恶人则只会让民众的生命、财产受到损坏，只有将这些恶人远远地放逐到国境之外，才能保证民众生命、财产的安全，社会秩序才能有较好的保持。如果说爱人是从正面的角度来说国君"全民""保民"，那么恶人则是从反面来说国君要"全民""保民"。其实，这里的"仁人"，可以理解为前面提到的"前王""圣人"等等。国君、"前王""圣人""仁人"凭借自己的才能与智慧，将这些恶人、媢嫉之人远远地放逐到国境之外，如此也是从反面真正的做到"全民""保民"了。

第三，君主要能"亲仁""轻利"。

前面所提到的"以德配天""求贤""放恶"以后，国君还要做到"亲仁""轻利"。那么，什么是"亲仁"呢？从字面意思来看，亲仁就是要亲爱仁道。当然，此处的主语肯定是指国君，也就是说君主要能够亲爱仁道，进而能够施行仁道。在对"未有上好仁而下不好义者也，未有好义其事不终者也，未有府库财非其财者也"（《礼记·大学》）进行诠释时，郑玄注解为："言君行仁道，则其臣必义。以义举事无不成者。其为诚然，如已府库之财为己有也。"（《礼记正义》）

郑玄谓"明不因丧规利"，是说晋文公作为一个逃亡的人，没有什么可以宝贵的东西，唯一能够作为宝贝的东西就是亲爱仁道，既然亲爱于仁道，就不会借着亲人的丧事来谋求自己的利益。晋文公是一国之君，其行为会对民众的行为起重要的示范作用，而亲爱于仁道，就是其"敬天"最好的表现。正如前文所说，民众的行为准则是以君主的行为为主要依据的，晋文公能亲爱于仁道，其民众也自然会依照这种示范去做，国家自然会有比较好的治理。从某种程度而言，郑玄此处的诠释跟孔子所提倡的"其身正，不令而从；其身不正，虽令不从"（《论语·子路》）思想可谓是高度一致。

《大学》这里所说的"仁者",应当与前文所说的"仁人"是一个意思。郑玄对"仁人"的解释是像舜那样的圣人。那"不仁者"就应该是像纣王那样的恶王。仁人施财于民众,是"保民""全民"的体现。"不仁者"从民众身上聚敛财富,是"害民""残民"的表现。郑玄正是从正、反两个方面来说明国君的代表——"仁人""仁者""前王""圣人"如果真的做到了"亲仁""轻利",那么,"保民""全民"也就成了自然而然的事情。

(二) 贤臣之德

第一,贤臣要能"保民""全民"。

郑玄认为"瞻彼淇澳"这首诗是写"心广体胖"的,人民对于统治者念念不忘的原因,就在于统治者凭借自己的诚心诚意而使"德"显著也。前面我们提到,在春秋时期,"德"的本义是政治上的保全民众的生命,其"德"显著正说明的是统治者对于民生的保全方面做得非常好,这才能使民众念念不忘。这也从一个侧面反映了"明明德"郑玄注解为"显明其至德也"[①],其"德"体现的是政治意义上的含义。

前面我们提到,郑玄以"乐利之政"来说明圣人治理国家、管理百姓的智慧与能力,而在这里的解释是圣人通过听讼,使民无实者达到不敢讼的境界,体现的是治理国家的才能,民无讼,这意味着百姓之间的争夺就少了,百姓之间的日常生活就会和谐很多,可以说是保民、全民。

郑玄对《秦誓》的这段注解,最能体现贤人之于国家的重要性——就是"保民""全民"。我们来看一下《大学》的原文:

> 《秦誓》曰:"若有一介臣,断断兮,无他技,其心休休焉,其如有容焉。人之有技,若己有之。人之彦圣,其心好之,不啻若自其口出,寔能容之,以能保我子孙黎民,尚亦有利哉!人之有技,媢嫉以恶之。人之彦圣,而违之,俾不通,寔不能容,以不能保我子孙黎民,亦曰殆哉!"(《礼记·大学》)

郑玄首先说明了《秦誓》篇的由来:

---

① 孔颖达:《礼记正义》,上海古籍出版社 2008 年版,第 2236 页。

> 秦穆公伐郑，为晋所败于殽，还，誓其群臣，而作此篇也。①

秦穆公率领军队讨伐郑国，结果在殽跟晋国的军队遭遇，发生了历史上著名的殽之战，秦军损失惨重，晋国大获全胜。面对这种败局，秦穆公回到秦国后对着群臣发下誓言，于是就有了这篇文章的出现。誓，是一种具有约束性和决断性的语言，对一个人的行为具有约束性和决断性。可以说，这篇文章具有非常强烈的警惕、戒惧之意，用语也非常诚恳，虽然用词比较简单，但却是一篇非常生动的文章。从《秦誓》的内容来看，作誓的是一国之君秦穆公，表达的意思却是希望得到贤人的一种迫切心情。

郑玄对《秦誓》的这段注解，体现的正是贤人之于国家的重要性。郑玄说："'若己有之'，'不啻若自其口出'，皆乐人有善之甚也。"（《礼记正义》）正是说贤人非常愿意看到民众有善行的一面。贤人如果能够发挥自己本身的作用，那么国家就能"保民""全民"。郑玄说："佛戾贤人所为，使功不通于君也。"② 如果贤人的所作所为被坏人所阻碍，那么他的作用就发挥不出来，国家就不能"保民""全民"了。民众都没有了，那么国家也就完了。

《秦誓》篇的引用，本身是君主求贤远恶的体现，但实际内容却是更着重于贤人之于国家的重要性——"保民""全民"，而郑玄的注解更是着重于贤人的功用——"保民""全民"，这应当视为是郑玄对于贤人之于国家政治重要性的思想倾向。

在古代社会，粮食充足是一个国家财用充足最真实的体现。而国家粮食充足的前提是要非常重视农业生产，鼓励、支持民众从事于农业生产，从事于农业生产的人越多，专门食禄的人越少，生产的粮食就越多，人民的生活就会越好。所以说，鼓励民众积极参与农业生产也是"保民""全民"的重要体现。

第二，贤臣要能"举贤""好义"。

作为为政者重要组成部分的大臣，其最重要的职能就是帮助国君处理好国家的政治事务，共同维护一个良好的社会政治统治。这就需要有一个

---

① 孔颖达：《礼记正义》，上海古籍出版社 2008 年版，第 2253 页。
② 同上。

良好的大臣群体，而不能只依靠几个贤能的臣子。基于这种情况，贤能之臣的一项重要职能就是要"举贤"，也就是说贤臣也要推举优秀的贤者，让贤者融入到大臣的群体之中，并提供相应的机会使举荐的贤人能够发挥出自己的作用，共同维护国家的政治统治。换句话说，贤臣推荐贤能之人是其重要的工作之一，且贤臣要使国君对自己所举荐的贤人受到重用，也就是说要"先于"自己，否则就是轻慢于所举荐的贤人，便是没有完成贤臣"举贤"的作用。这是郑玄所理解的贤臣举贤，同时也说明了郑玄对贤臣的重视程度。

在贤臣举荐贤人的基础上，贤臣还要能够"好义"。在对《大学》文本的诠释中，郑玄非常鲜明地提出了"君行仁道，其臣必义"的观点。这里就有一个问题，为什么说"君仁臣义"特别重要呢？

需要说明的是，在郑玄的注解中，"一人""一家""一国""仁人""仁者""上"都是指"国君"而言。"国君"是国家的代表。国君施舍财物给下面的民众，不与民争利，这正是国君好仁的表现。一个国家的国君爱好仁道，那么在国君下位的大臣一定是"好义"的。既然施舍财物于广大的民众是国君"好仁"的重要表现，那么国君之下的大臣只有将国君"施财"的政策落实到位，将国君之恩惠施于广大的民众，这种表现才是真正地"好义"。也就是说，只有贤臣们真正的"好义"，才能辅佐国君达到国家的财物用度充足的状态，也只有如此，国君与大臣才能更好地"全民""保民"。国君喜好仁道，大臣喜好仁义，是"全民""保民"的必然要求。

以上是从正面的角度而言的，如果从反面的角度来说，有"好仁"便有"损仁"，有"好义"便会有"损义"。国君的"损仁"便是不惜一切代价的"聚敛"财物为己所用，而大臣的"损义"则是不惜一切代价的为国君"聚敛"财物。《大学》文本中曾经引用孟献子的话来说明"以义为利"相对于国家治理的重要性，郑玄一句话就将这句话解释到位了。郑玄认为，一个盗窃国家财物的大臣对于国家的损失只是一些有形可见的物质财物，而执着于为国君"聚敛"财物的"聚敛"之臣，损失的则是无形但又最重要的"义"。"聚敛"之臣在为国君"聚敛"财物之时必然会发生与民争利的事情，也就是说必然会发生"害民"之事，长此以往必然会动摇国家政治统治的根基，更是与我们前面提到的"全民""保民"背道而驰，这是聚敛之臣"损义"的另一层表现。因此，郑玄在诠释中说，这种执着于为国君聚敛财物的聚敛之臣，一定会将仁义忘记，是真正的小人，更不可能是"贤臣"。国君若想治理好自己的国家，是绝不可以任用小人的，由于小人其自身的局限性，一旦被委以重任必然会产生严重的后果，即使国君再想用仁义之道来挽救自己的政治统治，也是无济于事的。这就跟前面《大学》中提到的"举贤人""放恶人"联系在了一起，形成了一个完美的闭环。

综上所述，郑玄对《大学》的诠释有着自己的独特见解，其《大学注》是以"为政"为核心的思想解读，且"为政"为的是"德政"。其《大学注》中所诠释的"为政"思想主要从国君与贤臣两个视角进行阐释的。对于国君的要求是"明"，主要体现在三个方面，第一是要能以德配天，第二是要能求贤放恶，第三是要能亲仁轻利；对于大臣的要求是"贤"，主要体现在两个方面，第一是要能保民全民，第二是要能举贤好义。从这两个视角对"为政"的诠释中集中体现出了郑玄"君明臣贤"的政治理想。

第三章 孔颖达的《大学》学

自从汉代郑玄的《大学注》之后，目前能够看到的最重要的注疏就是唐代孔颖达的《大学正义》了。孔颖达的《大学正义》主要存在于《礼记正义》之中，是目前研究《大学》文本最重要的参考文献之一。众所周知，《大学》是先秦时期儒家思想很重要的一部典籍，里面包含了早期儒家丰富的思想。若想一窥《大学》中的丰富思想，《大学正义》是绝对绕不开的。而《大学正义》可以说是汉唐《大学》著作唯一仅存的成果，在学术史上的地位尤其重要。近些年来有不少学者对孔颖达的《大学正义》进行过各方面的研究，但很少有学者对孔颖达疏解《大学》时所体现出的思想倾向进行研究。

第一节 孔疏《大学注》的形式及内容

众所周知，郑玄的《大学注》是保存在《大学正义》之中的。而《大学正义》的疏解内容实际上是包含两个方面，一个方面是对《大学》原文的疏解，另一个方面是对郑玄《大学注》的疏解。这里，我们主要探析孔颖达对郑玄《大学注》的疏解。

一般情况而言，孔颖达的疏解主要包括释字、释词、释句、释段、释篇等五个方面，但具体到孔颖达对郑玄《大学注》的疏解而言，释段是孔颖达疏解郑玄《大学注》最常采用的方法，这将是笔者论述的重点。整体而言，郑玄的注简洁但却深奥，孔颖达的疏解详细充实同时又不厌其烦，两者形成互补。孔颖达对于《大学》的疏解，其实就是孔颖达对《大学》的训诂。孔颖达有自己明确的训诂思想，他遵循"疏不破注"的原则，强调解经要有言之有据的态度，提倡语言简朴的风格。

一 疏解的形式

孔颖达对郑玄的《大学注》疏解的重点是放在段落上。如果不算孔颖达对于郑玄《大学》篇名的疏解,孔颖达总共疏解郑玄《大学注》的段落只有十二处。其中十处其形式为注"某某"至"某某"。下面接着就是:正义曰。其中两处为注"某某",下面接着是:正义曰。

(一) 对单句的疏解

> 注"谦,读为慊"。以经义之理言,作"谦退"之字,既无谦退之事,故读为"慊"。
>
> 慊,不满之貌,故又读为"厌"。厌,自安静也。云"厌,读为黡",黡为黑色,如为闭藏貌也。①

此段是孔颖达对郑注疏解的第一段文字。对于第一个单个字解释的理解,基本上是申明郑玄注之意的再次证明,同时还提出了另外的一种解读,两者并存。对于第二个单字的解释就是进一步解释郑玄的注解,并没有提出自己的观点。

> 注"皆自明明德也"。明明德必先诚其意,此经诚意之章,由初诚意也,故人先能明己之明德也。②

孔颖达认为,一个人若要明明德必须先要精诚其"情所意念",这一章经文主要是讲诚意的,从最初的诚意开始,故此一个人首先要能彰明自己的明德。其实还是在讲"诚意之事"。

综上所述,以上两个例子是孔颖达疏解郑玄《大学注》中单句注解的例子,在《大学正义》中也只出现了两次,可见并不是其重点疏解的对象。在这两个例子当中,其形式为:注"某某",接下来是正义曰某某。

---

① 孔颖达:《礼记正义》,上海古籍出版社 2008 年版,第 2242 页。
② 同上书,第 2245 页。

（二）对段落的疏解

孔颖达疏解《大学注》最重要的是对郑玄《大学注》中一段紧密相连的段落进行疏解，在前文中笔者已经提到，孔颖达对于郑玄《大学注》疏解的重点在段落上。其形式为：注"某某"至"某某"，接下来是正义曰某某。下面试举两例来看下。

> 注"之适"至"大也"。"之，适也"，《释诂》文。……云"硕，大也"，《释诂》文。①

郑玄引用《尔雅·释诂》中的文字来解释《大学》文本中的单个字，如"之，适也"，这正是《尔雅·释诂》中的文字。云"硕，大也"，也是《尔雅·释诂》中的文字。

> 注"师众"至"厚亡"。"师，众也"。"峻，大也"，皆《释诂》文。《尔雅》"峻"字"马"旁为之，与此同也。"克，能也"，《释言》文也。云"君有逆命，则民有逆辞也"者，君有逆命，解经"言悖而出"也；民有逆辞，解经"亦悖而入"，谓人有逆君之辞以拒君也。云"《老子》曰'多藏必厚亡'"者，言积聚藏之既多，必厚重而散亡也。引之者，证"货悖而入，亦悖而出"。②

"师"字的意思就是众人之意。"峻"字的意思就是"大"字之意。"众"与"大"都是《释诂》中的文字。这是孔颖达指出郑玄暗引《尔雅·释诂》之文。《尔雅》中的"峻"字由马字旁所构成的，即"骏"，与这个"峻"字意思相同。"克，能也"，孔颖达认为这也是郑玄引用《尔雅·释言》之文。说"君有逆命，则民有逆辞也"，"君有逆命"，是用来解释经文"言悖而出"；"民有逆辞"，是用来解释经文"亦悖而入"，这是说民众有逆命之辞来拒绝人君。说"《老子》曰：'多藏必厚亡'"，这是说积累、聚集、敛藏的财物足够多，必定会导致丰厚隆重的

---

① 孔颖达：《礼记正义》，上海古籍出版社2008年版，第2257页。
② 同上书，第2261页。

财物分散消亡。引用《老子》话语是为了证明前面经文"货悖而入，亦悖而出"。

综上所述，注"某某"至"某某"这种形式的段落总共有十处，也正是孔颖达疏解《大学注》的重点所在，其实也可以说是全部内容所在。

二 疏解的内容

（一）对字、词的疏解

郑玄对单个字的注解基本上是以单个字进行注解的。这种注解相对来说特别简洁，但涵义却很深奥。毕竟郑玄离我们这个时代也已经接近两千年了，很多词汇我们都已经看不懂了。由于对单个字的注释是郑玄注解的重点，而对于词语来说，郑玄注释的就非常少，所以孔颖达对郑玄注解的单个字疏解的比较多，对于词语来说则很少涉及。所以，相对于对《大学》原文的疏解来说，对郑玄所注的单个字进行再诠释就成了孔颖达疏解的一个方面。如我们上面提到的例子：

> 注"谦，读为慊"。以经义之理言，作"谦退"之字，既无谦退之事，故读为"慊"。慊，不满之貌，故又读为"厌"。厌，自安静也。云"厌，读为黡"，黡为黑色，如为闭藏貌也。①

此段是孔颖达对郑玄《大学注》疏解的第一段文字。对于第一个单个字解释的理解，基本上是申明郑玄注解之意的再次论证，同时还提出了另外的一种解读，两者并存。对于第二个单字的解释就是进一步解释郑玄的注解，并没有提出自己的观点。

在这里要说明一点，孔颖达对于郑玄注解《大学》单个字所引文献进行了考证。比如，孔颖达发现，郑玄对很多字的注释是直接引用《尔雅》相关篇中的文献来注释的，包括《释诂》《释言》等等。由于这是对注解《大学》单个字的考证，我们就将其放在对字、词的疏解之下了。下面我们就举几个例子来看一下：

---

① 孔颖达：《礼记正义》，上海古籍出版社2008年版，第2242页。

注"此心"至"著也"。"諠,忘也",《释训》文也。云"道,犹言也",谓经中"道盛德至善",恐为"道德"之道,故云"道,犹言也"。云"恂,字或作'峻',读如'严峻'之峻"者,以经之"恂"字,他本或作"峻"字,故读为'严峻'之"峻"。《诗》笺云还为"恂"也。此记为"赫兮喧兮",《诗经》云"赫兮咺兮",本不同也。云"以其意诚而德著也",以武公用意精诚,德著于人,人不忘也。以经广明诚意之事,故郑云"意诚而德著也"。[1]

孔颖达说:"諠,忘也",这是《尔雅·释训》之文。说"道犹言也",是说经文中"道"盛德至善,恐怕应该是道德之"道",因此说"道,犹言也"。说"恂,字或作峻,读如严峻之峻",《大学》经文中的"恂"字,有的版本或作"峻"字,因此读为严峻的"峻"。孔颖达在这里认为,郑玄引用《尔雅·释训》之文来注解"諠"字。

孔颖达主要是从诚意的角度来注解这段经文的。孔颖达认为,这一段经文也是在大面积地讲"诚意之事",是赞美周武王的诗。因为周文王、周武王意能精诚于天下,所以诗人赞美他们说,这是前世之王,他们的盛德是不可以忘记的。在这里,此处的"德"难道仅仅只能理解成"道德"吗?这显然是不成立的。笔者认为,此处的"德"更应该理解为"保民""全民"的"德政"更好。但是,孔颖达论述的重点不是在"德"上,而在于怎样达到这种"德"以至于民众都不能够忘记。怎样达到的呢?孔颖达给出的解释是"以文王武王意诚于天下",才能达到民众都不能忘记的境界。这段经文还是用来说明"诚意之事"的。

在对这一段的注解中,孔颖达与郑玄有明显的不同。孔颖达认为这一段主要是讲诚意之事,正是因为前王意诚于天下,所以民众对于其盛德不能忘。而郑玄的注解则是"圣人既有亲贤之德,其政又有乐利于民。君子小人,各有以思之。"在这段注解中,郑玄将《诗》中的"前王"理解为"圣人",其内在的主旨就是说只有"圣人"之"德"与"政"才能让君子、小人都各得其所,都能找到自己的职分。君子思之以德,小人思之以乐利。整个国家处于一种和谐的境地。圣人之"德"与"政",其德

---

[1] 孔颖达:《礼记正义》,上海古籍出版社2008年版,第2244页。

是亲贤,其政是既有乐、又有利。可以看出,孔颖达注解的中心在于"诚意"上,而郑玄注解的中心则分为圣人之"德"与"政",并不是仅仅看重"德",而是将"德"与"政"放在同等重要的位置上。

注"秦誓"至"危也""秦穆公伐郑,为晋所败于殽,还誓其群臣,而作此篇也"者,案《尚书序》:"秦穆公伐郑,晋襄公帅师败诸殽。还归,作《秦誓》。"又《左传》僖三十三年,秦穆公兴师伐郑,蹇叔等谏之,公不从,为晋人与姜戎要而击之,败诸殽。是其事也。云"美士为彦"者,《尔雅·释训》文。"黎,众也","俾,使也",皆《释诂》文。"尚,庶几"者,《释言》文。《尔雅》:"庶几,尚也。"是"尚"为庶几矣。云"媢,妒也"者,《说文》云"媢,夫妒妇。"是媢为妒也。①

孔颖达说"秦穆公伐郑,为晋所败于殽,还誓其群臣,而作此篇也",孔颖达引《尚书序》:"秦穆公伐郑,晋襄公帅师败诸殽,还归,作《秦誓》。"孔颖达在这里的引用说的比较模糊,《尚书序》里面并未涉及到《秦誓》之事,他所引用的这句话出自《尚书·秦誓》篇的序言,而非《尚书序》本身。有种说法是说孔颖达所引的《尚书序》是汉人相传的《尚书序》,跟我们今天看到的《尚书序》是不同的。笔者认为,孔颖达引的《尚书序》更应该是《尚书·秦誓序》,简称《尚书序》或者《书序》。

郑玄在这里暗引《尔雅》《说文》之文训释单个字。

孔颖达分别指出郑玄对于单个字词的训释是多暗引《尔雅》的内容,直接对其进行训释却并未标明其出处,孔颖达一一给郑玄指出来。如"美士为彦",这是《尔雅·释训》之文。"黎,众也","俾,使也",是《尔雅·释诂》之文。"尚,庶几",是《尔雅·释言》之文的反训,《尔雅·释言》为"庶几,尚也",因此郑玄训"尚"为"庶几"也是相当正确的。

此外,孔颖达还发现郑玄暗引《说文》之文训释单字,如郑玄注

---

① 孔颖达:《礼记正义》,上海古籍出版社2008年版,第2263页。

"媢，妒也"，《说文》为"媢，夫妒妇"，因此郑玄训"媢"为"妒"也是非常正确的。

(二) 对句子的疏解

孔颖达对于郑玄所注句子的疏解，其内容主要有两个：一是申述郑意，即进一步阐述郑玄注解《大学》之意。二是详细考证郑玄注解《大学》时所引用的文献。

第一，申述郑意，坚持"疏不破注"。

孔颖达在疏解郑玄《大学注》之时，十分尊重郑注，整体上申述郑意，坚持"疏不破注"的原则。

孔颖达强调"礼是郑学"，在疏解中也体现出尊郑特色，故时有以郑注作为校勘依据。这自然是由于郑玄卓越的礼学成就及校勘学成就，赢得后世的普遍尊重与信任。下面就列举几个例子进行说明。

"致知在格物"此经明初以致知，积渐而大至明德。前经从盛以本初，此经从初以至盛，上下相结也。"致知在格物"者，言若能学习，招致所知。格，来也。已有所知，则能在于来物。若知善深则来善物，知恶深则来恶物。言善事随人行善而来应之，恶事随人行恶亦来应之。言善恶之来，缘人所好也。[①]

在这段的注解中，孔颖达明显是申述郑玄的说法，认为善恶之来都是缘人所好。在此基础上，孔颖达进一步指出善事、恶事到底是怎么来的，是源自于人们行为的善恶，人行善那么就会来善事，人行恶那么就会来恶事。而人为什么要行善与行恶，笔者认为是缘自于人的好恶，也可以说是缘自人本身的"情所意念"即"意"之所在。

注"之适"至"大也""之，适也"，《释诂》文。云"反以喻己"者，谓见他人所亲爱、被贱恶，以人类己，他人之事，反来自譬己身也。云"则身修与否，可自知也"者，谓彼人不修则被贱恶、敖惰，己若不以修身，事亦然也。若彼修身则被亲爱敬畏，己若修

---

① 孔颖达：《礼记正义》，上海古籍出版社2008年版，第2241页。

身，亦当然也。故云"修身与否，可自知也"。云"硕，大也"，《释诂》文。①

这一段是孔颖达对郑玄的集中疏解。说"反以喻己"，是说见到他人被亲近、被爱敬，被轻视厌恶，通过别人来类比自己，将他人的事情反过来类比在自己身上。说"则身修与否，可自知也"，是说那个人不修身，那么就会被人们轻视厌恶、傲慢怠惰；如果自己不来修身，那么也将会被别人所轻视厌恶、傲慢怠惰。如果那个人修身，那么就会被别人所亲近爱敬、敬重畏惧；如果自己也修身，当然也会被别人所亲近爱敬、敬重畏惧。因此才说"修身与否，可自知也"。在郑玄的注解中，"修身与否"是能通过周围人对你的态度看出来的。孔颖达对郑玄的疏解实际上是继承了郑玄的主张，还是强调修身之于齐家的重要作用。

第二，详考郑玄注所引文献。

对于郑玄注所引文献的详细考证是孔颖达疏解《大学注》的重点所在，主要包括以下三个方面：一是指明郑玄引文出处；二是补充郑注阙漏之处；三是征引更多文献弥合郑意。

一是指明郑玄引文出处。

对于郑玄所引之文，孔颖达全部一一指出，我们举两个例子来看下。

> 注"一家"至"于济""一家、一人，谓人君也"者，以经言治家，故知是人君也。若文王"刑于寡妻，至于兄弟，以御于家邦"是也。云"《春秋传》曰：'登戾之'"者，此隐五年，《公羊传》文。案彼传："公观鱼于棠。何以书？讥。何讥尔？远也。公曷为远而观鱼？登来之也。"彼注意谓以思得而来之，齐人语谓"登来"为"得来"也。声有缓急，"得"为"登"。谓隐公观鱼于棠，得此百金之鱼而来观之。《公羊传》为"登来"，郑所引《公羊》本为"等戾之"，以"来"为"戾"，与《公羊》本不同也。郑意以戾为贪戾，故引以证经之贪戾也。云"又曰'郑伯之车偾于济'"者，隐三年《左传》文。②

---

① 孔颖达：《礼记正义》，上海古籍出版社2008年版，第2257页。
② 同上书，第2258—2259页。

孔颖达认为,"一家一人,谓人君也",从经文说"治家",因此知道是人君,就像周文王一样。孔颖达引《诗·大雅·思齐》篇中的诗句来疏解郑玄对"一家一人"的注解。"刑"通"型",这里用作典范、榜样之意。"御",这里用作治理、统治之意。"刑于寡妻,至于兄弟,以御于家邦"是说周文王用继承的这些优良传统,给自己妻子做典范,给兄弟们做典范,最终普及到天下去。

注云"《春秋传》曰:'登戾之'",孔颖达疏解说这是鲁隐公五年《公羊传》中的引文,这说明郑玄有引《春秋公羊传》注解《大学》文本。云"又曰郑伯之车,偾于济"者,这是鲁隐公三年《左传》之文。原文如下:庚戌,郑伯之车,偾于济。① 孔颖达在这里指出,郑玄此段引用是来自于《春秋左氏传》,一个注释竟然同时引用《公羊传》与《左氏传》,孔颖达都一一指出了其引文的出处,郑玄不愧为博闻强识、学识渊博。

  注"舅犯"至"利也""舅犯,晋文公之舅狐偃"者,《左传》文也。云"时避骊姬之谗,亡在翟,而献公薨,秦穆公使子显吊之,因劝之复国,舅犯为之对此辞也",《檀弓》篇文。②

"舅犯,晋文公之舅狐偃",孔颖达认为这句话是《春秋左氏传》中的文字。孔颖达认为郑玄注"时避骊姬之谗,亡在翟而献公薨。秦穆公使子显吊之,因劝之复国。舅犯为之对此辞也",郑玄的这段注解暗引自《礼记·檀弓》篇的文字,郑玄并没有点明这段话的由来,反而是孔颖达准确地指出了这段话的由来,这段注解可以说是郑玄暗引《礼记》最好的证据。而在《礼记·檀弓》中也有相关记载如下:

  晋献公之丧,秦穆公使人吊公子重耳,且曰:"寡人闻之,亡国恒于斯,得国恒于斯,虽吾子俨然在忧服之中,丧亦不可久也,时亦

---

① 杜预:《春秋左传正义》附释音春秋左传注疏卷第三,清嘉庆二十年南昌府学重刊宋本十三经注疏本。

② 孔颖达:《礼记正义》,上海古籍出版社2008年版,第2262页。

不可失也。孺子其图之。"以告舅犯。舅犯曰:"孺子其辞焉。丧人无宝,仁亲以为宝。父死之谓何?又因以为利,而天下其孰能说之?孺子其辞焉!"公子重耳对客曰:"君惠吊亡臣重耳,身丧父死,不得与于哭泣之哀,以为君忧。父死之谓何?或敢有他志,以辱君义。"稽颡而不拜,哭而起,起而不私。子显以致命于穆公。穆公曰:"仁夫公子重耳!夫稽颡而不拜,则未为后也,故不成拜。哭而起,则爱父也;起而不私,则远利也。"(《礼记·檀弓》)

二是补充郑注阙漏之处。

郑玄也经常引用相关的历史典故对《大学》本文及引文作一些注释。郑玄的注释给我们最多的帮助是让我们能够按图索骥找到其引文的出处,但对于具体典故的来龙去脉则很少涉及。而孔颖达的疏解则对郑玄注所阙漏之处进行了详细的补充说明,我们举例来看:

> 注"楚书"至"奚恤"郑知是"楚昭王时书"者,案《楚语》云:"楚昭王使孙围聘于晋,定公飨之,赵简子鸣玉以相,问于王孙围曰:'楚之白珩犹在乎?其为宝几何矣?'王孙围对曰:'未尝为宝。楚之所宝者曰观射父,能作训辞,以行事于诸侯,使无以寡君为口实。'"又《新序》云:"秦欲伐楚,使者观楚之宝器。楚王命召昭奚恤而问焉,对曰:'宝器在贤臣。'王遂使昭奚恤应之。昭奚恤发精兵三百人,陈于西门之内,为东面之坛一,南面之坛四,西面之坛一。秦使者至,昭奚恤曰:'君,客也,请就上位东面之坛。'令尹子西南面,太宗子牧次之,叶公子高次之,司马子发次之。昭奚恤自居西面之坛,称曰:'客欲观楚之宝器,言楚之所宝者,即贤臣也。唯大国之所观。'秦使无以对也。使归,告秦王曰:'楚多贤臣,无可以图之。'"何知有观射父、昭奚恤者,案《战国义》云:"楚王筑坛,昭奚恤等立于坛上,楚王指之谓秦使曰:'此寡人之宝。'"故知有昭奚恤等也。谓贤为宝者,案《史记》云:"理百姓,实府库,使黎甿得所者,有令尹子西而能也。执法令,奉圭璋,使诸侯不怨,兵车不起者,有大宗子牧能也;守封疆,固城郭,使邻国不侵,亦不侵邻国者,有叶公子高能也;整师旅,治兵戈,使蹈白刃,赴汤蹈火,万死不顾一生者,有司马子发能也;坐

筹帷幄之中，决胜千里之外，怀霸王之业，拨理乱之风，有大夫昭奚恤能也。是皆为宝也。"引之者，证为君长能保爱善人为宝也。①

孔颖达引《国语·楚语下》来疏解郑玄注《楚书》是"楚昭王时书"。又引刘向《新序·杂事第一》来疏解昭奚恤的故事。因为郑玄只是指出了善人是说当时的观射父、昭奚恤，但对于二人的事迹一点都未曾提起。孔颖达引刘向《新序·杂事第一》来解说昭奚恤的故事。孔颖达进一步引用《战国义》的内容进一步说明观射父、昭奚恤两人的故事。但《战国义》这本书究竟为何书，今已不可考。孔颖达又引《史记》的记载解释"谓贤为宝"，但关于《史记》的这段记载，在今本《史记》中却查不到相关的记载，不知道孔颖达是据何种版本的《史记》来疏解的。虽然孔颖达引用的一些史料我们今天已经看不到原文了，但有赖于孔颖达的引用，我们能够比较详细地知道观射父、昭奚恤两人的故事以及秦楚之间的史实，这些都有赖于孔颖达的疏解。

三是征引更多文献弥合郑意。

> 注"孟献"至"可也""孟献子，鲁大夫仲孙蔑"者，此据《左传》文也。云"畜马乘，谓以士初试为大夫"者，案《书传》，士"饰车骈马"。《诗》云"四牡騑騑"，大夫以上乃得乘四马。今下云"伐冰之家"、"百乘之家"，家是卿大夫。今别云"畜马乘者，不察鸡豚"，故知"士初试为大夫也"。云"伐冰之家，卿大夫"者，案昭四年《左传》云："大夫命妇，丧浴用冰。"《丧大记》注云："士不用冰。"故知卿大夫也。士若恩赐及食而得用，亦有冰也，但非其常。故《士丧礼》赐冰则"夷槃可也"，《左传》又云"食肉之禄，冰皆与焉"是也。云"百乘之家，有采地者也"，此谓卿也。故《论语》云"百乘之家"，郑云"采地一同之广轮"是也。②

孔颖达在对郑注进行疏解时，引用《春秋左氏传》、《尚书大传》、

---

① 孔颖达：《礼记正义》，上海古籍出版社2008年版，第2262页。
② 同上书，第2266页。

《诗经》、《论语》、《礼记·丧大记》之文弥合郑玄之意。下面仅以孔颖达所引用的《尚书大传》、《诗经》为例进行说明。

郑玄注："畜马乘,谓以士初试为大夫",孔颖达引《尚书大传》、《诗经》中士骈马、大夫以上乃得乘四马为例,证郑玄之注为正确。《尚书大传》卷一下:"古之帝王必有命民:能敬长矜孤取舍好让者,命于其君,然后得乘饰车骈马,衣文锦。"①

在此文中并未出现"士"字,孔颖达之引用私自加一"士"字,以弥合郑注。

《四牡》原本是《诗经·小雅·鹿鸣之什》中的一篇。其原文为:"四牡騑騑,周道倭迟。岂不怀归?王事靡盬,我心伤悲。"② 在这段诗文中也并未体现出乘坐四匹马车的人就一定是大夫。孔颖达接着说,下文中的"伐冰之家"、"百乘之家",这两家都是指卿大夫。文中另外说"畜马乘者,不察鸡豚",因此知道是"士初试为大夫"。笔者认为,郑玄的这种说法本身没有完整的根据,而孔颖达虽然列举了两本经书试图证明郑玄的注是正确的,但细究之下,发现其所引并不是讲士与大夫在乘马数量上的差别,即使在后面提到卿大夫的两种构成,也不能据之完全断定"畜马乘者"就是"以士初试为大夫也"。

综上所述,孔颖达对郑玄《大学注》的疏解主要体现在形式及内容上。从形式上看,孔颖达疏解《大学注》的段落只有十二处,可以分为两种形式,一种是对单个句子的疏解,一种是对整段句子的疏解。从内容上看,孔颖达对于郑玄所注句子的疏解主要有两种:一是申述郑意,即进一步阐述郑玄注解《大学》之意。二是详细考证郑玄注解《大学》时所引用的文献。对于郑玄注所引文献的详细考证是孔颖达疏解《大学注》的重点所在,主要包括以下三个方面:一是指明郑玄引文出处;二是补充郑注阙漏之处;三是征引更多文献弥合郑意。

第二节 《大学正义》的内容及优缺点

孔颖达《礼记正义》中的《大学正义》篇,是保存汉代郑玄的《大

---

① 伏胜:《尚书大传》卷一下,四部丛刊景清刻左海文集本。
② 毛亨:《毛诗》毛诗卷九,四部丛刊景宋本。

学注》、唐代孔颖达的《大学正义》最重要的著作，同时也包含陆德明《经典释文》的部分字音。历代学者们都认为孔颖达的《大学正义》是非常重要的，也都从各个角度对《大学正义》进行了研究。不过令人遗憾的是，很少有学者对《大学正义》的诠解从整体上进行研究。比如，孔颖达《大学正义》诠解的主要内容包括哪些方面？这些方面是以什么形式表现出来的？从这些内容与形式上看，孔颖达《大学正义》的优点与瑕疵又有哪些，这将是本节阐述的重点。

孔颖达的《大学正义》，采取的是最基本的随文注释体。孔颖达的方法主要是随《大学》原文进行注释疏通，一般是逐篇、逐节、逐句、逐字选加注释，包括对郑玄《大学注》的疏证在内。虽然注文与原文分编单行，但并不改变注释随原文而出的特点。这种疏解方式才是正宗的诠解文体。笔者将对其具体的诠解形式、内容、优点及瑕疵进行探讨。

一 疏解《大学》原文

一般情况而言，孔颖达的疏解主要包括释字、释词、释句、释段、释篇等五个方面，但具体到孔颖达对《大学》原文的疏解而言，释句是孔颖达疏解《大学》原文最主要的内容，这将是笔者论述的重点。

（一）释字、词、篇

孔颖达对于字、词的解释很少，整篇文章疏解下来，也就只有几处，远远不如孔颖达疏解郑玄所注单个字所花的篇幅大。而对于单个字的零星注解也大都分散在对句子的疏解之中。

第一，释字。

孔颖达对于《大学》原文中单个字的疏解，一般是以释意为主，偶尔会兼顾单个字的发音，其形式一般为：某，读如某。孔颖达对于单个字字音的疏解几乎是可以忽略的，究其原因主要有两方面，一是《大学正义》中包含了很多陆德明《经典释文》中的字音部分，基本上能将《大学》中主要的、有难度的字音都给出了注释。二是郑玄对字音的注释也有许多，孔颖达在对郑玄所注字音的疏解之时，也是间接对《大学》原文字音的疏解。正是由于这两方面的原因，孔颖达几乎很少涉及对单个字字音的注释，但偶尔也会出现几处。即使是出现的这几处，也都是夹杂在对句子的注释之中。

谦，读如"慊"，慊然，安静之貌。①

在这个注释之中，孔颖达先是注释这个字的读音：某，读如某，接着对这个字的意思进行注解。

澳，隈也。菉，王刍也。竹，萹竹也。②

在这个注释中，孔颖达主要采用的是：某，某也。这是孔颖达疏解《大学》原文单个字最常见的使用方法。而郑玄在《大学注》中也普遍采用了这种注解方法。

在"某，某也"的基础上，还有四种小的变换方法，比如：某，言某也。或者说：某，犹某也。或者说：某，谓某也。或者说：某某，谓之某。下面各举一例以说明之。

"瑟兮僩兮者，恂栗也"者，恂，读为"峻"，言颜色严峻战栗也。③

在这个注释之中，其核心形式为：某，读为某，言某也。是将单个字的字音与意思放在一起进行了注解。

"道得众则得国，失众则失国"者，道，犹言也。④
"其机如此"者，机，谓关机也。⑤

上面的两个例子，其注解形式为：某，犹某也；某，谓某也。其实，这两种形式在本质上都是一样的，只是所用的单个字不同而已。

---

① 孔颖达：《礼记正义》，上海古籍出版社 2008 年版，第 2242 页。
② 同上书，第 2243 页。
③ 同上。
④ 同上书，第 2260 页。
⑤ 同上书，第 2257 页。

"欲正其心者,先诚其意"者,总包万虑,谓之为心。情所意念,谓之意。①

这种注释方式,显然跟前面几种是不同的。孔颖达对于单个字的注释,一般是将要注释的单个字列在前面,如果需要对这个字的字音加以注释,就先注解这个字的字音,如果没有必要,就直接对单个字的字义进行注释。而在这个注释中,孔颖达采用的形式却是:某某,谓之某。这显然是对所要注释的单个字进行强调,一方面是对这个单字本身的强调,另一方面是对这个单字其内在含义的强调。这种注解方式并不多见,在郑玄的注解中也曾偶尔出现,但其对单个字字义的强调还是需要引起学者们的注意,因为孔颖达所强调的必然是一些重要的概念,比如在这个例子中的"心"与"意"。

以上这几种方法是孔颖达疏解《大学》原文最常用的几种方法。

第二,释词。

孔颖达对于《大学》原文词语的疏解最常用的形式为:某某,谓某某也。这种注释形式,跟前文中提到的注释单个字的形式是一样的:某,谓某也。只不过前面注解的是单个字,现在注解的是一个词语。这两种形式都是先将要注释的字或者词列在前面,后面是对字或者词的注释。下面我们就试举三例以说明之。

十目,谓十人之目。十手,谓十人之手也。②
本乱,谓身不修也。末治,谓国家治也。③
施夺,谓施其劫夺之情也。④

通过以上三个例子可以看出,孔颖达对于词语的疏解最主要的形式就是:某某,谓某某也。前面的某某是所要注释的词,后面的某某是这个词所代表的含义。几乎没有其他的变种形式。与我们前文中提到的"某某,

---

① 孔颖达:《礼记正义》,上海古籍出版社2008年版,第2241页。
② 同上书,第2242页。
③ 同上书,第2241页。
④ 同上书,第2261页。

谓之某"是截然不同的,两者正好相反。

第三,释篇。

孔颖达对于《大学》篇题的疏解很简短,只有简单的两句话,其内容如下。

> 案郑《目录》云:"名曰《大学》者,以其记博学,可以为政也。此于《别录》属《通论》。"此《大学》之篇,论学成之事,能治其国,章明其德于天下,却本明德所由,先从诚意为始。①

孔颖达第一句话是引用郑玄《目录》来说郑玄对《大学》篇题的一个最基本理解。之后孔颖达又阐明了自己所理解的《大学》篇题。孔颖达认为,《大学》这篇文章,是论述积学成德之事,能够治理自己的国家,彰明自己的德行于天下,却本自明德所经历的道路,首先是从诚意作为开始。

在这里,孔颖达点明了自己所认为的《大学》,是积学成德以至能治其国,并认为诚意是这一切的开始。从能治其国的角度来看,基本上是阐述了郑玄可以为政的思想,但在此基础上,孔颖达却突出了诚意的重要性。诚意之道是孔颖达论述其治国之道或者为政之道的理论基础,而诚意在郑玄的注解中几乎就未曾出现过。可以说,孔颖达是真正意义上首个系统论述诚意的学者。但是孔颖达对于《大学》的作者以及成书年代并没有给出任何的观点,这不能不说是一件遗憾的事情。相对于其他篇题的疏解,《大学》篇题的疏解还是简短了些。

(二) 释句

上文已经提到,孔颖达《大学正义》的注释主要包括释字、释词、释句、释段、释篇等五个方面,但孔颖达于字、词、篇的疏解在《大学》篇中是极少的,只是偶尔出现,并没有太多需要特别指明的地方,基本上是在对句子进行疏解的时候顺带着注解一下,这些都不是孔颖达疏解《大学》的重点。

在这里要说明的是,孔颖达对于《大学》原文的疏解并没有进行明

---

① 孔颖达:《礼记正义》,上海古籍出版社2008年版,第2236页。

确的层段之间的划分，基本上是逐句逐句进行疏解的，所以释句才是孔颖达疏解《大学》的重点。而对于句子的疏解，孔颖达采用"随文而释"的疏解方式。《大学》原文有长有短，孔颖达对句子的疏解也就显得有长有短，不是特别的规律，但从整体来看，还是按着《大学》原文句子进行疏解的。

孔颖达对《大学》经文句子所进行的诠解，主要包括三个方面：一是概括句子大意。二是指明《大学》引文出处。三是详细考证《大学》引文。

第一，概括句子大意。

概括句子大意是孔颖达疏解《大学》原文最主要的内容之一。由于《大学》成书于先秦时期，距离我们已经有两千多年的时间了，很多句子的意思我们已经不知道了。而借助于孔颖达对《大学》句意的概括，我们就能了解其大概。

从形式上看，孔颖达对于句子大意的概括，主要有两种：一种是以"言"字开头，一种是以"谓"字开头。

作为疏解《大学》原文最重要的注疏之一，孔颖达所要做的最主要的一个任务便是要阐明句子大意。孔颖达一般以"言"字、"谓"字开头来阐明句子大意。下面分别从"言"、"谓"两种开头方式试举两个例子进行说明。

一是以"言"字开头阐明。

"有国者不可以不慎"者，有国，谓天子、诸侯。言民皆视上所行而则之，不可不慎其德乎？[1]

"无他技，其心休休焉，其如有容焉"者，言此专一之臣，无他奇异之技，惟其心休休然宽容，形貌似有包容。[2]

对于这种解释形式，孔颖达一般是先将此句子列出来，然后以"言"字开头阐述句子之大意，这种阐释句子大意的方式是孔颖达运用最多的方

---

[1] 孔颖达：《礼记正义》，上海古籍出版社2008年版，第2260页。
[2] 同上书，第2263页。

法之一。

二是以"谓"字开头阐明。

>"民之所好好之"者,谓善政恩惠,是民之原好,己亦好之,以施于民。①
>
>"民之所恶恶之"者,谓苛政重赋,是人之所恶,己亦恶之而不行也。②

对于这种解释形式,孔颖达一般是先将此句子列出来,然后以"谓"字开头阐述句子之大意,这种阐释句子大意的方式也是孔颖达运用最多的方法之一。"言"字与"谓"字开头构成了孔颖达阐明句子大意所运用的最主要的两种方法。其实,这两种方法在本质上都是相同的,意思也是相同的,只不过是用两个不同的字来阐释而已。

根据孔颖达所疏解的句子大意,从方法上看,主要有三种:一种是直接概括句意法;一种是承上启下,概括前后两句大意法;一种是对上句进行总结法。

下面笔者就分别举两个例子进行说明。

一是直接概括句意法。

>"大学"至"道矣"。此经大学之道,在于明明德,在于亲民,在止至善。积德而行,则近于道也。③
>
>"在止于至善"者,言大学之道,在止处于至善之行,此其三也。言大学之道,在于此三事矣。④

从以上两个例子可以明显看出,无论是"积德而行,则近于道也",还是"言大学之道,在于此三事矣"都是对本节或本句大意的直接概括。孔颖达这种直接概括句意法在其注解中运用最多,也最能直接反映出

---

① 孔颖达:《礼记正义》,上海古籍出版社2008年版,第2260页。
② 同上。
③ 同上书,第2240页。
④ 同上。

《大学》句子的原意。

二是承上启下，**概括前后两句大意法**。

"古之欲明明德于天下"者，前章言大学之道，在明德、亲民、止善，覆说止善之事既毕，故此经明"明德"之理。①

"致知在格物"此经明初以致知，积渐而大至明德。前经从盛以本初，此经从初以至盛，上下相结也。②

在第一个例子之中，孔颖达认为，前面的章节提到"大学之道"在"明德"、"亲民"、"止善"这三件事情，又说完"止善"这件事，因此这句经文是阐明"明德"的道理。很明显，孔颖达对这一句经文的阐释就起着承上启下的作用，不仅阐明了这句经文的意思，而且还概括了前后两段经文的大意，使读者们对于它们之间的关系一目了然。

在第二个例子之中，孔颖达认为，这句经文阐明最初的时候凭借收罗自己所知道的事情，渐渐积累由小变大乃至"明德"。前一段经文是从盛大到最初、本原，这一段经文是从最初到盛大，上下经文相互交结。在这段疏解中，孔颖达首先阐明了本句经文之大意，同时总结了前后两节的大意，并在这句经文的疏解中概括了前后两句经文之间的关系。

三是**对上句进行总结法**。

"知止而后有定"者，更覆说"止于至善"之事。既知止于至善，而后心能有定，不有差贰也。③

"《诗》云节彼南山"者，上经说恕己待民，此经明己须戒慎也。④

在第一个例子中，孔颖达认为，"知止而后有定"这段是反复说上面提到的"止于至善"这一事情。既然知道了要"止于至善"，那么人的心

---

① 孔颖达：《礼记正义》，上海古籍出版社 2008 年版，第 2240 页。
② 同上书，第 2241 页。
③ 同上书，第 2240 页。
④ 同上书，第 2260 页。

就能定下来了，就不会有可能发生的意外或差错了。"差貳"可以理解为"一差二错"。在这一段的疏解中，孔颖达就明确提出了这段话是再次阐明"止于至善"这件事情。

在第二个例子中，"《诗》云节彼南山"这句经文，主要是说作为一个执政者自己必须要警惕谨慎，要十分谨慎地对待自己的行为与政教。孔颖达说前面那句经文是说为政者要恕己待民之事，这是对上句经文的总结。

（三）指明《大学》引文出处

孔颖达疏解《大学》原文，其中一项重要的内容是指明《大学》经文引文出处。《大学》的引文分两种，一种是明引，即我们清晰知道其引用的部分，比如说《大学》引《诗经》、《尚书》、孔子、曾子之语。另一种是暗引，比如《大学》所暗引《尔雅》的内容论证自己的思想。对于第二种大家几乎很少关注。《大学》中引用《诗经》、《尚书》的地方非常多，孔颖达将《大学》中所有的引文都指明了其出处，这对后世研究《大学》的读者可谓帮助巨大。下面试举两个例子来看一下。

> "《诗》云缗蛮荒鸟，止于丘隅"者，此《诗·小雅·缗蛮》之篇，刺幽王之诗。[①]
>
> "《诗》云穆穆文王，于缉熙敬止"者，此《大雅·文王》之篇，美文王之诗。[②]

以上两个例子，孔颖达明确指出了《大学》引《诗经》的出处，这对于后世研究《大学》的学者来说尤其重要，我们若要探求《大学》引《诗经》之意，必然需要弄懂所引《诗经》原来之意，孔颖达对引文出处的指明，为我们提供了一些非常重要的线索。

此外，孔颖达还对《大学》所暗引之处进行了说明。

我们一般认为，《大学》除了引用《诗经》、《尚书》之外，还引用过曾子、孔子的话，以及当时所流行的一些谚语。但是，除此之外，《大

[①] 孔颖达：《礼记正义》，上海古籍出版社 2008 年版，第 2245 页。
[②] 同上书，第 2246 页。

学》也曾引用过《尔雅》中的内容来阐释《大学》文本的内容。而这一点，几乎是从来没有人关注的。《大学》引《尔雅》来阐释自己的内容，其意义至少有两个方面：一个是对照《尔雅》原文来理解《大学》本文之意，另一个是对《大学》的成书时代提供了一个参考依据。

> 自此以上，《诗》之本文也。自此以下，记者引《尔雅》而释之。①

孔颖达给出了一条非常重要的线索，认为《大学》中有引《尔雅》解释所引《诗》的地方，这个地方可以作为考证《大学》成书年代及作者的一条线索。

(四) 详细考证《大学》引文

孔颖达对于《大学》引文的考证，可谓是非常详细。从其考证的内容来看主要包括三个方面：一是指明引文原意，即对《大学》所引之文阐述其大意。二是判断《大学》引文是否符合原意。三是指明《大学》引文之意，即指明《大学》引这段文字是取哪种意思，是为了说明《大学》此句的论述。由于这三个方面一般来说都是紧密结合在一起的，所以我们下面的举例也把它们放在一起进行论述。

可以说，只要《大学》中出现引用《诗经》、《尚书》的地方，孔颖达都会详细交代其引文的名称、出处、原文之意、引文之意等等，可谓是详细备至。前面《大学》引文出处已经阐述过了，这里主要阐述上面提到的这三个方面。

孔颖达认为，《大学》所引的《尚书》、《诗经》，很多引文都是不符合原文本意的。对于这样的情况，孔颖达首先指出，此引文属于哪部书的哪个篇章，然后大概说一下这篇引文的主要内容是什么，接着指明引文原来的意思是什么，最后再说明《大学》引用这段话又是什么意思。其形式一般为：引文……者，此……之篇。……之诗。《诗》之本意，……。此记之意，言……也。

---

① 孔颖达：《礼记正义》，上海古籍出版社 2008 年版，第 2243 页。

"瞻彼淇澳，菉竹猗猗"者，此《诗·卫风·淇澳》之篇，卫人美武公之德也。……引之者，证诚意之道。①

孔颖达明确交待了"《诗》云瞻彼淇澳"之诗是引自《诗·卫风·淇澳》之篇。这篇诗的意思是讲述卫国人赞美卫武公之德。而《大学》引用《诗经》却是用来说学问自新、颜色威仪的事情，由此来证明"诚意之道"。引文本意与《大学》引文之意是有着较大差别的，孔颖达从自己所理解的角度，对这样的引文都——做出了详细的交待。

"《康诰》曰克明德"者，此一经广明意诚则能明己之德。……此记之意，言周公戒康叔以自明其德，与《尚书》异也。
"《帝典》曰克明峻德"者，《帝典》，谓《尧典》之篇。……皆是人君自明其德也，故云"皆自明也"。②

孔颖达认为，这一段经文是说广明诚意就能够彰明自己的德。《大学》所引《康诰》之意与《康诰》原意是不同的。引《康诰》的意思是说，周公告诫康叔要自明其德，而《康诰》原文的意思是说告诫康叔能够明用有德之人，一个是自明其德，一个是明用有德之人，这两方面的意思截然不同。

《帝典》原意是说要能够明用有贤俊之德的人，而这篇记的意思是说尧能够自己彰明自己的大德，与其原意也是截然不同的。这段经文所说的《康诰》、《大甲》、《帝典》等文章，都是人君自己彰明自己之德，因此说"皆自明也"。

"《诗》云邦畿千里，惟民所止"此一经广明诚意之事，言诚意在于所止，……此记断章，喻其民人而择所止，言人君贤则来也。③

---

① 孔颖达：《礼记正义》，上海古籍出版社2008年版，第2243页。
② 同上书，第2244页。
③ 同上书，第2245页。

在对这一段作注解时，孔颖达认为，这段经文依然是在讲诚意之事，此段经文是说诚意在于所止，因此上文说"大学之道，在止于至善。"其意思当为诚意在止于至善。这是《诗经·玄鸟》中的一句话，《玄鸟》是《诗经·商颂》中的一篇，是说国都附近千里远的地方，都是殷商民众居住的地方。《大学》在这里断章取义，比喻其人民能选择地方居住，是说一个国家的国君如果很贤能，就会吸引人民来到他所在的国家居住、生活。《大学》突出的是国君之贤，而后民人来之。

二 《大学正义》的优点

虽然自朱熹的《大学章句》刊行之后，孔颖达的《大学正义》不再被当作唯一重要的注疏，但历代的学者也一直没有否认《大学正义》的价值。《大学正义》有许多地方是非常值得称道的，现归纳如下：

（一）考释翔实与引证博瞻

这是孔疏的一大优点。孔疏考释翔实与引证博瞻处，非常多见。其实这一大优点，我们在前面的内容部分已经有了详细的论述，在这里就简单举一个例子来说明下，就不过多阐述了。

比如，孔颖达在对郑注"孟献"至"可也"的疏解。

> "孟献子，鲁大夫仲孙蔑"者，此据《左传》文也……案《书传》，士"饰车骈马"。《诗》云"四牡騑騑"……《左传》云"大夫命妇，丧浴用冰。"《丧大记》注云："士不用冰"……故《士丧礼》赐冰则"夷槃可也"，……故《论语》云"百乘之家"，郑云"采地一同之广轮"是也。[①]

在这一段短短的疏解中，孔颖达详细考证了郑玄所注解的内容。分别引用《春秋左氏传》、《尚书大传》、《诗经》、《论语》、《礼记·丧大记》进行疏解，可谓是引经据典、博通经史。此例最能证明孔颖达疏解《大学》之考释翔实与引证博瞻。

---

① 孔颖达：《礼记正义》，上海古籍出版社2008年版，第2266页。

（二）考证经文引用不合原意之处

古人写文章说理，经常根据己意引用经典，断章取义而不顾原文整体。《大学》引《诗经》与《尚书》即多为断章取义法，孔颖达的疏解都为之训释。

孔颖达考证《大学》经文引用不合原意之处总共有七处，有三处是《尚书》，四处是《诗经》，下面笔者举两个例子来说明。

孔颖达注解"《康诰》曰'克明德'"、"《帝典》曰'克明峻德'"这两段。

> "《康诰》曰克明德"者，此一经广明意诚则能明己之德。……此记之意，言周公戒康叔以自明其德，与《尚书》异也。
>
> "《帝典》曰克明峻德"者，《帝典》，谓《尧典》之篇。……皆是人君自明其德也，故云"皆自明也"。①

孔颖达认为，第一段经文是说广明诚意就能够彰明自己的德。引《康诰》之意与《康诰》原意是不同的。引《康诰》的意思，是说周公告诫康叔要自明其德，而《康诰》原文的意思是说告诫康叔能够明用"有德之人"，这两方面的意思截然不同。这个例子在前文中已经提到过了，此不赘言。

第二段经文是说，《帝典》原意是说要能够明用有贤俊之德的人，而这篇记的意思是说尧能够自己彰明自己的大德，与其原意也是截然不同的。这段经文所说的《康诰》、《大甲》、《帝典》等文章，都是人君自己彰明自己之德，因此说"皆自明也"。"人君自明其德"，孔颖达也认为，能够自己彰明自己之德的人，主要是指人君。

以上两个例子是孔颖达认为《大学》引用经典不合原意的代表，此外还有五处，此不赘言。

（三）善于深入阐发义理

孔颖达在《大学正义》中有大量阐发义理的疏解。很多疏解在今天看来的确有其独到之处，对于我们理解《大学》原意及相关重要概念有

---

① 孔颖达：《礼记正义》，上海古籍出版社2008年版，第2244页。

巨大帮助。比如我们下面提到的孔颖达对"致知在格物"这一重要概念的疏解，就为我们提供了一个非常好的视角来看待这个问题。需要说明的是，孔颖达此段的疏解是在郑玄《大学注》的基础上进行的，对于郑玄的注解有所承袭，同时又有进一步的深入阐发。

比如孔颖达注解"致知在格物"这一段。

> "致知在格物"者，言若能学习，招致所知，格，来也。已有所知，则能在于来物。
>
> 若知善深则来善物，知恶深则来恶物。言善事随人行善而来应之，恶事随人行恶亦来应之。言善恶之来，缘人所好也。①

孔颖达认为，这段经文是阐明在最初的时候凭借收罗自己所知道的事情，渐渐积累由小变大乃至"明德"。前一段经文是从盛大到最初、本原，这一段经文是从最初到盛大，上下经文相互交结。孔颖达认为，"致知在格物"者是说比如能通过学习收罗自己所知道的事情。孔颖达在这里强调了"学习"，即通过学习来收罗自己所知道的事情。自己有所知道的事情，那么就能够决定将要发生、来到的事。也就是说自己的"知"将决定未来所发生的一切事情，这就是"知"的重要性，也是"致知"的重要性。

孔颖达将"格"字训解为"来"之意，将"物"字训解为"事"之意，如此一来"格物"的意思就变成了"来物"，而"来"的意思则包含"发生"、"来到"之意，由此来看，"来物"之意主要是说"将要发生、将要来到的事"。而孔颖达将"在"理解为"在于"，而"在于"则有"决定于"之意，主要是表明事物的关键所在。如果理解为"决定于"，那么后面的话就应理解为：人如果知道善的程度深，那么就会来善的事情；如果知道恶的程度深，那么就会来恶的事。接着孔颖达就从知善深与知恶深转到了行善与行恶，按照孔颖达的理解，知善深则必然行善，知恶深则必行恶。其实知善与行善、知恶与行恶是没有必然的联系的。但是孔颖达就认为这两者之间是一个顺其自然的过程。与此同时，当人行善

---

① 孔颖达：《礼记正义》，上海古籍出版社2008年版，第2241页。

之时，那些善事也会对你的行善作出回应；当人行恶之时，那些恶事也会对你的行恶作出回应。其实是在说，善恶之事的到来都是源自于人自己的所好而来的，好善则来善事，好恶则来恶事。其实，孔颖达重点强调的是"知"，"知"分"知善深"与"知恶深"且会直接导致人会行善还是行恶。

"致知在格物"在孔颖达的理解当中是说，自己的"知"将决定未来发生在你身上的事情，自己的知是通过学习所获得，强调学习的重要性。这才是孔颖达所理解的"致知在格物"，这哪是强调"格物"的重要性，分明是在强调"致知"的重要性，也就是通过学习收罗自己的所知，分明是在强调"学习"的重要性。可以说，这是孔颖达"致知在格物"自己独特的理解。

（四）谨慎的疏解态度

孔颖达疏解经注，强调言之有据，因此他对于一些不通的地方，或者跟自己的理解不一致的地方不作强解。孔疏虽号称《正义》，实际上却保存了大量的异义与疑义。孔颖达一般不会轻易下裁断，所以保存疑义之处很常见，常以"义或然也"、"恐非也"、"恐为"等词言之。这样，既体现了《大学正义》修撰时谨慎的学术著述态度，也有保存文献之功。

比如，孔颖达对于"諟，忘也"一段的注解。

> "諟，忘也"，《释训》文也。云"道，犹言也"，谓经中"道盛德至善"，恐为"道德"之道，故云"道，犹言也"。云"恂，字或作'峻'，读如'严峻'之峻"者，以经之"恂"字，他本或作"峻"字，故读为"严峻"之峻。[1]

孔颖达认为，"諟，忘也"，这是《尔雅·释训》之文。说"道，犹言也"，是说经文中"道盛德至善"，恐怕应该是"道德"之道，因此说"道，犹言也"。说"恂，字或作峻，读如严峻之峻"，经文中的"恂"字，他本或作"峻"字，因此读为严峻的"峻"。

---

[1] 孔颖达：《礼记正义》，上海古籍出版社2008年版，第2244页。

（五）疏解文字平易晓畅

孔颖达疏解《大学》所用语言平易晓畅，文字十分朴实质美。近代学者黄侃在自己的《黄侃论学杂著》中就发表过类似的评价，黄侃认为孔疏用词"采撼旧文，词富理博"。[①] 孔颖达的疏语言生动形象，同时平易晓畅。《大学正义》已成书一千三百多年了，现在读来，仍感觉平易晓畅而少有艰涩之感。

比如孔颖达对于"壹是皆以修身为本"一句的注解。

> "壹是皆以修身为本"者，言上从天子，下至庶人，贵贱虽异，所行此者，专一以修身为本。上言诚意、正心、齐家、治国，今此独云"修身为本"者，细别虽异，其大略皆是修身也。[②]

孔颖达认为，从最上面的天子，到最下面的庶人百姓，身份地位贵贱虽然不同，所践行的这件事情都是专一的、同一的、相同的，都是以修身作为根本。上面几句经文主要说诚意、正心、齐家、治国，这一段单独说修身为本，仔细辨别它们的区别虽然有差异，但它们整体上都是修身。在孔颖达的观念之中，修身可以包括诚意、正心、齐家、治国以及修身本身。这段疏解的文字非常简单，使人一读就懂，如果与后世的《大学》注解相对比，很容易就能看出它们之间的差别所在。

再比如，孔颖达对于"本乱"与"末治"两字的注解。

> 本乱，谓身不修也。末治，谓国家治也。言己身既不修，而望家国治者否矣。[③]

孔颖达认为，"本乱"是指身不修；"末治"是指国家治理。说自己的身既然不修，却希望家族、国家能够得到很好的治理，没有这样的事情。在此，突出了"修身"为本的重要性。在这句话中，孔颖达将"本"

---

① 黄侃：《黄侃论学杂著》，上海古籍出版社1980年版，第450页。
② 孔颖达：《礼记正义》，上海古籍出版社2008年版，第2241页。
③ 同上。

注解为"身",将"末"注解为"国与家",这是非常明确的,也能让读者一目了然。

三 《大学正义》的瑕疵

正如前面所论述的,孔颖达《大学正义》的优点存在于多个方面。同时,《大学正义》属于《礼记正义》中的一篇,《礼记正义》也有些不足之处,考其原因,皮锡瑞在其著作《经学历史》中说:"议孔疏之失者,曰彼此互异,曰曲徇注文,曰杂引谶纬……"①,皮锡瑞已经说得很详细了,笔者在此就不再赘言。下面笔者仅从两个方面对于孔颖达《大学正义》的瑕疵作一说明。

(一) 疏解不当之处

从整体上来看,孔颖达对《大学》原文的疏解还是非常符合《大学》原意的。但是,孔颖达在对具体经文或引文进行疏解之时,仍然会有一些不合适的地方。笔者认为,孔颖达《大学正义》不合原意的地方至少有三处,下面举例说明之。

第一处,比如孔颖达对"《诗》云'缗蛮荒鸟,止于丘隅'"一段的注解。

> "《诗》云'缗蛮荒鸟,止于丘隅'"者,此《诗·小雅·缗蛮》之篇,刺幽王之诗。
> 言缗蛮然微小之黄鸟,止在于岑蔚丘隅之处,得其所止。以言微小之臣依托大臣,亦得其所也。②

孔颖达认为,此处所引之《诗》是讽刺周幽王之诗。是说叫着的微小的黄鸟,栖息在草木茂盛的山丘上,得到了它所居住的地方,这是说微小的小臣要依托大臣而存在,这也是得到了小臣所居住的地方。讽刺周幽王跟微小之臣依托大臣没有什么相关的联系。故此,笔者认为,孔颖达这么解释显得有些不合原意,这明显是在解释止于至善。鸟所当止的是林

---

① 皮锡瑞著,周予同注释:《经学历史》,中华书局1959年版,第201—202页。
② 孔颖达:《礼记正义》,上海古籍出版社2008年版,第2245页。

木，人所当止的是至善。跟微小臣之臣依托大臣真的是没有什么关系。

第二处，比如孔颖达对"其为父子兄弟足法，而后民法之也"一句的注解。

> "其为父子兄弟足法，而后民法之也"者，此谓治国在齐其家。谓其修德于家，在室家之内使父子兄弟足可方法，而后民皆法之也。是先齐其家而后能治其国也。①

孔颖达认为，这是说人君修身在家，在家族之内，使父子、兄弟完全可以效法，然后民众都可以效法他。这是先要治其家，然后才能治理其国。

孔颖达对这句话的注解是值得商榷的。《诗》"宜兄宜弟"本义是说武王适合做兄长，也适合做弟弟。孔颖达则认为是武王对待兄弟们比较合宜；"其为父子兄弟足法，而后民法之也"，人君被父子、兄弟都可以效法，然后民众也效法他。

笔者认为，人君作为父子兄弟都可以效法，然后民众可以效法他，会不会更好一些呢？作为人君，在家族之内很可能是父子兄弟中的一个位置，如果每一个位置他都做得非常好，那么自然而然会将自己的家族治理好，然后民众效法他，从而国家得到良好的治理。笔者认为，这样解释可能会更加合理。

第三处，比如孔颖达对"《诗》云'节彼南山'"一句的注释。

> "《诗》云'节彼南山'"者，上经说恕己待民，此经明己须戒慎也。"《诗》云'节彼南山，维石岩岩'"，此《小雅·节南山》之篇，刺幽王之诗。言幽王所任大臣非其贤人也。节然高峻者是彼南山，维积累其石，岩岩然高大。喻幽王大臣师尹之尊严。②

《诗》"节彼南山"，上段经文说"恕己待民"，这段经文主要说明自

---

① 孔颖达：《礼记正义》，上海古籍出版社2008年版，第2258页。
② 同上书，第2260页。

己必须要警惕谨慎。这两句话是来自《诗·小雅·节南山》之篇,是讽刺周幽王的诗。这是说周幽王所任用的大臣,不是有贤德的人。节然高峻,是说那终南山,止于积累那些石头,岩石非常高大,这是比喻幽王大臣师尹的庄重、肃穆。对于孔颖达这段的疏解,笔者感觉有些模糊,浑然摸不清孔颖达此处注解用意何在。

(二)未疏解《大学》文本之处

从整体上来看,孔颖达基本上是逐句疏解《大学》文本原文的,但这并不能说明孔颖达的疏解没有遗漏的句子。事实证明,孔颖达的确是有几处遗漏的句子未作疏解。笔者认为,这几处句子还是非常重要的,孔颖达未对其进行疏解是一件非常令人遗憾的事情。笔者就举三处地方说明之。

比如,《大学》文本中"以孝事君,以弟事长,以慈使众",孔颖达没有对其进行疏解。

> 孝者,所以事君也;弟者,所以事长也;慈者,所以使众也。①
> 上老老而民兴孝,上长长而民兴弟。②

对于第一个例子,孔颖达没有对其进行疏解。这显得很不正常,尤其是关于汉唐特别重要的"孝悌慈",竟然一个字也未进行疏解。而对第二个例子中的"孝悌",孔颖达也是一个字都没有注解,与例子一中的"孝悌慈"一样,孔颖达也没有作任何的注解。由此可以看出,孔颖达对《大学》篇中的"孝悌"观念很不重视,但为什么孔颖达对孝悌不重视呢?孔颖达在对《大学》的疏解之时明确提到过"'是故君子有大道',大道,谓所由行孝悌仁义之大道也",③但却对前面两次出现的"孝悌"视而不见,原因何在?笔者认为,这跟孔颖达所理解的《大学》宗旨有一定的关系,至少在《大学》篇中,"孝悌"的观念是不重要的,也不应该是《大学》阐述的重点。但孔颖达只字未注,仍然是一个非常大的

---

① 孔颖达:《礼记正义》,上海古籍出版社2008年版,第2250页。
② 同上书,第2251页。
③ 同上书,第2264页。

遗憾。

还有一处对孔子之语也未曾疏解，即：

> 子曰："于止，知其所止，可以人而不如鸟乎？"①

鸟所栖息的地方，必然选择安静茂密的小山丘上。这是说鸟的"所止"，也是鸟的"至善"之所在。孔颖达对于这句话后面的"子曰于止知其所止"没有进行疏解，笔者认为这也是一个遗憾，很明显"子曰"这段话是解释"止于至善"的，而在孔颖达的疏解之中，其所引《诗》是为了说明诚意之道。也可能正是由于这个原因，孔颖达对于"子曰于止知其所止"这句话没有进行疏解。

综上所述，孔颖达《大学正义》的内容包括释字、释词、释句、释段、释篇等五个方面。其中，释句是孔颖达疏解《大学》原文最重要的内容。孔颖达对《大学》经文句子所进行的诠解，主要分为三个方面，一是概括句子大意。二是指明《大学》引文出处。三是详细考证《大学》引文。笔者认为，《大学正义》的优缺点也很明显。优点体现在五个方面：考释翔实与引证博瞻、考证经文引用不合原义之处、善于深入阐发义理、谨慎的疏解态度、疏解文字平易晓畅。瑕疵体现在两个方面：一是存在疏解不当之处，二是有未疏解《大学》文本之处。

第三节 《大学正义》之诚意之道

在《大学正义》中，孔颖达对郑玄的集中疏解，从整体篇幅来看，大约不到四分之一。孔颖达的疏解除去"申述郑意"的部分，还有四分之三多，且孔颖达对《大学》整篇的疏解基本是逐句疏解下来的。孔颖达对《大学》的理解有自己独特的看法，孔颖达对于《大学》疏解的重点集中于"诚意之道"。可以说，孔颖达是将"诚意之道"看作是"为政之道"的理论基础。那么，孔颖达为什么将"诚意之道"作为疏解《大学》的重点呢？"诚意之道"的具体内涵又是什么？

---

① 孔颖达：《礼记正义》，上海古籍出版社2008年版，第2239页。

一 "修身"是"大学之道"的根本

《大学》第一句话就提到了"大学之道",然而究竟什么才是"大学之道"?孔颖达说"大学之道"在于"明明德"、"亲民"、"至善"三件事。"积德而行,则近于道也",即"积德而行",那么离道也就不远了。在孔颖达对这句话的整体阐释中,出现了"德"与"道"两个字。孔颖达对于"大学之道"的诠释也是着眼于中国儒家传统中的"道"与"德"观念。"积德"一般理解为"积累仁政或善行",那么这句话就可以解释为"积累仁政或善行而行动,那么离道也就不远了。"那么,"大学之道",就可以理解为"积累仁政或善行而行动,那就接近于大学之道了。"

那么,孔颖达在《大学正义》中是怎么集中阐释"德"与"道"的呢?

孔颖达认为,"大学之道",取决于三个"在于"。首先在于彰明自己的光明之德,其次在于对民众亲近爱护,再次在停止处于至善之行。积累仁政或善行而行动,其德、其政都处于至极美善之境界,那么离"大学之道"也就不远了。综合孔颖达的篇题疏解与"在明明德,在亲民,在止于至善"的阐释,孔颖达所疏解的"大学之道"其核心仍然是集中在两个方面,一方面是个人的"德",也就是我们现在所理解的"道德品质"之"德";另一方面是为政者的"仁政之德"。个人彰显自己之光明之德、为政者之亲爱于民之"仁政之德"都处于至极美善之境界,这就是"大学之道"。

无论是彰显个人之光明之德,还是为政者之亲爱于民的"仁政之德"都离不开"身"的修养。所以,孔颖达提出"修身"是"大学之道"的根本。

> "壹是皆以修身为本"者,言上从天子,下至庶人,贵贱虽异,所行此者专一,以修身为本。上言诚意、正心、齐家、治国,今此独云"修身为本"者,细别虽异,其大略皆是修身也。①

---

① 孔颖达:《礼记正义》,上海古籍出版社 2008 年版,第 2241 页。

孔颖达认为，从国家统治最顶层的天子，到国家统治最底层的庶人百姓，身份地位贵贱虽然不同，但所要践行的这件事情都是专一的、同一的、相同的，都是以"修身"作为根本。上面几节经文主要说诚意、正心、齐家、治国，而这一段经文单独阐述"修身为本"，仔细辨别它们之间的区别虽然有所差异，但从整体上来说却都是在讲"修身"这一件事情。在孔颖达的理解中，"修身"可以包括"诚意"、"正心"、"齐家"、"治国"以及"修身"本身。因此，我们可以认为，在孔颖达对于《大学》的理解中，贯穿明明德、亲民与至善三者的核心就是"修身"。

需要指出的是，孔颖达对于"在亲民"这三个字的疏解只有一句话"在于亲爱于民"，除此之外，再无明确疏解"在亲民"的句子。但是，结合孔颖达后面对于齐家、治国、平天下的疏解，这三方面其实都是从人君"为政"的角度来阐释"亲爱于民"的事情。试看，这齐家、治国、平天下哪一方面能离开"亲爱于民"？哪一方面都是在讲如何"亲爱于民"！不能因为孔颖达不再明确提出哪些是讲"亲爱于民"就忽略了"在亲民"在孔颖达实际疏解中的重要地位。

综上所述，在孔颖达的疏解之中，"诚意"、"正心"是"修身"在"个人之德"方面的集中表现，而"齐家"、"治国"、"平天下"是为政者"修身"在"仁政之德"方面的集中表现。"修身"的确是"大学之道"的根本，但它在"德"与"政"方面是各有所侧重的。孔颖达对"德"方面的阐释最主要集中在"诚意之道"上，对"政"方面的阐释最主要集中在统治者"为政之道"的角度上。限于篇幅的原因，本节将重点阐释孔颖达《大学正义》中的"诚意之道"。

二　诚意之道

前文提到，在孔颖达的理解中，"修身"是"大学之道"的核心，也是贯穿明明德、亲民与至善的核心。同时，孔颖达认为"修身"也是有其核心的，其核心就是"诚意"。

"修身"在彰明自己的光明之德方面，最核心的要求就是"积德"，"积德"而行，就要求"格物致知"、"诚意正心"。孔颖达认为："修身之本，必在正心。若心之不正，身亦不修。若心之不在，视听与食，不觉知也。是心为身本，修身必在于正心也。"① 而"心"则包括虑、情、意等等。尤其是"意"之好恶又成为"心"之关键所在。所以，"诚意"也就变成了"正心"之关键所在，而"修身"的根本又在"正心"，所以，"诚意"就变成了"修身"、"积德"的关键所在，由此孔颖达对"诚意之道"的疏解就体现出非同一般的重视。

> "此谓知本"者，此从上所谓"诚意"，以下言此"大畏民志"。以上皆是"诚意"之事，意为行本，既精诚其意，是晓知其本，故云"此谓知本"也。②

"此谓知本"者，此，即上面所说的"诚意"，以上的经文都是说"诚意"的事情，"意"是"行"的根本，既然能够精诚其意念，这是知晓了一个人行为的根本，因此说"诚意是知道了根本"。

在孔颖达的疏解中，"诚意之道"这件事有一个完整的理论内涵，包括名义、过程、表现、根本、与明明德、至善之间的关系以及自诚己意与使民诚意等三个方面。由于孔颖达对《大学》原文的疏解基本是按照"随文疏解"的形式下来的，所以其对于"诚意之道"所包涵的具体内容就显得比较凌乱一些，但依然能够看出"诚意之道"是一个比较完整的理论，是孔颖达疏解《大学》一个非常重要的维度。

（一）诚意之名义

"诚意之道"作为一个比较系统的理论，当然最重要的便是对"诚意"二字名义的理解。孔颖达对于"诚意"的名义是有明确解释的。这种解释是建立在其对"心"、"意"、"情"等方面的诠释之上。

孔颖达对《大学》文本中"心"的解释是"总包万虑才能被称为心"。在孔颖达的阐释中，"心"最重要的作用是思虑千千万万的事情，而不是作为器官的"心脏"。对"意"的解释是"情所意念才能称之为意"，情所在的意念才是"意"，"意"是与"情"联系在一起的。可以说，"心"的范围包括思虑千千万万的事情，而这些事情可能会有"情"

---

① 孔颖达：《礼记正义》，上海古籍出版社2008年版，第2255—2256页。
② 同上书，第2255页。

在里面，也可能没有"情"在里面。而"心"则包括"意"，"心"之范围要远大于"意"之范围。孔颖达在诠释中提到"以静故情性安和也"，此"情"当与"情所意念"之"情"含义相同。如果想要端正自己的心，使心没有倾斜、邪恶，必须首先要能"至诚"，要能"至诚"的关键在于"意念"。如果能够诚实自己的"意"，即诚实自己的"情所意念"，那么"心"就不会倾斜、邪恶了。孔颖达对"诚其意"的解释是诚实自己的"情所意念"。在这里，"意"是有所特指，特指"情所意念"，"情"就显得特别重要了，因为涉及到"情"就涉及到了人的"好恶"、"亲爱"、"哀矜"、"敖惰"，这就复杂了。不可否认的是，"情"是阐释孔颖达"诚其意"的重要所在之一。

综上所述，"诚意"就是要"精诚自己的情所意念"，这就是孔颖达对"诚意"名义的基本解释。那怎样才能做到"精诚自己的情所意念"呢？

（二）诚意之过程

"诚意"之事的完成需要一个完整的过程。可以说，孔颖达所疏解的"诚意"之过程是其"诚意之道"中的关键一步。而"诚意"的第一步就是要"致其知"。

> "欲诚其意者，先致其知"者，言欲精诚其己意，先须招致其所知之事，言初始必须学习，然后乃能有所知晓其成败，故云"先致其知"也。①

如果想要"精诚"自己的"情所意念"，首先必须招致自己所知道的事情，"招致"有"招来""招收""收罗""招而使至"的意思。即可以理解为，首先必须收罗自己所知道的事情。这就是说，在最初开始的时候必须要学习，之后才能有所洞悉收罗来的、自己所知道的事情的成败之所在，因此说"先致其知"。简而言之，"致其知"就是收罗自己所知道的事情。但事实上却包含三个小的步骤。第一，学者一开始就要学习周边的事情。第二，通过学习知道事情成功与失败的原因。第三，将自己通过学

---

① 孔颖达：《礼记正义》，上海古籍出版社2008年版，第2241页。

习知道的事情成败的原因收罗在一起,以此获得相关的知识。如此"致其知"才算真正的完成,即从"致其知"到"致知"的完成。

> "致知在格物",此经明初以致知,积渐而大至明德。前经从盛以本初,此经从初以至盛,上下相结也。"致知在格物"者,言若能学习招致所知。格,来也。已有所知,则能在于来物。若知善深则来善物,知恶深则来恶物。言善事随人行善而来应之,恶事随人行恶亦来应之。言善恶之来缘人所好也。①

"致知在格物"这一段经文,是在说明在最初的时候通过收罗自己所知道的事情成败的原因,渐渐积累(学问)变大以至于到达"明德"之境。前面一段经文是从盛大以到本初,这一段经文则是从本初以到盛大,上下经文相互结交。前面一段经文指的是从"明明德于天下"这样盛大的事情到"致其知"这样本源最初的事情。这一段经文则是从"致知"这样本源最初的事情以到达"明明德于天下"这样盛大的事情,这是上下两段经文在相互结交。"致知在格物"这一句话,是说如果能够学习收罗自己所知道的事情成败的原因。

在这里,要区分一下"致其知"与"致知"的差别:"致其知"是指在最开始的时候要学习,然后才能知晓事物成败的原因,强调的是通过学习获得知识。而"致知"则是强调已经通过学习得到了知识,也就是说已经获得了相关的知识。一个是未获得知识之前学习的过程,另一个是已经通过学习获得了知识,这样一个结果。

孔颖达训"格"为"来",训"物"为"事",那么"格物"就变成了"来物","来"有"发生"、"来到"之意,那么"来物"就是指"发生、来到的事"。孔颖达对"在"的解释为"在于",而"在于"一般有两种解释,一种是"正是";一种是取决于、决定于的意思。这两者都是在强调事物的重点所在。致知肯定不能等于格物,因此第一种解释显然不合适。那就只能理解为取决于、决定于的意思了。

如果理解为"决定于",那么"致知在格物"就应理解为:自己已经

---

① 孔颖达:《礼记正义》,上海古籍出版社 2008 年版,第 2241 页。

有了所掌握的知识（知识即指自己所知道的事情成败的原因，用孔颖达的注疏来说就是"知晓其成败"），那么就能够决定于所来之物。在这里，孔颖达将"知晓事情的成败"转换为知晓事物的善恶。因此，孔颖达进一步解释说，如果知晓事物善的程度高，那么就会吸引来善的事物；如果知晓事物恶的程度高，那么就会吸引来恶的事物。这是说善的事物随着一个人做善良的事而来应和他，恶的事物随着一个人做邪恶的事也来应和他。这是说善恶之事的到来缘于个人的喜好。

在这段的注解中，孔颖达明显是在申述郑玄的说法，认为善恶之事的到来都是缘人所喜好。郑玄是这样注解的："致知在格物。——其知于善深则来善物，其知于恶深则来恶物，言事缘人所好来也。"在此基础上，孔颖达进一步阐释善事、恶事到底是怎么来的，是缘于人所喜好。若一个人好善，那就自然会行善，人行善那么就会来善事；若一个人好恶，那就自然会行恶，人行恶那么就会来恶事。而人为什么要行善与行恶？正如笔者前面所说，孔颖达认为"善恶之来缘于人所好"，是缘自于人的好恶，也可以说是缘自人本身的"情所意念"即"意"之所在。

> "物格而后知至"者，物既来，则知其善恶所至。善事来，则知其至于善；若恶事来，则知其至于恶。既能知至，则行善不行恶也。[①]

孔颖达对"物格而后知至"的理解是，事情已经来到你身边的时候，你就知道这件事情是向善还是向恶了，也就是说来到你身边的事情是"善"的事情还是"恶"的事情。如果是善的事情来，那么就知道自己的"知"是至于善了；如果是恶的事情来，那么就知道自己的"知"是至于恶了。既然能够知道自己的"知"所到达之处是善还是恶，那么就要主动行善而不去行恶了。人本身的"情所意念"即"意"之所在，是有善有恶的，而通过来到自己身边的事情的善恶就能够判断自己的"知"是善还是恶。是善，那就继续行善，继续保持；如果是恶，那就要主动改正，即行善而不行恶。

[①] 孔颖达：《礼记正义》，上海古籍出版社 2008 年版，第 2241 页。

> "知至而后意诚",既能知至,则意念精诚也。①

既然能够知道自己的"知"所到达之处,究竟是善还是恶,那么就会主动行善而不行恶,那么自己的意念就会精诚。为什么"知至"就能意念精诚呢?在这里,孔颖达将"意"理解为"意念","诚"理解为"精诚"。前文提到,孔颖达认为"情所意念谓之意",那么这里的"意念"就可以理解为"情所意念"。人本身的"情所意念"即"意"之所在,是有善有恶的,而通过来到自己身边的事情的善恶就能够判断自己的"知"是善还是恶。是善,那就继续行善,继续保持;如果是恶,那就要主动改正,即行善而不行恶。即,既然能够知道自己所"知"至之地是善还是恶,那么自己的"情所意念"就会"精诚"。这就是孔颖达所理解的"诚意"之过程。

综上所述,"诚意"之过程实际包含三个步骤,第一步是要"致其知",这强调的是通过学习获得知识,这种知识既包括事物成败的原因,同时也包括事物的善恶。在这一步中,孔颖达重点强调了"学习"的重要性。第二步是"知善恶",这强调的是通过来到自己身边的事情的善恶就能够判断自己的"知"是至于善还是至于恶。第三步是"行善不行恶",这强调的是对有善有恶的意念的纠正,即"诚意"最终的实现,同时也是在为"心正"、"身修"的实现作准备。

(三)"诚意"之根本

孔颖达认为,"诚意"的根本首先必须要"慎其独"。

> "所谓诚其意"者,自此以下,至"此谓知本",广明诚意之事。此一节明诚意之本,先须慎其独也。②

从这段经文开始,主要是广泛阐明"诚意"这一件事。这一节主要是阐明"诚意"的根本首先必须要"慎其独"。但孔颖达对于"慎其独"并没有给出明确的解释。笔者认为,"慎其独"的内涵就是要"诚实",

---

① 孔颖达:《礼记正义》,上海古籍出版社 2008 年版,第 2241 页。
② 同上书,第 2242 页。

尤其是要自己对待自己要诚实,自己不要欺骗自己。

"毋自欺也",言欲精诚其意,无自欺诳于身,言于身必须诚意也。

"如恶恶臭"者,谓臭秽之气,谓见此恶事人嫌恶之,如人嫌臭秽之气心实嫌之,口不可道矣。

"如好好色"者,谓见此善事而爱好之,如以人好色,心实好之,口不可道矣。言诚其意者,见彼好事、恶事,当须实好、恶之,不言而自见,不可外貌诈作好、恶,而内心实不好、恶也。皆须诚实矣。①

想要精诚自己的"意",就不要用蛊惑人心的言辞,欺骗迷惑自己。就是说对于自己的"身"必须要"诚意","诚其意"至少有一部分是对自己的"身"而言的。见到这样的恶事,人们嫌弃厌恶它,就像人们嫌弃臭秽之气一样,内心实在是嫌弃它,但嘴上却不可以说出来。见到这样的善事,人们爱好、喜欢它,就像人爱好美色,内心实际上非常爱好、喜欢它,但是嘴上却不可以说出来。精诚自己意念的人,见到这样的好事、恶事,应当真实的喜好、厌恶它,自己不说出来但却表现出来了,不可以表面上欺诈表现出喜好、厌恶它,但是内心实际上却不爱好、厌恶它。无论是喜好它,还是厌恶它,都必须诚实才可以。在孔颖达的阐释中,好事与善事是可以通用的,表达的意思一样。

(四)诚意之表现

"诚意之道"能够通过"德"表现出来。孔颖达通过疏解卫武公、文王、武王的美德来表现"诚意之道"。

"《诗》云'瞻彼淇澳'",这一段经文是广泛阐明"诚意"之事的,因此引用《诗经》来说学问自新、颜色威仪的事情,由此来证明"诚意之道"。②

---

① 孔颖达:《礼记正义》,上海古籍出版社 2008 年版,第 2242 页。
② 同上书,第 2243 页。

这篇《诗·卫风·淇澳》的主题是卫国人赞美卫武公之德的。看那淇水弯曲的地方，生长着王刍和萹竹两种植物，美丽而且茂盛，是因为有淇水浸泡滋润的缘故。环视卫国朝廷之内，在朝廷上有卫武公之身，且道德茂盛，有卫国第一代开国明君卫康叔的风范。引用《诗经》来说明卫武公学问自新、容貌威武严肃这件事情，以此来证明"诚意之道"。在孔颖达的疏解中，"诚意"已经变成了修身的一种"道"，具有普遍的指导意思。"诚意"也就成为孔颖达疏解的重点。

孔颖达认为这是赞许、颂扬卫武公"诚意"之后的美德的。这一段《诗经》的引用可谓十分重要，它重点突出了两点，作为一个有斐然文章、能自诚己意的君子必须要有两方面的表现：第一，要不断学习，学问要不断更新；第二，性行要宽大，容貌要威武严肃。

孔颖达认为，正是由于文王、武王能够"诚意"以至盛德至极美善，人们才会爱念他，始终不能忘他。

> "《诗》云'於戏，前王不忘'"者，此一经广明诚意之事。此《周讼·烈文》之篇也，美武王之诗。於戏，犹言呜呼矣。以文王、武王意诚于天下，故诗人叹美之云：此前世之王，其德不可忘也。
>
> "小人乐其乐而利其利"者，言后世卑贱小人，美此前王能爱乐其所乐，谓民之所乐者，前王亦爱乐之。"利其利"者，能利益其人之所利，民为利者，前王亦利益之。言前王施为政教，下顺人情，不夺人之所乐、所利之事，故云"小人乐其乐而利其利"也。
>
> "此以没世不忘也"，由前王意能精诚，垂于后世，故君子小人皆所美念。以此之故，终没于世，其德不忘也。①

孔颖达认为，"於戏，前王不忘"这段引文是赞美武王之德的诗歌。就是因为文王、武王之"情所意念"能够精诚于天下，所以诗人才赞美说前世的文王、武王，他们的"德"是不可以忘记的。后世卑贱的小人们，赞美这个前世之王能爱乐民之所乐，民之所乐的，前王也爱乐它；能利益民之所利，民之所利的，前王也利益它。前王所施行的政教，都是顺

---

① 孔颖达：《礼记正义》，上海古籍出版社2008年版，第2244页。

应着下面民众的人情，不会随便夺取民众所乐、所利之事，因此《大学》文本中才会说"小人乐其乐而利其利"。在这里，孔颖达提到了"前王施为政教"，可以看出其"政教"主要是为"小人"所准备的，也就是指广大的民众。前世之王意念能够精诚，由此而施行的政教能够流传于后世，因此，君子、小人都赞美他、怀念他。正是由于前王所施为的顺人情之政教深得民心，虽然前王最终消失在这个世界上，但是前王之"德"，还一直被广大的民众念念不忘。

综上所述，笔者认为，"诚意之道"最重要的表现是在"德"上。孔颖达认为卫武公、周文王、周武王首先是一个有"德"之人，他们的"德"是最最重要的。也是一个人"诚意"所能够表现出来的东西。同时，这些前王都是有其"君王"地位存在的，他们有"德"自然而然会影响到他们的"政教"之中，所以也会表现出其所行"政教"为"仁德之政"，能够让君子、小人各得其所。此处"诚意之道"的表现就涉及到了孔颖达在后面重点论述的"治国之道"，或者叫"为政之道"，其实人君的"治国之道"正是"诚意之道"由内到外、由本到末的一种自然而然的表现。可以说，孔颖达所疏解的《大学正义》主要包含两个维度，第一个是本节重点阐述的"诚意之道"，另外一个维度就是从郑玄《大学注》所延续下来的人君"为政之道"。

三　诚意与明明德、止于至善

（一）诚意与明明德

既然孔颖达认为"诚意之道"是一个完整的理论，那么它跟"大学之道"中的"明明德"之间又是什么关系呢？孔颖达给出的结论是：明明德必先诚其意。只有先"诚意"之后才能明己之德，在此基础上通过苟日新、日日新、又日新来精诚其意，修德无已。

在孔颖达的理解中，"明明德"的实现必须首先要"诚其意"，因为诚意能够彰明自己的明德。孔疏曰："明明德必先诚其意，此经诚意之章，由初诚意也，故人先能明己之明德也。"正如笔者前面所提到的一样，"诚意"最重要的表现是能够体现出"德"，"明明德"的过程就是体现"德"的过程。只有通过苟日新、日日新、又日新来精诚其"情所意念"以达到明己之德的境界。

"《康诰》曰'克明德'"者，此一经广明意诚则能明己之德。周公封康叔而作《康诰》，戒康叔能明用有德。此记之意，言周公戒康叔以自明其德，与《尚书》异也。

"《大甲》曰'顾諟天之明命'"者，顾，念也。諟，正也。伊尹戒大甲云：尔为君，当顾念奉正天之显明之命，不邪辟也。①

这一段经文是广明诚意就能够彰明自己的德。《大学》文本引《康诰》之意与《尚书·康诰》原意是不同的。《大学》文本引《康诰》的意思是说，周公告诫康叔要能自明其德，而《康诰》原文的意思是说周公告诫康叔能够明用"有德"之人，这两者的出发点就已经不同，其意思自然是截然不同。

"《帝典》曰'克明峻德'"者，《帝典》，谓《尧典》之篇。峻，大也。《尚书》之意，言尧能明用贤峻之德，此《记》之意，言尧能自明大德也。"皆自明也"，此经所云《康诰》、《大甲》、《帝典》等之文，皆是人君自明其德也，故云"皆自明也"。②

《尚书·帝典》篇的原意是说尧能够明用有贤峻之德的人，而《大学》文本的意思是说尧能够自己彰明自己的大德，与其原意也是截然不同的。《大学》文本中这段经文所说的《康诰》、《大甲》、《帝典》等文章，都是指人君自己彰明自己之德，因此《大学》文本中说"皆自明也"。"人君自明其德"，孔颖达也认为能够自己彰明自己之德的人，主要是指人君。这也从一个侧面反映了，郑玄从"为政"角度阐释《大学》文本是正确的。也正是基于此，孔颖达后面阐释《大学》文本的重点就落在了人君"为政之道"上。

孔颖达以上两段疏解，都是在说"诚意"能明己之德。但明己之德也不是一件容易实现的事情，还需要不断地努力，在事实上存在一个渐渐积累的过程。接下来，孔颖达通过疏解"汤之《盘铭》"来精诚其"情所

---

① 孔颖达：《礼记正义》，上海古籍出版社 2008 年版，第 2244 页。
② 同上。

意念"以达到明己之德、修德无已之境地。

> "汤之《盘铭》",此一经广明诚意之事。
> "汤之《盘铭》"者,汤沐浴之盘,而刻铭为戒。必于沐浴之者,戒之甚也。
> "苟日新"者,此《盘铭》辞也。非唯洗沐自新。苟,诚也。诚使道德日益新也。
> "日日新"者,言非唯一日之新,当使日日益新。
> "又日新"者,言非唯日日益新,又须常恒日新,皆是丁宁之辞也。此谓精诚其意,修德无已也。[①]

孔颖达认为,"汤之《盘铭》"这一段经文还是在讲诚意之事。在商汤沐浴之盘上,刻上铭文作为警戒。为什么一定要在沐浴之盘上刻铭文,因为这种警戒是非常严厉、非常重要的缘故。这就是说,"汤之《盘铭》"是特别重要的"戒铭"。这个特别重要的《盘铭》的铭辞是什么呢?是"苟日新",其意思是说不仅仅是通过洗头洗身,使身体变新变清洁,更重要的是"诚使道德日益新也"。"诚使道德日益新也",在这里,孔颖达明确提出了"道德"二字,据此可以断定,"明明德"中的"德"字,在孔颖达的《大学正义》中指的是"道德",这个"道德"更像是我们后世理解的"道德""德行",更加偏重于个人思想品德的修养。但是,这个"德"如果放在人君的角度来说,其体现出来的就不仅仅是"道德",更是一种"仁德之政"在里面。不仅仅是一天之新,当使其道德日日更新。不仅仅是每天都要更新,还必须要长久永恒的更新,这些都是叮咛嘱咐之语。这就是孔颖达所说的"精诚其意,修德无已。"

从孔颖达对"汤之《盘铭》"这段经文的阐释中,可以明确推断出孔颖达所理解的"明明德"之"德"主要是"道德"之"德",这其实是孔颖达诠释《大学正义》一个非常重要的关键点,这就跟《大学》文本本意与郑玄的《大学注》产生了截然不同的理解。《大学》本意的"德"更多的是一种"保民"、"全民"之"德",是更加偏向于政治意义上的

---

① 孔颖达:《礼记正义》,上海古籍出版社2008年版,第2245页。

概念。跟后世所说的"政"的概念更加接近,但是却是用"德"字来表达的。

综上所述,孔颖达认为,"诚意"与"明明德"之间的关系有两个层面。首先,明明德必先诚其意,只有先"诚意"之后才能明己之德。其次,"明明德"是"诚意"在时间和实践上一个慢慢积累的过程。"明明德"作为一个目标,需要一个慢慢实践积累的工夫,"诚意"的工夫就是实现"明明德"的关键所在,一个人必须通过苟日新、日日新、又日新来精诚其意,永不停滞,才有可能最终实现"明明德"。这就是"诚意"与"明明德"之间的关系所在。

(二)诚意与止于至善

孔颖达所理解的"诚意"与"止于至善"的关系,即"诚意"取决于所止,而所止之处即是"至善",这就是说"诚意"取决于"止于至善",即是否"止于至善"是实现"诚意"的关键所在。孔颖达从三个方面对于所止之"至善"进行了注释。第一个方面,君贤则民来居止;第二个方面,小臣依托大臣而存在;第三个方面,文王能敬其所止以自居处。笔者认为,这是孔颖达将"止于至善"放在"诚意"之下进行疏解的表现,至于"止于至善"放在"诚意"之下进行疏解是否符合《大学》文本原意,这个问题不是我们这里探讨的重点,暂且放过。下面就来看下孔颖达是如何理解"诚意"与"止于至善"之间的关系。

"《诗》云'邦畿千里,惟民所止'",此一经广明诚意之事,言诚意在于所止,上云"《大学》之道在于至善。"此《商颂·玄鸟》之篇,言殷之邦畿方千里,唯人所居止。此记断章,喻其民人而择所止,言人君贤则来也。[①]

孔颖达认为,这段经文依然是在讲诚意之事,此段经文是说诚意在于所止,因此上文说"大学之道在于至善。"根据笔者前文对"在于"二字的解释,"在于"应该理解为决定于、取决于之意。其意思当为"诚意"

---

① 孔颖达:《礼记正义》,上海古籍出版社2008年版,第2245页。

取决于"至善"。这两句诗的意思是：殷商的都邑周边方圆千里之内，都是殷商民众生活居住的地方。《大学》文本在这里断章取义，比喻其国民能选择一个地方作为自己生活居住的场所，这是说如果一个国家的国君具有贤能之德，就会吸引人民来到他所在的国家居住、生活。依据孔颖达的阐释，《大学》文本突出的是国君之贤，而后民人来之。

"《诗》云'缗蛮荒鸟，止于丘隅'"者，此《诗·小雅·缗蛮》之篇，刺幽王之诗。言缗蛮然微小之黄鸟，止在于岑蔚丘隅之处，得其所止，以言微小之臣依托大臣，亦得其所也。①

缗蛮，是指鸟儿发出的叫声；丘隅，是指草木茂盛的山丘。叫着的微小的黄鸟，栖息在草木茂盛的山丘上，得到了它所居住的地方，这是说微小的小臣要依托大臣而存在，这也是小臣们得到了自己所居住的地方。孔颖达如此解释显得有些突兀，这明显是在解释止于至善。鸟所当止的是林木，人所当止的是至善。

"《诗》云'穆穆文王，於缉熙敬止'"者，此《大雅·文王》之篇，美文王之诗。缉熙，谓光明也。止，辞也。诗之本意云，文王见此光明之人则恭敬之。此记之意，"於缉熙"，言呜呼！文王之德，缉熙光明，又能敬其所止，以自居处也。②

这是《诗经·大雅·文王》之篇中的一句，是赞美文王的诗。《诗经》的本意是说，文王见到如此光明之人，对这个光明的人十分地恭敬。而《大学》文本的意思却是说，文王之德光明，又能止处于恭敬之处，以此来自居。

这里的三处引《诗》，都是在解释"止于至善"，但是孔颖达认为，这些"止于至善"的解释都是放在"诚意"解释之下的。可以说，能否"止于至善"是"诚意"实现的关键所在。

---

① 孔颖达：《礼记正义》，上海古籍出版社2008年版，第2245页。
② 同上书，第2246页。

四　自诚己意与使民诚意

就"诚意"而言，一般是指"精诚自己的意念"，可以说孔颖达重点强调的是"精诚自己的意念"。但在此基础上，孔颖达还提出了一种新的看法，那就是"诚意"不仅仅是"精诚自己的意念"，还要能做到使"民亦诚意"，这才是真正意义上的"诚意"。

其实，"自诚己意"跟前文所说的"诚意"必先"明己之德"可谓是一个意思，兹不赘言。孔颖达通过对"孔子听讼"一段引文的疏解来诠释其"圣人不惟自诚己意，亦服民使诚意也"的思想。

> "子曰"至"利也"。正义曰：此一经广明诚意之事，言圣人不惟自诚己意，亦服民使诚意也。孔子称断狱，犹如常人无以异也，言吾与常人同也。
>
> "必也使无讼乎"者，必也使无理之人不敢争讼也。"无情者不得尽其辞"者，情，犹实也。言无实情虚诞之人，无道理者，不得尽竭其虚伪之辞也。
>
> "大畏民志"者，大能畏胁民人之志，言人有虚诞之志者，皆畏惧不敢讼，言民亦诚实其意也。
>
> "听讼吾犹人也，必也使无讼乎"，是夫子之辞。
>
> "无情者不得尽其辞，大畏民志"，是记者释夫子"无讼"之事。然能"使无讼"，则是异于人也，而云"吾犹人"者，谓听讼之时，备两造，吾听与人无殊，故云"吾犹人也"。但能用意精诚，求其情伪，所以"使无讼"也。①

孔颖达认为，这段经文依然是在阐述"诚意"之事，是说圣人不仅仅是自己精诚自己的意念，也让民众心服，使民众也能精诚自己的意念。孔子说，审理和判决案件，好像和平常的人没有什么不同的，就是说孔子与平常人是一样的。孔颖达对"子曰"这段话的解释是说圣人也要诚意，而圣人最重要的是还能使民诚意，能使民诚意，这是多么地难得！孔颖达

---

① 孔颖达：《礼记正义》，上海古籍出版社2008年版，第2255页。

对这句话的注解是一个点睛之笔，他指出了作为一个为政者应当具备的素质——"诚意"的重要性。一般认为，诚意是指个人道德层面，但事实上，诚意既是个人道德修养的表现，同时也是一种与人相处、为人处世、做事尽职尽责的一种方法。

孔子曾经提出过"己欲立而立人，己欲达而达人"的思想，其基本思想跟这里所说的自诚己意与使民诚意有着较大的相似之处。能自诚己意已经十分不容易，况且还要使民自诚己意？可以说，无论是曾子引孔子的这句话来解释诚意，还是孔颖达对孔子这句话的注解，两人都表达出对孔子自身道德崇高的敬仰以及对孔子为政能力的赞叹。春秋末期的孔子在"德"与"政"两个方面都做得非常好，可以说是一个成功的典范，孔子原本是能够作一代"圣王"的。前文引《诗经》中对文王的赞美，来说明文王的"德"与"政"，而此处也完美地体现出了孔子的"德"与"政"，其本初都是能自诚己意，由此可见"诚意"之重要。孔子一定要让那些无理的民众不再敢于因争论而诉讼。使那些没有实情的人、虚妄怪诞的人、没有道理的人，不能够尽情地表达他们虚伪的话语。能够吓唬、威胁民众有虚伪、怪诞之心者，让这些人都畏惧不敢争讼，这样民众也就能诚实其意了。

《大学》作者认为孔子能够"使无讼"，那么这是异于平常人的表现，但是却说"我跟平常人一样"，这是说孔子在听理诉讼的时候能够"备两造"。"备两造"是孔颖达对"两造具备"的暗引，出自《尚书·吕刑》："两造具备，师听五辞。"（诉讼双方，原告和被告都到齐，刑官从五个方面考察案情。）孔颖达暗引《尚书·吕刑》篇来阐释"孔子听讼"之事，是孔颖达旁征博引的具体表现。原告和被告双方都到齐了，孔子听理诉讼跟平常人并没有什么特殊之处，因此说"我跟平常人一样。"但是，孔子能够用意精诚，或者说精诚其情所意念，探求诉讼双方其情所意念的真伪，所以能够使民众无诉讼。这其实是说，孔子跟平常人在"听讼"之时所采用的方法都是相同的，不同之处在于孔子能够"诚其意"，通过自己的诚意也能使民众诚其意，而这正是孔子的高明之处。也是"诚意之道"很难达到的境界，孔颖达在这里却明确表达了对这种境界的向往，可谓是对"诚意之道"的一个期许。

综上所述，"诚意之道"是孔颖达疏解《大学》的一个重要维度，是一个完整的理论。诚意之道的内容包括诚意之名义、过程、根本、表现和诚意与明明德、止于至善之间的关系、自诚己意与服民使诚其意等三个主要方面。孔颖达认为"诚意之道"是人君"为政之道"的一个理论基础,其对"诚意之道"内容的详细疏解便是为其后面的人君"为政之道"服务的。许多学者对孔颖达"诚意之道"的疏解重视度很低,这不能不说是一个遗憾。事实上,"诚意之道"是孔颖达疏解《大学》最重要的维度之一,应该引起学者们的重视。

第四节 《大学正义》之为政之道

孔颖达的《大学正义》可以说是汉唐《大学》著作唯一仅存的成果,在学术史上的地位尤其重要。近些年来有不少学者对孔颖达的《大学正义》进行过各方面的研究,但很少有学者对于孔颖达疏解《大学》时所体现出的思想倾向进行研究。众所周知,《大学》是先秦时期很重要的一部儒家思想典籍,里面包含了早期儒家非常丰富的思想。我们若想一窥《大学》中的丰富思想,孔颖达的《大学正义》是绝对绕不开的。

《大学正义》包含两方面的疏解,一方面是对《大学》原文的疏解,一方面是对郑玄《大学注》的疏解。从整体篇幅来看,对郑玄《大学注》的疏解不到整体篇幅的四分之一,除去孔颖达疏解郑玄《大学注》的部分,还有四分之三都是孔颖达对《大学》原文的疏解。孔颖达对《大学》整篇的疏解基本是逐句这样疏解下来的,而孔颖达对《大学》亦有自己独特的看法。孔颖达对《大学》所作的疏解,集中在"德"与"政"两个方面。从"德"方面论述的"诚意之道"是笔者上节阐述的重点。本节主要从政治角度来看孔颖达是如何疏解《大学》的。

通过仔细梳理孔颖达对《大学》所作的疏解,笔者认为,从政治角度来看,孔颖达对于《大学》的疏解重点集中于"为政之道"上。孔颖达重点梳理的一个维度就在于齐家、治国、平天下的纲领,这三者的行为主体主要指人君,都可以说是"为政之道"的纲领,而孔颖达对"为政之道"的疏解主要是从"人君"的角度进行诠释。

如果按照孔子在《论语》中对为政的解释,齐家也可以算在为政里面。因此,笔者将齐家、治国、平天下都归属于"为政之道",而它的纲领由近及远，由内到外，主要包括絜矩之道、贵德轻财、用善远恶、以义为利等四个方面。

一 絜矩之道

孔颖达将"絜矩之道"作为人君"为政之道"的第一个方面，可见其对"絜矩之道"的重视。孔颖达对"絜矩之道"内容的疏解主要包括三个方面：第一，持其所有，以待于人；第二，恕己待民；第三，戒慎其德。

（一）持其所有，以待于人

"絜矩之道"的第一个方面是持其所有，以待于人。这里最重要的一个问题是所"持"的是什么，怎么来对待别人？

孔颖达认为，"絜"犹如"结"。"结"到底该如何解释呢？笔者认为，"絜"应该理解为约束、限制。当然，也有学者解释为度量，在某种程度上，度量也是一种约束与限制。"矩"，法也。矩是古代的一种几何工具，既可以测量线段的长短，也可以测量物体的角度。因此，"絜矩"可以引申为法度、规则。君子要遵守约束、限制，遵守法度、规则、原则等。君子的行为没有违背它，以这样的原则施加于事物上，事物都会顺从他。学术史上对于"絜矩之道"的阐述一直没有一个定论，孔颖达在《大学正义》中将其放在了治国平天下的第一位上，可见其对"絜矩之道"的重视。笔者认为，"絜矩之道"讲的是一种人君应该遵守的原则或者法度。如果人君的行为不违背这个原则，并以这个原则对待来到其身边的事物，那所有的事物都会顺从于君主。而在接下来的论述中，孔颖达对"絜矩之道"进行了详细的阐述。

> "此之谓絜矩之道"者，上经云"君子有絜矩之道也"，其絜矩之义未明，故此经申说能持其所有以待于人，恕己接物，即絜矩之道也。[1]

在这段阐释中，体现了孔颖达对"絜矩之道"所包含的第一个方面的理解，即持其所有，以待于人。孔颖达认为，作为一个诸侯国的国君，有

---

[1] 孔颖达：《礼记正义》，上海古籍出版社2008年版，第2259页。

周天子在自己的上位，有不善的事情施加在自己身上，自己非常厌恶这样的事情，那么自己不可以将这种不善之事，反过来对自己的君上施加。在自己前面的人，将不善的事情施加在自己身上，这是自己所憎恨、厌恶的，那么就不要将这类不善的事施加到后面的人身上。在自己后面的人，将不善的事情施加在自己身上，自己也不要将这类不善的事情施加到前面的人身上。

孔颖达对"絜矩之道"的疏解，有一个基本的理解。首先是别人施加不善之事于"我"的身上，"我"厌恶这样的事情，但是"我"却不将这样的事情再施加到别人的身上。其隐含之意当为，所有不善的事情，"我"所厌恶的事情，到"我"身上就算是到终点了，"我"不能再将这些不善的事情施加到别人身上。从"我"身上发出的事情都应该是善的，或者说从"我"身上开始起，"我"所做的事情都是善的。这就跟孔颖达对"诚意"之过程作解释时提到的"既能知至，则行善不行恶也"[①] 联系在一起了，两者都是说"我"要做善的事，不做恶的事。这同时说明"诚意之道"其实是"为政之道"的理论基础，孔颖达重点疏解"诚意之道"与"为政之道"是有其深刻理由的。

跟自己地位或能力相当的人，或者在自己的右边，或者在自己的左边。别人将不善的事情施加在自己身上，这是"我"所憎恨、厌恶的事情。但是，"我"却不将这些不善的事情施加到"我"左边的人或者右边的人。能够拿着自己所拥有的善去对待别人，宽宥自己，对待事物，这就是"絜矩之道"。

上下、前后、左右，基本上已经将人君在国家中的位置都包含在内了，人君是不可能离开这几个相对位置而独立存在的。所以，说"絜矩之道"是人君为政的一种原则或者宗旨也不为过。

（二）恕己待民

"絜矩之道"的第二个方面是恕己待民。其实，这是从第一个方面持其所有，以待于人，自然延续下来的。笔者认为，恕己待民强调的是人君的示范带头作用，以及其所施行的仁德之政。

"《诗》云'乐只君子，民之父母'"此记者引之，又申明絜矩

---

① 孔颖达：《礼记正义》，上海古籍出版社 2008 年版，第 2241 页。

之道，若能以己化从民所欲，则可谓民之父母。此《小雅·南山有台》之篇，美成王之诗也。只，辞也。言能以己化民，从民所欲，则可为民父母矣。①

孔颖达认为，如果人君能够以自己的行为示范教化百姓，跟从民众心中的所想，那么就可以作民众的父母了。虽然孔颖达认为这句诗的引用是为了进一步说明"絜矩之道"的内涵，但笔者认为这句话也可以认为是强调人君的示范作用。因此，也可以说，孔颖达强调从自身出发，强调人君自身的示范作用。

"民之所好好之"者，谓善政恩惠，是民之原好，己亦好之，以施于民。若发仓廪，赐贫穷，赈乏绝是也。

"民之所恶恶之"者，谓苛政重赋，是人之所恶，己亦恶之而不行也。②

"民之所好好之"，是说人君良好的管理、人君所带来的好处，是民众最本原的喜好。人君也喜好善政恩惠，将善政恩惠施加于民众，就像开仓放粮、赐予贫穷之民财物、赈济缺衣少食的民众等等。在这句话的疏解中，孔颖达强调的是人君的善政恩惠，即仁德之政。"民之所恶恶之"，是说繁重的赋税、苛刻的法令，是民众所厌恶的，人君也厌恶苛政重赋，所以不去施加到民众身上。在这里，孔颖达强调的是人君不行苛政重赋，是前面提到的人君行善政恩惠的另一面，其本质都是孔颖达前面提到的恕己待民。

(三) 戒慎其德

"絜矩之道"的第三个方面是戒慎其德，孔颖达从正反两方面论述人君戒慎其德的重要性。

"赫赫师尹，民具尔瞻"者，赫赫，显盛貌。是大师与人为则

---

① 孔颖达：《礼记正义》，上海古籍出版社2008年版，第2260页。
② 同上。

者。具,俱也。尔,汝也。在下之民,俱于汝而瞻视之。言皆视师尹而为法。此记之意,以喻人君在上,民皆则之,不可不慎。①

孔颖达认为,《诗》云"节彼南山"这段经文主要是说人君与贤臣必须要警惕谨慎。"赫赫师尹,民具尔瞻"是《诗·小雅·节南山》中的两句话,其意思是说,雄伟高大的终南山上有很多岩石,这些岩石非常地高大,《诗经》就是用这些高大的岩石来比喻作为周幽王大臣的师尹庄重、肃穆的样子。师尹是周王朝的太师,是广大民众效法学习的对象。在下层的民众,都在观察师尹的行为,这是说都将师尹视为自己行为效法的对象。人君在上位,民众都以人君作为自己行为的效法对象,不可以不慎重地对待自己的德行。

这是孔颖达从正面劝说人君要戒慎其德,原因在于人君处于国家治理的最上位,下面的民众都是以人君的示范作为自己行为所效法的对象,故此人君要谨慎地对待自己的德行,即要戒慎其德。

"有国者不可以不慎"者,有国,谓天子、诸侯。言民皆视上所行而则之,不可不慎其德乎?宜慎之也。

"辟则为天下僇矣"者,僇,谓刑僇也。君若邪辟,则为天下之民共所诛讨,若桀、纣是也。②

《大学》文本中所出现的"有国者",一般都是指天子、诸侯。只有这两类人才会"有国",而这两类人有一个共同的称呼,即"人君"。民众都将在上位的执政者的行为作为自己行为的准则,人君不可以不慎重地对待自己的德行,也就是说人君对待自己的德行要非常地慎重才可以。在这段经文中,"皆视上所行而则之"之"上"即是指"人君"而言。一旦人君不慎重对待自己的德行,变得邪辟了,用孔颖达的阐释语来说就是"行恶"了,就会遭到天下民众的刑罚杀戮。也就是说,如果人君的行为变得乖谬不正,那么就会被天下的民众共同征讨、征伐,就像是被民众推

---

① 孔颖达:《礼记正义》,上海古籍出版社2008年版,第2260页。
② 同上。

翻的夏桀、商纣一样，身死国灭。还有比身死国灭这样的后果更严重的吗？在这里，孔颖达举夏桀、商纣之例，从反面来说明人君邪辟、不慎其德的巨大危害，间接地强调了人君要戒慎其德。

二 贵德贱财

人君"为政之道"的第二个方面是能贵德贱财。这主要是从人君所行之政教能配天与财物惠民的角度进行"为政之道"的阐释。

（一）政教配天

一般而言，人君所行之政教，其对象应当是指广大民众，这跟配不配天有什么关系？其实，孔颖达想阐述的是人君能够贵德，能够以德配天，有此德之后，自然行仁德之政教，此种政教施于民众，民众自然是愿意接受的，民众自然也会拥护人君的统治，因此说人君所行政教能配上天而行，其阐述的重点还是贵德，只是通过贵德所体现出来的仁德政教来表现而已。

> "道得众则得国，失众则失国"者，道，犹言也。《诗》所云者，言帝乙以上得众则得国，言殷纣失众则失国也。①

孔颖达认为，殷朝在殷纣王的父亲帝乙之前，还没有失去民众拥护的时候，所推行的政策与教化，都是能够配得上天的政教。能够承奉上天所赋予的大命，诚然非常不容易，承奉天命是多么地困难！殷朝在帝乙之前，所推行的政策与教化能够得到上天的保护，即能够得到民众的拥护，那么就能保持国家的存在；殷朝在纣王的时代，推行的政策与教化得不到上天的保护，即失去了民众的拥护，那么就会失掉国家。孔颖达以此来强调政教配天的重要性。

（二）财物惠民

一个国家最重要的组成部分是民众，而民众最迫切的需求则是食物，人君施行政教最根本的要求是给民众带来足够的食物。在这里，孔颖达重点阐述了财物惠民的重要性。

---

① 孔颖达：《礼记正义》，上海古籍出版社2008年版，第2260页。

"有德此有人"者，有德之人，人之所附从，故"有德此有人"也。

"有人此有土"者，有人则境土宽大，故有土也。

"有土此有财"，言有土则生植万物，故有财也。

"有财此有用"者，为国用有财丰，以此而有供国用也。

"德者本也，财者末也"者，德能致财，财由德有，故德为本，财为末也。

"外本内末，争民施夺"者，外，疏也。内，亲也。施夺，谓施其劫夺之情也。君若亲财而疏德，则争利之人，皆施劫夺之情也。①

孔颖达认为，人君有德，民众就会依附顺从，因此说"有德此有人"；拥有了依附顺从的民众，民众需要在土地上生存，那么自然就会有广阔的土地，因此说"有土"。孔颖达只是说有德之人，而这里的有德之人基本可以理解为"人君有德"。但是，孔颖达并没有明确提出"德"究竟是哪种"德"，是"道德"还是"政德"？从上下文的语境中，我们基本可以推断此"德"就是"政德"，是一种仁德之政，强调的是人君的政教。拥有广阔的土地，土地能够生殖万物，因此说"有财"。人君通过政教的施行获得了丰富的财物为国家所用。"有德"能够招致财富，财富是由德所带来的，因此，德才是根本，财物只是末端，只是有德之后带来的副产品。如果人君亲近财物而疏远"德"，那么争夺利益的人就会释放出其掠夺财物的情欲。

"是故财聚则民散，财散则民聚"者，事不两兴，财由民立。君若重财而轻民，则民散也；若散财而周恤于民，则民咸归聚也。

"是故言悖而出者，亦悖而入"者，悖，逆也。若人君政教之言，悖逆人心而出行者，则民悖逆君上而入以报答也。谓拒违君命也。

"货悖而入者，亦悖而出"者，若人君厚敛财货，悖逆民心而入积聚者，不能久，如人畔于上，财亦悖逆君心而散出也。言众畔亲

---

① 孔颖达：《礼记正义》，上海古籍出版社 2008 年版，第 2260—2261 页。

离，财散非君有也。①

聚民还是聚财这两件事情不会同时都兴旺的，财物的丰厚最终是由民众确立的。如果人君过于重视财物而轻贱民众，那么民众就会离"你"而去。如果分散财物去体恤民众，那么民众就会归聚到人君的身边。如果人君的政策教化悖逆民众的心而做出一些不善的行为，那么民众也会悖逆人君的政教，这就是说民众会违抗人君的命令。孔颖达的疏解注重人君的政教，政教的核心在于是否符合民心，符合民心最重要的一个体现就是要做到财物惠民。

如果人君悖逆民众的心而务于积累聚集财富，那是不可能长久的。一旦民众得不到应得的财物，就会背叛君上，财物也会悖逆人君的欲望而分散出来。人君众叛亲离，财物分散于各处，就不会被人君所拥有。孔颖达在前面是从政教配天的角度而言，这里则是从财物惠民的角度而言。合而言之，"为政之道"要求人君能做到贵德贱财。

三 用善远恶

孔颖达对于人才的重视在其"为政之道"中有明确的疏解，其重点体现在两个方面：第一，任用善人；第二，弃远恶人。孔颖达习惯于从正、反两方面分别阐释同一个问题，这在对人才问题进行阐释时有较明显的体现。

（一）任用善人

在《大学》文本中，由于善人与贤臣是在不同的引文中出现的，但二者所要表达的意思都是一样的，因此，可以将其看作是同一类人，即贤臣。在孔颖达的疏解中，人君能够任用善人的第一步是要亲爱善人，所以第一步就是阐释《大学》文本中晋文公重耳亲爱仁道，以善人为宝的例子。

"舅犯曰：'亡人无以为宝，仁亲以为宝'"，孔颖达注解说这是重耳的舅舅犯劝说重耳不要接受秦国拉拢的话语。当时重耳只是晋国的一个公子，晋国发生内乱，不得已逃亡在翟国。秦穆公见有机可投，想要接纳重

---

① 孔颖达：《礼记正义》，上海古籍出版社2008年版，第2261页。

耳返回晋国夺取君位，舅犯就劝说重耳不要接受秦国的拉拢，于是对秦国的使者说："奔波逃亡的人，没有将货物、财物当作宝贝的，只有将亲爱仁道当作宝贝。"

接下来，孔颖达就从人君进贤黜恶的角度进行了详细论述，主要阐述了人君任用善人之于国家的重要，捎带提了一下人君任用恶人之于国家的危害。

"无他技，其心休休焉，其如有容焉"者，言此专一之臣，无他奇异之技，惟其心休休然宽容，形貌似有包容。如此之人，我当任用也。

"人之有技，媢嫉以恶之"者，上明进贤之善，此论蔽贤之恶也。媢，妒也。见人有技艺，则掩藏媢妒，疾以憎恶之也。[①]

"《秦誓》曰"这段经文，是阐明人君进用贤良，黜退奸恶之事。《秦誓》是《尚书》中的一篇。秦穆公攻伐郑国，被晋国击败在殽这个地方，逃回秦国之后对着群臣立誓写下这篇文章，这是秦穆公悔改过错自己发誓的话语。作《大学》的人引用它，用来阐明人君"好贤去恶"的重要性。在群臣当中，如果有一个正直不阿、廉洁自持的臣子，多么地诚实、专一、厚重朴实。这个专一的大臣，没有其他奇怪、特异的技能，只是他的心宽容、好善，好像有包容之貌，这样的人，人君应该重用他。见到别人有技术才艺，想要得到他、亲近爱护他，就好像自己有技艺一样。见到别人是有才学、德行的人，能够达到圣人的境地，他的内心之中非常喜爱与快乐，就如同是从他自己的口中说出来一样。内心之中着实喜爱这个彦圣之士的美好，远远多于从他的口中说出来，这是说他多么地喜爱、快乐。如果能够如此地喜好贤人，是能够容纳此彦圣之士来治理"我"的国家，那么"我"的国家才会得到安定，才能保护"我"的子孙后代。不仅仅是能保"我"的子孙平安，"我"下面的人也许都可以获得一些利益。

在阐明了人君进用贤人的善处之后，孔颖达接着论说了人君埋没贤才的不善之处。见到别人有技巧、才艺，那么就掩藏他、嫉妒他，由于憎

---

① 孔颖达：《礼记正义》，上海古籍出版社2008年版，第2263页。

恨、厌恶而嫉妒他。见到他人是个彦圣之士，就违背、抵触、压抑、黜退他，使这彦圣之士的善功不能通达于国家。像这样隐蔽贤才的人君，是不够宽容的表现，家国将要灭亡，不能保护"我"的子孙后代。不仅如此，众人也将要陷入灭亡的危险之中。通过从反面论证隐蔽贤人或者善人的坏处，可见孔颖达对于人才的重视。从正面来说，任用善人正是人君"为政之道"的重要组成部分。

(二) 弃远恶人

人君能够任用善人是一方面，与之对应的是人君要能够弃远恶人。如果恶人不能够远离朝堂，那么所任用的善人也将发挥不出其应有的作用。孔颖达不仅阐明了人君任用善人之于国家的重要性，而且还着重论述人君弃远恶人之于治理国家的重要性。

> "唯仁人放流之，迸诸四夷，不与同中国"者，言唯仁人之君能放流此蔽善之人，使迸远在四夷，不与同在中国。若舜流四凶而天下咸服是也。①

孔颖达认为，只有有仁德的君主才能流放那些欺骗隐瞒贤人的人，将他们摒弃在四方之地，即边远少数民族居住的地方，不跟在中央之国的民众在一起。就像上古时代舜流放四个凶神到四方之地，从此天下民众都心悦诚服。流放这些欺骗隐瞒贤能的人到遥远的少数民族居住之地，是有仁德的人君能够亲爱善人，厌恶不善之人的表现，也是其"为政之道"的体现。

> "见贤而不能举，举而不能先，命也"者，此谓凡庸小人，见此贤人而不能举进于君，假设举之，又不能使在其己之先，是为慢也。谓轻慢于举人也。
> "灾必逮夫身"者，逮，及也。如此，灾必及夫身矣。②

见到贤能之人却不能举荐贤能之人。即使推荐了贤人，却不能让贤人

---

① 孔颖达：《礼记正义》，上海古籍出版社2008年版，第2264页。
② 同上。

在自己之前（受到人君的重用），这是对所举荐贤人的怠慢、轻视。假设人君想要压抑、黜退不善之人却不能将他远远地黜退，这是人君的过错，这是人君罪恶、罪过的表现。作为一个有德行的君子，君子所厌恶的是凶残恶劣的事情。现在竟然喜好凶残恶劣的事情，这就是"好人之所恶"。君子所喜好的是仁义善道，现在竟然厌恶仁义善道，这就是"恶人之所好"。如此行事的人，灾祸一定会到达他的身上。孔颖达在这里所说的"灾必及夫身"主要是指人君，不能任用善人，不能弃远恶人的结果最终会危及国家的安危，最终导致身死国灭，后果极其严重。

孔颖达所疏解的任用善人与弃远恶人两个方面，主要是从人君治理国家的角度进行的，孔颖达之所以对"为政之道"进行这样的疏解是基于前面对于"诚意之道"理论疏解之上的，是从人君之"德"向人君之"政"自然而然的转化，而人君之"德"则是在其"诚意之道"基础上的自然延伸。

四 以义为利

作为治理国家最重要的为政者——人君，要能做到以义为利。主要包括三个方面：一是人君当先行仁义，爱省国用，以丰足财物。二是治国家不可务于积财。三是重申为君治国要弃远小人。

（一）君行仁义，爱省国用，丰足财物

从表面上看，以义为利是指人君要将仁义作为自己的根本利益之所在，这么理解是对的，但这并不能说明仁义只是口头上的。对于人君而言，人君的仁义更多的是带着一颗爱民如子的心，通过适宜的政教为人民带来切身利益，如此才是真正的仁义，而此时的以义为利才是人君的真正利益所在。人君通过推行孝悌仁义之道，爱护节省国家用度，以此来丰裕富足财物，就为国家治理打下了良好的基础。人君之政教广泛丰足财物，有大道，就是指下面的这些事情。

> "生之者众"者，谓为农桑多也。
> "用之者舒"者，谓君上缓于营造费用也。[①]

[①] 孔颖达：《礼记正义》，上海古籍出版社2008年版，第2264—2265页。

从事农耕、蚕桑生产的人多，节省无关紧要的花费，百姓从事农耕、蚕桑的事业非常及时，君上减少、延缓营造宫室的花费。如果人君能够做到这些，那么国家用度就会非常充足。有仁德的人君，通过将财物分散施于民众，树立起自己美好的声誉。没有仁德的人君，过于爱惜自己的财物，致力于财物的积累聚集，通过劳役自己的身体，积攒其财物。这些都是在治理家族、治理国家、治理天下的纲目之中，这些都是从人君的角度而言的。孔颖达此处提出对人君的要求是"行仁义"，对财物的观念也是从人君的角度而言的。

> 注"其为"至"有也"。言君行仁道，则臣必为义。臣既行义，事必终成。以至诚相感，必有实报，如己有府库之财为己所有也。其为诚实而然，言不虚也。[①]

在上位的人君喜好用仁道对待下属，在下位的大臣感念人君的仁德之恩，没有不好义的，人君吩咐的事情都能够办得合宜。在下位的大臣全都好义，君仁臣义，这样做事，不论有多少事都能做成。如果人君能行仁道，民众必然用义来报答君上，有义在，必然最终能成事。"未有府库财非其财者也"，郑玄以"言君行仁道，则其臣必"[②]来为之注解。大臣既然能够行义，那么国家的治理必定能成功。以至诚相互感应，必定会有实际的报答，就像人君拥有国家贮藏财物、兵甲的处所，都为人君所占有。郑注"其为诚然"[③]，孔疏说"其为诚实而然"[④]，这都是说人君由"诚意"始发，国治、天下平也是顺其自然的事情。

（二）治国家不可务于积财

人君通过推行孝悌仁义之大道，爱护节省国家用度，以此来丰裕富足财物，就为治理国家打下了良好的基础。接着，孔颖达就警告人君，治理国家可以丰裕富足财物，但是却不可专门务于财物的积累，专门务于财物的积累是小人的行为，并不是人君之道。

[①] 孔颖达：《礼记正义》，上海古籍出版社2008年版，第2264—2265页。
[②] 同上书，第2254页。
[③] 同上。
[④] 同上书，第2265页。

"长国家而务财用者，必自小人矣"者，言为人君长于国家而务积聚财以为己用者，必自为小人之行也。①

人君治理国家当然离不开丰富的财物，但是却不可以致力于财物的积累，尤其是将这些积聚的财物当作自己奢侈生活的花费。如果致力于积累财物，这就是小人的行为，并不是人君在上位者之道。比如说，士初次任用为大夫，不去争夺鸡、猪之类的小利，因为鸡、猪之类的小利是小人生活得以改善的重要财物。根据《礼记》的相关记载，卿大夫之家，葬后之祭可以使用冰块，冰块是从凝结寒气的地方砍伐的，用来供应葬后之祭。卿大夫既然是伐冰之家，凭借国家给予的食禄就可以生活得很好，就不要再畜养牛羊作为自己的财物利益，不要再与百姓争夺利益。百乘之家是指卿大夫之中有采地的人。因为其采地方圆百里，因此说是"百乘之家"。这是说卿大夫中有采地的大夫，不要再畜养聚敛财物的家臣，使他们在什一的赋税之外，另外征收采邑出产的财物。

孔颖达通过对士、大夫、卿大夫、百乘之家财物获得情况的疏解，集中阐释了人君治国家不可务于积财的思想。前文提到，民众是以国君的行为作为自己行为的效法对象的，如果国君不务于积累财物，那么在下位的贤臣与民众也不会务于财物的积累，且每一个阶层的人都有自己相应的财物与之对应，只要坚守自己的本分，做好自己的事情就可以了。对于不属于自己的财物坚决不去求取，这样的话，国家的治理就会变得相对比较和谐，各阶层的民众也都有一定的生活保证，国家长治久安的时间就会比较长。

（三）重申弃远小人

人君治理国家不务于积累财物的一个重要方面还是要弃远小人。小人由于其自身的严重缺陷，一直是以积累财物为主的，而积累财物则是对"义"最大的损害，与人君"以义为利"的仁政主张背道而驰。"与其有聚敛之臣，宁有盗臣"，可以说，这句话又一次解释了人君不能蓄养聚敛之臣的本意。人君宁可畜养偷盗之臣，也绝不能畜养聚敛之臣。因为偷盗

---

① 孔颖达：《礼记正义》，上海古籍出版社 2008 年版，第 2266 页。

之臣只是会损失一些财物，但是聚敛之臣则是损害义，两者的损害不可同日而语。

前文提到，人君"为政之道"的第三个方面是"以义为利"，其对人君的要求是能"行仁义"，而聚敛之臣所损害的正是人君的"仁义"，而"仁义"恰恰是人君治理国家的核心利益所在。人君致力于积累聚集财物来当做自己的奢侈花费，必然会让自己的行为变得跟小人一样，而聚敛之臣正是小人的典型代表。所以，孔颖达在最后重申人君治理国家要弃远小人。

> "虽有善者，亦无如之何矣"者，既使小人治国，其君虽有善政，亦无能奈此患难之何。言不能止之，以其恶之已著故也。①

人君治理国家，就要抛弃、疏远小人，这也是不以利为利，以义为利的重要表现。每一个人君都想要自己的国家得到良好的治理，因此，都需要推行仁义之道，完善其政治教化。人君想实行善政，但是却让小人从事于治理国家之事，那么小人务于财物的积聚必然会祸害、残害民众，因此灾难、祸害、忧患、困难等等，都会一并来到。一旦让小人治理国家，人君即使有良好的政令，对于这种忧患、灾难也是无可奈何的。人君之所以不能制止这种灾难的出现，是因为小人治国的罪恶已经显现出来的缘故。这也就是为什么说人君一定要弃远小人的原因之所在，小人治理国家，危害实在太大。这也正是孔颖达认为人君在任用善人的同时，也一定要弃远小人。如此，国家才能治，天下才能平。

综上所述，孔颖达对于《大学》的疏解有着自己独特的理解。孔颖达所疏解的"大学之道"其在政治上的核心是为政者的"仁政之德"。为政者之亲爱于民之"仁政之德"处于至极美善之境界，这就是大学之道。孔颖达对于《大学》文本的疏解集中在"德"与"政"两个方面。从"德"的方面来看，孔颖达将"大学之道"中的"明明德"、"止于至善"两个方面放在了"诚意之道"中进行疏解。从"政"的角度来看，孔颖达认为"为政之道"是"大学之道"中"亲民"的关键所在，而齐家、

---

① 孔颖达：《礼记正义》，上海古籍出版社2008年版，第2266页。

治国、平天下又包含在"为政"里面。"为政之道"的总纲，包括絜矩之道、贵德贱财、用善远恶、以义为利等四个方面。"诚意之道"与"为政之道"是孔颖达疏解《大学》最重要的维度之一，应该引起学者们的重视。

第四章 朱子《大学》学

毋庸置疑，朱子的《大学》学可谓是历代《大学》学著作中最著名，同时也是最重要的著作。朱子对于《大学》的阐释主要集中在《大学章句》、《大学或问》以及《朱子语类》中的相关部分，还有一些朱子与友人的往来书信，但最核心的部分依然集中在《大学章句》之中，其余部分可以看作是对《大学章句》的补充。朱子的《大学》学作为一个完整的思想体系，其成熟标志就是《大学章句》的完成。因此，本章的首要内容便是对朱子的《大学章句》进行一个全面的探析。

第一节 《大学章句》的内容及继承性探析

对于朱子《大学章句》及其相关的重要概念，比如"格物致知"等的研究一直是学界关注的重点。比如陈来先生对朱子《大学章句》解释特点的研究[1]、周之翔对于朱子"格物致知"传的训诂依据的研究[2]，等等，但是从文本注释的角度研究朱子《大学章句》的内容及其所继承的前人研究成果方面，普遍存在着以偏概全的情况，因此，笔者拟从文本注释的角度对朱子的《大学章句》进行一个全面探析，从整体上把握朱子《大学章句》的内容及其继承性特点。

朱子《大学》学最核心的部分集中在《大学章句》中，而《大学章句》的内容是研究朱子学必不可少的资料，其重要性不言而喻。从文本注释的角度来看，朱子的《大学章句》主要包括释字音、释词义、释篇

---

[1] 陈来：《论朱熹〈大学章句〉的解释特点》，《文史哲》2007年第2期，第103—111页。
[2] 周之翔：《朱子〈大学〉经解研究》，岳麓书院博士论文，2012年。

章三方面的内容。从对词语的训解方面来看，朱子除了少部分是继承郑、孔而来以外，与他们的差异还是非常明显的。但是，朱子《大学章句》具有明显的继承性。所谓的继承性就是说，朱子的阐释是在前人注解的基础上进行的，能够明显地看出朱子对前人研究成果的继承，其继承性主要体现在对于郑玄、孔颖达、陆德明、二程等人的承袭，可以从对字音、名物制度的训解和字词的注释三个角度来看，存在着大量的承袭、吸收。

一 《大学章句》的内容

朱子对于《大学》文本的划分，总计分为经文一章、传文十章。但是，朱子所作的《大学章句》不只是包括经文与传文，还包括朱子所作的《大学章句·序》以及他对篇题、经文一章、传文十章的注解。

《大学章句》的经文一章总共有205字，即"大学之道，在明明德，……其所厚者薄，而其所薄者厚，未之有也！"[①] 对于经文一章的文字，朱子并未做相关的修改。传文十章总共有1546字，经文与传文总字数为1751字。[②] 经文与传文的字数都是由朱子亲自进行统计的这1751个字，即是《大学》经文和传文的总字数。而朱子所作的《大学章句》算上正文部分（即经文一章和传文十章），即包括朱子对篇题、经文一章、传文十章的注解文字，总共有6804个字，而《大学章句·序》则包含有842个字，注文部分即朱子对篇题、经文一章、传文十章的注解文字，共有4211个字。

在朱子之前，已经有很多学者对于《大学》文本进行过注解了，比较重要的有汉代郑玄的《大学注》、唐代孔颖达的《大学正义》。郑玄的《大学注》，总字数为1389个字，如果按照朱子所划分的经文与传文来看，郑玄注解经文的部分字数很少，只有简短的78个字，而朱子注解经文一章的部分则有544个字，由此可见，郑玄的《大学注》对传文的注释要远远详细于对经文的注释。这跟郑玄注解《大学》集中于"以其记博学，可以为政也"[③] 的角度是一致的，而对于"明明德"、"诚意"的

[①] 朱熹：《四书章句集注》，中华书局2010年版，第4—5页。
[②] 同上书，第4—14页。
[③] 孔颖达：《礼记正义》，上海古籍出版社2008年版，第2236页。

注解就放在了十分次要的位置，甚至就直接省略不注。从整体上来看，朱子的注释字数明显多于郑玄。

而孔颖达的《大学正义》总字数则为 8075 个字，字数比朱子的注还要多出不少，为什么会出现这样的情况呢？原因就在于孔颖达的《大学正义》不仅详细注解了《礼记·大学》的正文，而且还对郑玄的《大学注》进行了相关的注解，也就是说，孔颖达不仅注解了《礼记·大学》篇正文的 1700 多字，而且还注解了郑玄《大学注》中的 1300 多字，故此，字数比较多。由此可知，相对于唐代孔颖达的《大学正义》而言，朱子对于《大学》文本的注释，字数属于非常正常的范围。

通过对朱子《大学章句》注解内容的仔细研读，笔者发现，从字音与名物制度的训解方面来看，朱子与郑玄、孔颖达为代表的汉唐学者有一种比较明显的继承关系，朱注与郑孔之间并没有十分明显的差异。从对词语字义的训解方面来看，朱子除了少部分是继承郑孔而来以外，两者之间的差异还是非常明显的。

可以说，朱子对《大学》的注解是建立在其对于文字的训诂之上的，而对于文字的训诂，可以说朱子比较明显的继承了郑玄和孔颖达的注解。下面笔者就从字音、字义、词义、语句、名物制度等方面来探析。

(一) 释字音

朱子对于《大学》文本中文字的读音是非常重视的。在整篇《大学章句》中，朱子对于文字读音的标记总共有四五十处之多。当然，这里面朱子对文字读音的标记也分很多种情况，至少朱子使用了八种不同的方法来标记文字读音。

其中，最多的便是直接标记出文字的声调来，如：

> 好、乐，并去声。[1]

其次，是用反切法来标注文字的读音，这种情况仅次于前面的直接标注文字声调法，如：

---

[1] 朱熹：《四书章句集注》，中华书局 2010 年版，第 9 页。

澳，于六反。①

再次，以"某读如某"或"某读为某"的形式标注出来的地方也比较多，如：

大，旧音泰，今读如字。②
节，读为截。③

而以"某音某"的形式标记出来的地方跟前面所提到的以"某读如某"或"某读为某"的形式标注出来的地方，两者的数量基本一致，如：

於戏，音呜呼。乐，音洛。④

此外，还有以"郑氏读作某"的形式标注出文字读音的有两处，分别是：

恂，郑氏读作峻。⑤
厌，郑氏读为黡。⑥

朱子指出文字的音读为"叶韵"的有两处，分别是：

猗，叶韵音阿。⑦
硕，叶韵，时若反。⑧

---

① 朱熹：《四书章句集注》，中华书局2010年版，第7页。
② 同上书，第4页。
③ 同上书，第11页。
④ 同上书，第7页。
⑤ 同上。
⑥ 同上书，第8页。
⑦ 同上书，第7页。
⑧ 同上书，第10页。

以"某与某同"的形式标注出来文字读音的有一处,如:

倍,与背同。①

除了以上七种比较常见的不同的标注文字读音的方法之外,朱子还有一种比较罕见的方法来标注文字读音,即通过两种不同的方式来标注同一个文字的读音,如:对于《大学》文本中"此之谓自谦"中"谦"字的读音,朱子先是以"某读为某"的形式标注出来,即"谦读为慊",然后又用反切法标注文字读音为"苦劫反";② 而对于《大学》文本中"人莫知其子之恶、莫知其苗之硕"中"硕"字的读音,朱子先是指出这个"硕"字是"叶韵",之后又用反切法标注文字读音为"时若反"。③

朱子运用两种不同的方式来标注同一个文字的读音,这种情况即使是在中国传统的经传注疏史上也是比较罕见的,由此亦可以看出,一方面朱子对于《大学》文本的文字音读是非常熟悉的;另一方面朱子对《大学》文本中文字读音的这种极度重视,也体现了朱子所理解的《大学》文本在构建其"理学"思想体系中的重要程度。

正是缘于朱子对于《大学》文本中文字读音的这种重视程度,由此而来,朱子格外看重陆德明的《经典释文》一书。朱子在教育自己的子侄们如何读书时,就强调读书要"通音读",就要求子侄们要参考陆德明的《经典释文》一书。④ 朱子之所以格外强调字音的重要性,首先在于文字的读音是正确理解文义的关键,如果字音都读不准确的话,那么就可能导致所读的文字丢掉原本之意,也就不能有所发明"圣人之心"了。在这里,朱子已经发现了文字的读音跟文字的意义之间,是存在一些具体的关联的,比如朱子认为,有一些文字存在着读音与意义都相近的现象。这就是说,如果有两个文字,虽然它们的具体写法是不同的,如果它们之间存在着相近的读音,那么它们之间也可能存在着相近的意义。

---

① [宋]朱熹:《四书章句集注》,中华书局2010年版,第11页。
② 同上书,第8页。
③ 同上书,第10页。
④ 朱子:《与魏应仲书·晦庵先生朱文公文集·朱子全书》,上海古籍出版社、安徽教育出版社2002年版,第1767页。

可以说，这已经开启了清代学者"声近义通"理论的先声。有关"声近义通"的相关理论，可以参见曹海东先生的《朱子经典解释学研究》一书，书中对于"声近义通"的相关理论有着较为透彻的解读。① 同时，朱子认为，虽然在汉字中有很多的同义词存在，但由于这些同义词的声调是不一样的，那么在文本中就会表现出不同的语气和不同的意思。这就是说，在一个文本中，有两个原本意思相近的同义词存在，如果这两个同义词在具体的文本中所表现出来的声调是不相同的，存在着"平上去入"的声调差别，那么在这个文本中两个原本是同义词的文字首先就会表现出来不同的语气，以及由此不同的语气所产生的不同的意义，最终导致两个原本是同义词的文字表现出来的却是两个意义不同的文字。例如《大学》中引《康诰》的"克明德"中的"克"字，朱子认为：

> 凡字有训义一般而声响顿异，便见得有力无力之分，如'克'之与'能'是也，如云'克宅厥心'、'克明俊德'之类，可见。②

这说明了朱子不仅对于字音、声调和字义之间的联系有着较为深刻的理解，而且还说明了朱子对于《大学》文本阅读的仔细程度与理解问题的深度，而其正是凭借着对于《大学》文本的这种熟悉程度以及理解深度，《大学章句》一书才最终得以呈现在世人面前，该书《四书》之首的地位也才有可能真正的被确立起来。

正如前文所说，正是朱子对于《大学》文本中文字读音的熟悉以及重视程度，才有了《大学章句》一书的存在，而这也正是朱子构建其"理学"思想体系的关键，那么为什么朱子会这样重视文字的读音呢？这就跟朱子小时候学习经典的过程有关系。当时，幼年的朱子拜在白水先生刘勉之的门下进行学习，刘先生教学生读书的方法较为独特，他要求朱子在读书时必须要做到大声诵读，故此，培养了朱子对于文字读音的敏感程度，而这恰恰为日后朱子注解《大学》打下了坚实的文字字音基础。

---

① 参见曹海东：《朱子经典解释学研究》，湖北人民出版社2007年版，第278—285页。
② 朱熹：《朱子语类卷十七·朱子全书》，上海古籍出版社、安徽教育出版社2002年版，第588页。

（二）释词义

标注文字的读音是朱子注解《大学章句》的基础，而在此基础上，进一步的工作便是要对《大学》文本中的词义进行注解。据笔者的粗略统计，朱子对《大学》文本中词义进行注释的地方也是非常多的，接近一百多个单字或者词语都曾被朱子注释过。当然，朱子对于单个字或者词语的注释也是根据不同的情况采用了不同的注释方法，从《大学章句》的整篇注解来看，朱子主要采用了五种不同的注释方法进行注解。

有一处注解是直接指明《大学》文本文字使用错误的地方，这一处我们都比较熟悉，那就是《大学》文本中的"在亲民"的"亲"字，朱子注释说"程子曰：'亲，当作新'。"[1] 这一处注解既是朱子直接指明《大学》文本中文字的使用存在错误的地方，又是明显受到二程"理学"思想影响的结果，明显是直接继承了程子关于《大学》文字的解读，而在程子之前，从先秦至唐末，一千三百多年间没有任何一位学者指出"亲民"是错误的，应该写作"新民"。

有几处是指出单个字是一种语助词或者只是用来表达语气的，并没有实际的意义存在，如：

只，语助辞。[2]

还有几处是通过"转训"的方式对单个字进行注释的，这种情况也存在一些。那什么是"转训"呢？顾名思义，"转"的意思是"辗转"，"训"的意思是"训解"，即通过几个不同的字辗转训释，而这几个字的意思是相同的或者是相近的。比如：

谦，快也，足也。[3]

这就是说，通过意思相近的"快"字、"足"字来训释"谦"字的

---

[1] 朱熹：《四书章句集注》，中华书局2010年版，第4页。
[2] 同上书，第11页。
[3] 同上书，第8页。

意思，通过"快"与"足"将"谦"字的含义辗转训释出来。

以上三种注释方法是朱子在注解《大学》文本中所使用的一些不太常见的注释方法，虽不太常见，但是依然存在这种注释方法。其实，朱子在训释单个字或者词语的时候使用最多的两种方法分别是"直训"和"陈说"。

首先，我们来看一下什么是"直训"。从字面意思来看，"直"就是直接，"训"依然是"训解""注释"之意。因此，"直训"简单来说就是用另外一个字直接来解释本字或者直接用一个词来直接解释本词，如：

克，能也。①

这就是说，朱子直接用"能"来注解"克"字，即将"克"解释为"能"，因此，"克明峻德"之意就变成了"能明大德"，这种解释简单明了，也存在着较大的发挥"圣人之意"的空间。

其次，我们再来看一下什么是"陈说"。一提到"陈说"，我们一般会想到"陈说事实"，也就是"陈述事实"的意思。这就是说，朱子所使用的"陈说"的注释方法，就类似于我们现在所说的"陈述"。应该说，"陈说"是朱子使用最多的注释单个字或者词语的方法，应该是占到了朱子注释单个字或者词语总数的二分之一以上。比如：

盘，沐浴之盘也。②

从上面的举例之中，可以非常明确的看出来，朱子十分重视运用"陈说"的方法注解字词。根据周秉钧先生的解释，"陈说"主要是指通过描述一件事情，使它的含义显露出来。③ 强调的是如何通过对一件事情的具体描述而获得它的义理。

在中国传统的经传注疏史上，郑玄与孔颖达都使用过"陈说"的注

---

① 朱熹：《四书章句集注》，中华书局2010年版，第5页。
② 同上书，第6页。
③ 周秉钧：《古代汉语纲要》，湖南教育出版社2004年版，第285页。

释方法，只是用得不多，这种方式并非是他们注解《大学》最主要的方式。郑玄与孔颖达更多的是采用"直训"与"转训"的注释方式，这是因为汉唐学者比较质朴，注解经典文本比较倾向于简洁，以崇尚经典作为自己治学的学术取向，并以此来阐述自己的政治倾向。

而朱子将"陈说"作为自己的主要训解方法，其实体现的是对于正确义理的追求，而此正确的义理几乎就等同于"天理"，尤其是希望以此正确的义理，即"天理"来指导自己的日常生活，最著名的提法便是"存天理，灭人欲"。因为无论宋儒的理论建构是多么高大还是多么高深，其最终的落脚点始终在于自己的人伦生活日用之上。可以说，宋儒正是凭借这样的为学倾向才在学理与工夫、为学方法上与佛家、道家区分开来。才使得儒家思想在宋、明、清三代有着长远发展，始终占据中国的主导思想。

（三）释篇章

前文提到，朱子对于《大学》文本的诠释包含了朱子所作的《大学章句·序》以及他对篇题、经文一章、传文十章的注解。关于朱子对于《大学》篇章的理解，充分体现在了他的《大学章句·序》中。可以说，朱子的《大学章句·序》对于《大学》文本所涉及到的方方面面都做了详细的说明。下面，我们就来简要看一下，朱子所作的《大学章句·序》对于《大学》篇章的整体理解。

第一，朱子对《大学》宗旨的理解。

历代以来，学者对于《大学》宗旨的理解是存在着较大的差别的。然而在宋代之前，汉唐的学者一般认为《大学》的宗旨主要是讲为政者如何治理国家的，比如郑玄认为《大学》是"以其记博学，可以为政也"。[1] 朱子在《大学章句·序》中明确提出"《大学》之书，古之大学所以教人之法也。"[2] 这就是说，《大学》这本书，是古代的大学用来教育人的原则和方法的，是一种具有高度指导性的教育原则和明确的方法、工夫。显然，朱子的这种理解《大学》宗旨的观点是有问题的。在朱子的理解中，《大学》的宗旨不仅仅是一种教育人的原则和方法，更重要的是

---

[1] 孔颖达：《礼记正义》，上海古籍出版社2008年版，第2236页。
[2] 朱熹：《四书章句集注》，中华书局2010年版，第2页。

"修己治人",即"教之以穷理、正心、修己、治人之道",① 其侧重点在于学者通过"穷理"、"正心"的工夫修养自身,达到"明"其"明德"的境地,无论是自新还是别人新之,"修己"是《大学》教人的首要宗旨,其次才是"治人"。应该说,朱子对于《大学》宗旨的理解是建立在其"四书"体系之上的,并不符合《大学》原本之意,这一点必须要指出。

朱子将《大学》的宗旨理解为每一位学者都必须要学习的内容,其目的在于先"修己"后"治人",而无论是郑玄还是孔颖达都认为《大学》所教的内容是给"为政者"听的,其目的就在于治理国家,使国家处于一种良好的运行状态。而朱子对于《大学》宗旨的理解在无形之中就将《大学》所教内容的重点放在了"修己"之上,后面的"为政"就处于一种次要的地位,从这个角度而言,朱子对《大学》宗旨的理解是不符合《大学》原本之意的。

第二,朱子对《大学》文本内容的理解。

朱子认为,大学作为古代教育人的一种学校,是建立在小学基础之上的。这就是说,小学跟大学是相对存在的。朱子认为,夏商周三代,学校遍布国家的每一个角落。学校按照所教内容的不同分为小学与大学。小学教扫洒、应对、进退等礼节,还有礼乐射御书数等技能。大学则"教之以穷理、正心、修己、治人之道。"② 《大学》教的这四个方面可以说是《大学》最重要的内容了。"穷理"和"正心"都是为了"修己"必须经过的工夫,而在朱子的理解中"格物致知"的过程就包括了"穷理"和"正心",都是为"修己"所必须下的工夫。

如果从"三纲领"的角度来说,"穷理、正心、修己"就是"明明德","治人"就是"亲民"。当然,在朱子的理解中,"程子曰:'亲,当作新。'"③ "亲民"应该理解为"新民"。在这里,朱子进行了词语转换,词语一旦发生转化,阐释的主动权也就发生了转变。正是朱子对"八条目"的转化,朱子才牢牢把握住了《大学》的诠释权,以至于后代

---

① 朱熹:《四书章句集注》,中华书局 2010 年版,第 2 页。
② 同上。
③ 同上书,第 4 页。

学者如果想解释《大学》，宁可绕过郑玄、孔颖达，也不会绕过朱子。

在朱子的理解中，自己所作的《大学章句》"于国家化民成俗之意、学者修己治人之方，则未必无小补云"，这就是说朱子所作的《大学章句》之于国家、之于学者都是有好处的。但是，朱子虽然这样说了两方面的作用，但事实上，朱子强调的重点绝不在于国家的"化民成俗"，其重点在于学者个人的"修己治人"方面，国家之"化民成俗"只是一种顺其自然的事情，也不是朱子论述的重点。

第三，朱子对《大学》历史传承的理解。

关于《大学》之道的传承，朱子主要从《大学》的传承、《大学》之教不传的危害、后果以及原因、二程对《大学》的贡献、朱子所做的工作等四个角度进行了说明。通过对这四个角度的阐述，朱子阐明了自己《大学章句》的由来，由此体现出自己《大学章句》的合理性。

《大学》之经是由孔子"独取先王之法，诵而传之以诏后世"[1] 而教育弟子的篇章，曾子的传"独得其宗"，并有所发挥和说明，之后传给孟子，孟子死后，虽然《大学》这本书还存在于《礼记》之中，但是孔子的教化含义却再也没有人知道了。这是朱子对《大学》传承的基本态度，在这一基本态度中，朱子就将孔子、曾子、孟子三人通过《大学》一经联系在了一起。

朱子认为，孟子是真正理解《大学》原意的，在其《孟子》一书中有着较为明显的体现。但是，当孟子离世以后，《大学》一书虽然仍存在于《礼记》一书中，但是却很少有人能知道《大学》文本真正的意思。这样一来就导致了巨大的危害，一是统治阶层或国家政教的施行者无从听到相关的真理；二是民众也得不到政治修明的恩泽。导致的后果就是道德沦丧、战争频繁，在五代十国之时，坏乱到了极点。应该说，朱子是非常明白的人，他早就知道了《大学》是讲给统治阶层或国家政教的施行者听的，不是讲给普通的老百姓听的。统治阶层如果听不到如何统治的真理，那么普通的民众自然也就难以得到政治修明所带来的恩惠了。

之所以会产生这样的结果，一是从儒学本身来看，经过了先秦经文时期、汉代对经文的注解时期、唐代对汉代注文的疏解时期，其间儒家学者

---

[1] 朱熹：《四书章句集注》，中华书局2010年版，第3页。

花费了众多的工夫却没有实际的效果;二是从其他宗教来看,异端虚无寂灭的说教,这里主要是指佛教的理论高深远过《大学》却没有实际意义;三是其他各家的理论与学说,都是一些关于权谋术数的学说,一切的目的都是为了获取功名利禄,都是误导民众的异端邪说,这就使得君子与小人都陷于不得其道的境地。

正是基于朱子上述对《大学》传承的理解,朱子才大力赞扬二程之于《大学》的功绩,并自己重新修改《大学》文本,这就是《大学章句》的由来。可以说,朱子对于《大学》历史传承的理解是日后朱子重新修改《大学》文本的一个重要依据。

二 《大学章句》的继承性

任何一部经典作品的完成都不是凭空而来的,都需要阅读大量的相关书籍,并经过作者的仔细思考,最终又经过无数的修改才得以完成,朱子的《大学章句》由来亦是如此。然而,朱子的《大学章句》在其成书过程中参考了前儒众多的研究成果,是一个综合性研究的成果,具有着较为明显的继承性。所谓的继承性就是说,朱子所作的《大学章句》是在前人注解的基础上进行的,能够明显地看出朱子对前人研究成果的继承,其继承性主要体现在对于郑玄、孔颖达、陆德明、二程等人的承袭,可以从以下三个角度来看。

第一,从文字读音的角度来看。

笔者已经在前文中提到,在朱子之前,对《大学》文本注音的主要有两个人,一个是郑玄,一个是陆德明。郑玄对于文字读音的注释比较少,只有四个字,分别是"谦"、"厌"、"恂"、"命"四个字。朱子完全继承了郑玄对这四个文字读音的注解,只有最后一处"见贤而不能举,举而不能先,命也"一句中的"命"字,朱子是采用存疑的形式标注的,朱子是这样注解的:

> 郑氏云:"当作慢。"程子云:"当作怠。"未详孰是。[①]

[①] 朱熹:《四书章句集注》,中华书局2010年版,第13页。

陆德明的《经典释文》也继承了郑玄的注音，在此基础上还对郑玄所作之注也作了注音，数量总计接近一百八十多条。据粗略统计，陆德明的《经典释文》为郑玄的《大学注》所作的文字注音，大约有二十处左右，假设不算陆德明为郑玄《大学注》所做的注音，仍然有接近一百六十余处文字读音。通过比较《大学章句》与《经典释文》，基本可以确定，朱子的注音基本上是承袭了陆德明的注音。

当然，朱子作为郑玄、陆德明之后的著名学者，朱子的注音还是有一些地方与陆德明有所不同的。首先，朱子更加注意注解出多音多义字的声调。比如，对于《大学》文本中经常出现的多音多义字，朱子多次注解出其声调，如"所谓诚其意者：毋自欺也，如恶恶臭，如好好色，此之谓自谦，故君子必慎其独也！恶、好上字，皆去声。"[1] 而陆德明虽然也很关注这些多音多义字的读音，只要是遇到也会用"反切法"的形式将其读音注解出，但是对其声调却从未明确指出过。

其次，朱子在陆德明的基础上对《大学》文本中的文字读音标注得更加全面。比如，朱子指出在《大学》文本中有两个字是"叶韵"，这两个字分别为"瞻彼淇澳，绿竹猗猗"中的"猗"字和"人莫知其子之恶，莫知其苗之硕"中的"硕"字，朱子注曰："猗，叶韵音阿"，[2] "硕，叶韵，时若反"。[3] 然而，陆德明对于这两个字并未进行相关的读音标注。

很明显，从汉代的郑玄到唐代的陆德明再到宋代的朱子，他们之间显然存在一个顺序承袭的关系。之所以会出现注音数量与注音侧重点上的差别，体现的正是时代之间的差别，然而这种差别并没有本质上的区别。在郑玄所处的时代，儒家经典的学习是靠经师们的口耳相传，完全依靠记忆传授，很多经典甚至连个像样的底本都没有。正是由于经师们的口耳相传，经书中文字的读音、声调就不是一个难题了。而到了隋唐时期，经学由于魏晋南北朝时期的政治对峙而南北不同，经典文字以及对于经典的解释由此也存在着较大的差异，而经书中文字的读音、声调、意义更是相差甚远，于是经典文本的读音反而成了经典文本统一和传播最大的问题。

---

[1] 朱熹：《四书章句集注》，中华书局2010年版，第8页。
[2] 同上书，第7页。
[3] 同上书，第10页。

因此，陆德明的《经典释文》就此应运而生。即使是像"肺"与"肝"之类的文字，陆德明都将其读音进行了标注。到了宋朝之时，社会生产力进一步发展，而宋代的教育又非常发达，书院非常流行，同时由于雕版印刷术的改进，书籍得以大规模的印刷，经书中的文字开始趋于统一，读音也开始趋于统一，错误就变得很少了。因此，在文字读音确定的情况下，字音声调的准确性就变得更加重要，区分度也需要更明显，因此朱子对字音声调与韵律的标记就成了一件自然而然的事情，这对于后学者进行诵读和理解文字的字义都有较大的帮助。

第二，从对名物制度的注释角度来看。

一般来说，名物制度是经文注释的一个重点，但《大学》文本需要解释名物制度的地方却比较少，郑玄大约有十处相关的注解，其中有两处还是指明《大学》引用《诗经》与《尚书》的出处。

相比较而言，朱子对名物制度的注解有近三十处，其中有一半左右可以归为一类，都是指出《大学》的引文出处，可以说这跟孔颖达的疏是完全一致的，孔颖达所注解的《大学》文本的名物制度有一半左右都集中在《大学》文本引用《诗经》、《尚书》、《论语》、《春秋传》、《老子》等文献。

对于《大学》文本中所涉及到的人名，朱子跟孔颖达一样，都是直接承袭郑玄的说法。只有一处是不一致的，即对"缗蛮黄鸟"中"缗蛮"一词的注解，郑玄对于"缗蛮"没有解释。陆德明则是按照《毛诗》的注解来解释，《传》云："绵蛮，小鸟貌"。孔颖达继承了陆德明的说法。朱子则将"缗蛮"解释为"鸟声"。[①] 清代学者阎若璩指出，在朱子的注解之前，长乐刘执中已经将"缗蛮"解释为"鸟声"了，并认为"终当从《毛传》及《韩诗》薛君章句'绵蛮''文貌'为是。"[②] "缗蛮"应当作"绵蛮"，应该理解为"文貌"。意见分歧较大，并未形成一致的看法。有些清代学者唯古是从，对于汉学与宋学之说相争一定主张要取汉学为是，偏见较大。

还有一处是对"汤之盘铭"之"盘"的解释。有元代儒者不赞同朱

[①] 朱熹：《四书章句集注》，中华书局 2010 年版，第 6 页。
[②] 阎若璩：《四书释地续卷下·文渊阁四库全书本》，上海古籍出版社 1987 年版，第 490 页。

子以"沐浴之盘"来释"盘",主张此"盘"应该是盛放食物的盘子。清代学者俞樾对这个问题进行了考证与辨析,指出盛放食物之盘的说法是不对的,但是汤王是不可能天天进行沐浴的,因此也不可能是沐浴之盘,此"盘"应当作"盥洗之盘"。① 可以说,元代儒者跟清代学者俞樾的考证都是没有根据的,全都是主观猜测的。而朱子所注释的正是采用的孔颖达的注释,相对而言更具有说服力。当然,学界对于"汤之盘铭"的内容究竟是指什么存在着较大的争议,这又是另外一回事了,兹不赘言。

可以说,从对名物制度的注释角度而言,朱子首先是承袭了郑玄和孔颖达对于相关名物制度的注解,同时在自己能够推导的地方尽可能地往前推导一步,但对于自己也不确定的东西,则采取存疑的态度,这一点是非常值得肯定的。

第三,从对词的注释角度来看。

关于《大学》文本中词义的注释涉及诠释者对《大学》全篇意思的阐释,郑玄的《大学注》与孔颖达的《大学正义》之间也早已经存在一些差异了。

应该说,朱子对部分字词的注释仍然是沿用郑注、孔疏的说法,② 但在实际的理解上,由于二者所理解的《大学》文本的宗旨与主要内容存在着较大的差异,这必然导致两者之间会存在较大的差距,尤其是对于具体文意的理解上。

笔者在前文中提到,朱子对《大学》文本中词义进行注释的大约有近一百处。其中,有一半以上是属于"陈说"的训解方式,有四分之一左右是属于"直训"的训解方式,剩下的四分之一则包含有"转训"的方式,指明字误的方式,(即"亲民"中的"亲"当作"新"),还有几处是指出语助词和表达语气的方式。郑玄对《大学》文本中词义进行注释的大约有六十多处,其中,接近一半的方式属于"直训",即大约有三十处左右,有四分之一左右属于"转训",还有四分之一左右属于"陈说",这就是说郑玄使用"转训"与"陈说"的方式各有十五处左右。

---

① 俞樾:《四书辨疑辨》,上海古籍出版社1987年版,第707页。
② 朱子将《大学》引文与《诗》、《书》本文校勘,指出引文与原文文字有出入的有7处,这与郑玄和孔颖达是一致的。

将郑玄的注释跟朱子的注释相比较就可以发现，有接近三十处是朱子承袭郑玄《大学注》的地方，有十五处左右是两者存在较大差别的地方，有两处是稍微有区别的地方。剩下的十五处左右是郑玄有训释而朱子没有的。当然，朱子的训释中也有多处是郑玄没有注释的。而孔颖达的《大学正义》中对字词进行注释的地方大约也有六十处，其中有接近一半属于"直训"，即三十处左右，有不到十处属于"转训"，有接近二十处属于"陈说"，有三处是指出语助词。当然，陆德明对于出现语助词的地方也注释了八处左右，其中三处被朱子直接采用。

从上文的统计中可以看出，郑玄、孔颖达、朱子三人所采用的最多的注释方式就是"直训"，同时孔颖达和朱子还将郑玄部分"转训"的训释变成了"直训"。此外，尽可能地注释文字的本义是"直训"和"转训"最主要的目的，尤其是对《大学》文本引用的《诗经》、《尚书》中的字词的解释，这也是郑玄、孔颖达和朱子三人注释相同最多的地方，这说明朱子在注释字词时对于郑玄、孔颖达的注释是赞同的，而且存在着大量的承袭、吸收。

朱子的《大学》学具有着非常明显的继承性，这当然也包含其对二程《大学》的理解与继承，尤其是在"天理"与具体的为学路径上，朱子在其对《大学》的修改中有着明显的体现，学界早有提及，兹不赘言。

综上所述，朱子《大学》学最核心的部分集中在《大学章句》中，而《大学章句》的内容是研究朱子学必不可少的资料。从文本注释的角度来看，朱子的《大学章句》主要包括释字音、释词义、释篇章三方面的内容。从对词语的训解方面来看，朱子除了少部分是继承郑孔而来以外，两者之间的差异还是非常明显的。但是，朱子《大学章句》具有明显的继承性。所谓的继承性就是说，朱子的阐释是在前人注解的基础上进行的，能够明显地看出朱子对前人研究成果的继承，其继承性主要体现在对于郑玄、孔颖达、陆德明、二程等人的承袭，可以从字音与名物制度的训解、字词的注释三个角度来看，存在着大量的承袭、吸收。

第二节 朱子的"格物"学说

朱子的"格物致知"补传是朱子《大学章句》诠释的核心，从朱子认为《大学》是"修己治人"的工夫时起,"修己"与"治人"就变成了《大学》教人最重要的内容。而"修己"的内容又包含格物、致知、诚意、正心、修身这五个方面,其中由于朱子所补"格物致知传"的缘故,"格物"可谓是其最重要的内容了。而"治人"则包含齐家、治国、平天下三个方面,与"三纲领"之中的"新民"也是同样的意思。朱子对于"格物"的内涵、过程有着自己独特的理解,是一套完整的思想体系,其关于"格物"的目的、选择也有不同的阐释,这就需要我们对朱子"格物"说的目的、内涵、过程、选择以及其思想性质有一个全面的理解。

一 格物的内涵

朱子在"格物致知"补传中说:

> 所谓致知在格物者,言欲致吾之知,在即物而穷其理也。盖人心之灵莫不有知,而天下之物莫不有理,惟于理有未穷,故其知有不尽也。是以《大学》始教,必使学者即凡天下之物,莫不因其已知之理而益穷之,以求至乎其极。[1]

从朱子对"格物"的解释中可以看出,对"致知"的要求是"即物而穷其理"。也就是说对"格物"的要求就是"即物而穷其理",即"格物"包括"即物"与"穷其理"两方面。但是由于"理有未穷",所以又必须"益穷之,以至乎其极",所以"格物"在前面"即物""穷其理"的基础上又包含"至其极"的一面。在朱子的理解之中,"格物"之意与"穷理"之意基本上是等同的,因为"穷理"也必须包含"即物""穷其理"、"至其极"三方面。因此,"格物"的内涵实际上包含即物、穷其理、至其极三个方面。

(一)"即物"之"物"

"格物"作为一个系统的工夫过程,既然包含即物、穷其理、至其极三方面内容,那么,首先需要明确的就是要确定"即物"之"物"的内

---

[1] 朱熹:《四书章句集注》,中华书局2010年版,第8页。

涵是什么。在朱子的理解之中,所即之"物"是指天下之物,包含"事"与"物"两个方面。朱子说:

> 所谓穷理者,事事物物,各自有个事物底道理,穷之须要周尽。若见得一边,不见一边,便不该通。穷之未得,更须款曲推明。盖天理在人,终有明处。①

很显然,朱子在这里所说的"物"首先是指天下之"物",且此"物"包含"事事"与"物物"两个方面,这也就确定了即物的范围与对象。对于"物",我们都很容易理解,是指一件件的具体实物。那么"事"又具体包含哪些方面呢?事,一般是指自然界与人类社会中的一切活动与现象,比如事务、现象、情况等。应该说,朱子所说的"事事"是同时包含自然界中发生的现象与活动,同时也包含人类社会中所发生的现象与活动,也就是说,"事事"包含着自然界与人类社会中所发生的一切现象与活动。由此来看,朱子所理解的"即物"之"物"的范围十分全面。

但是,从朱子后面对于"正心""诚意"等的诠释来看,此"事事"所包含的更多的是指人类社会中的现象与活动,不仅包括人类所从事的各项具体活动,而且也应当包含人类所特有的思维活动。朱子说:"'明诸心,知所往',穷理之事也。'力行求至',践履之事也。穷理,非是专要明在外之理。如何而为孝弟,如何而为忠信,推此类通之,求处至当,即穷理之事也。"② 便是最好的证明。

由此来看,朱子所说的"格物"之"物"不仅包括具体的实物,而且还包括自然界与人类社会中的活动现象和思维活动。而人类的思维活动其实主要是指人"心"的活动,可以说朱子的"格物"说是包含"格心"说的内容的,但这只是朱子"格物"说中的一个方面而已,并不能将朱子的"格物"说理解为"格心"说。

由此我们也可以看出来,格物的对象不仅无所不包,而且格物的范围

---

① [宋] 黎靖德编:《朱子语类》卷第十五,中华书局 2011 年版,第 289 页。
② [宋] 黎靖德编:《朱子语类》卷第三十,中华书局 2017 年版,第 776 页。

也是无所不包的，其对象有多么宽广，其范围就有多么宽广。

（二）"穷其理"之"理"

朱子认为，穷其理的原因在于"惟于理有未穷"①。那么，穷其理之"理"到底是指什么呢？笔者认为，此"理"应该从两个角度来理解。第一，此"理"是天下事事物物本身所固有的"理"，不论人们穷还是不穷，格还是不格，其"理"都是一种客观的存在，就像事事物物作为一种客观存在一样。第二，人们要想穷格此"理"或者说获得此"理"，就必须要充分发挥人"心"的认识作用，充分发挥人"心"的智慧或者充分发挥人"心"认识事事物物之"理"的能力。

虽然"理"是客观存在于事事物物之中，但是此"理"若要被学者所"穷格"到，就必须依靠人"心"的认识作用去穷格。《朱子语类》中记载：

> 或问："所谓'穷理'，不知是反己求之于心？惟复是逐物而求于物？"
>
> 曰："不是如此。事事物物皆有个道理，穷得十分尽，方是格物。不是此心，如何去穷理？不成物自有个道理，心又有个道理，枯槁其心，全与物不接，却使此理自见！万无是事。不用自家心，如何别向物上求一般道理？不知物上道理却是谁去穷得？"②

这就是说要以人"心"去穷格事事物物之"理"，最后使人"心"能够认识此事物之"理"。可以说，被人"心"所认识、理解的"理"已经不是原来的客观存在的"理"了，而是与人"心"合而为一之"理"。而与人"心"合而为一之"理"就是"义理"，也就是宋明理学中"天理"在人身上的反映。

而这也正是朱子多次在《朱子语类》中所强调"穷理"的重要原因之所在。只有通过了"即物""穷其理"的步骤才能真正将天理、事事物物之理（物理）、义理变成一个统一的东西存在于学者身上。"穷其理"

---

① ［宋］朱熹：《四书章句集注》，中华书局2010年版，第8页。
② ［宋］黎靖德编：《朱子语类》卷一百二十一，中华书局2011年版，第2940页。

的工夫是无论如何都不可缺少的，一旦缺少了"穷其理"的过程，"格物"学说也就不再是一个完整的工夫。

（三）"至其极"之"极"

在经过了"即物""穷其理"的内容之后，还要做到"至其极"。"至"，就是"到"的意思。"极"就是极端处，也就是朱子所说的"周尽"。朱子说："所谓穷理者，事事物物，各自有个事物底道理，穷之须要周尽。"① 由此可以看出，"至其极"的意思就是到达它的极端之处。那是到达什么东西的极端之处呢？根据朱子的阐述，"至其极"就是要到达事事物物之"理"的极端处，其实是对"穷其理"的一个修饰和限定。

故此，朱子的"至其极"可以理解为：人"心"要穷格事事物物之"理"，以求使人"心"的认识能力与此事物之"理"合二为一，即"义理"。且在此基础上，还要不断穷格其他事事物物之"理"，务必要周尽一些，或者说要穷格这些事事物物之"理"到达一定的境界与极至处。

综上所述，朱子"格物"说的内涵包含三方面的内容，"即物""穷其理""至其极"。用我们现在的语言来说，首先，要有一些具体的事事物物放在那里，这些事事物物都有其"理"存在，不论这些事事物物是具体的实物还是抽象的思维的东西，接下来学者就要接触这些事事物物，而接触这些事事物物最重要的便是人"心"；其次，通过人"心"所具有的智慧与认识能力来穷格事事物物之"理"，使人"心"能够跟事事物物之"理"合而为一，即得到了"义理"；最后，在此基础上，还要不断穷格其他事事物物之"理"，务必要周尽一些，或者说要穷格这些事事物物之"理"到达一定的境界与极至处。这才是朱子"格物"学说的完整内涵。

二 格物的过程

既然朱子认为格物是一种工夫，那么，它就一定会有相应的步骤。朱子的格物工夫其实是在承袭二程观点之上进一步发展而来的，因此，格物的步骤用程颐的话可以表述为"须是今日格一件，明日又格一件，积习

---

① ［宋］黎靖德编：《朱子语类》卷第十五，中华书局2017年版，第289页。

既多，然后脱然自有贯通处。"① 这就是说，学者通过一件件的穷格事事物物之"理"的不断积累，积累的事物之"理"足够多，然后才能达到脱然贯通之处。即学者欲达到脱然贯通之处，需要不断地积累一件件的事事物物之"理"。

可以说，学者能够达到豁然贯通的境界已经是格物完成的一个重要组成部分，但还不是最终的境界。在《大学或问》中，朱子对"格物"目标的最终表述是"理之在物者既诣其极而无余，则知之在我者亦随所诣而无不尽"，"于天下之物皆有以究其义理精微之所极，而吾之聪明睿智亦皆有以极其心之本体而无不尽。"格物的最终完成还需要一个步骤，那就是推类。

由此，我们可以看出，朱子所理解的"格物"过程其实可以分为三步，第一步是积累，第二步是脱然贯通，第三步是推类。

（一）积累

前文提到，格物的内涵包含"即物""穷其理""至其极"三方面。积累的过程其实就是在说"即物""穷其理"。而脱然贯通与推类则属于"至其极"的范畴。在这里，我们需要解决一个问题，那就是为什么朱子要强调积累呢？其实这跟朱子对于"理"的认识是有关系的。简单来说，朱子所认为的"理"是分为三个层面的，我们可以用"性理"、"物理"与"义理"来说明。②

所谓的"性理"就是指一切事事物物都具备的、完全相同的理，也可以称为"天理"，也是朱子所经常说的"理一"；所谓的"物理"就是指一切事事物物所独特的、具体的分理，每一个事事物物都是不一样的，都是存在差别的。所谓的"义理"就是指学者通过"心"来穷格事事物物之"理"之后所得到的"理"。而这个穷格事事物物之后所得到的"理"就是"天理""物理"与人"心"通过认识能力理解之后的"义理"。

朱子之所以强调积累就在于事事物物"物理"的层面。因为在朱子

---

① 程颢、程颐：《二程遗书》，上海古籍出版社2000年版，第237页。
② 关于性理、物理与义理三者，陈来先生在《朱子哲学研究》一书中有详细论述，此处借用陈来先生所提出的这三种"理"来说明问题。

看来,他所理解的格物对象是天下所有的事事物物,也就是说是一个个具体的事事物物,虽然这些事事物物都包含有那个完全相同的"性理"或者"天理",但具体到每一个事事物物身上又都是独特的、具体的、不一样的"分理"或者"物理",所以说,要穷理首先就是要穷格这些一个个具体的事事物物之"理"。

朱子强调对事事物物之"理"的积累,这说明朱子认为积累事事物之"理"是一个必须要经过的过程,如果舍弃这个过程,人是不可能穷格天下所有的事事物物之"理"的,更何况是"天理"呢?因此,学者只有通过不断的积累,才有可能从对具体的事事物物之"理"的认识,上升到一种普遍性的认识,再由这种普遍性的认识逐渐认识所有事物之"理",也就是说学者要通过对一件件具体的事事物物之"理"的积累而达到对某一类事事物物之"理"的普遍性的认识,而这正是朱子强调学者要不断积累认识事事物物之"理"的原因所在,同时也是朱子反对"格一物而通万理"的理由之所在。

(二) 脱然贯通

关于积累事事物物之"理"的说法,并不是朱子最早提出来的。最早提出积累事事物物之"理"观点的是二程,而朱子是在二程的基础上有所承袭并进一步发展。朱子承袭了二程的学说认为,通过今日格一物、明日格一物的逐渐"积累",学者的认识便能达到"豁然贯通"的阶段。朱子说:

> 是以《大学》始教,必使学者即凡天下之物,莫不因其已知之理而益穷之,以求至乎其极。至于用力之久,而一旦豁然贯通焉,则众物之表里精粗无不到,而吾心之全体大用无不明矣。此谓格物,此谓知之至也。①

按照二程与朱子的说法,经过日复一日的不断积累,等积累到达一定的程度,学者在思想认识上就会有一个巨大的飞跃,达到豁然贯通的境界。豁然贯通标志着学者进入了知已至、物已格的极高境界。根据朱子的

---

① [宋]朱熹:《四书章句集注》,中华书局2010年版,第8页。

说法，在经过人"心"对事事物物之"理"的不断积累过程之后，"脱然贯通"的认识是一种自然而然地实现的过程。需要指出的是，朱子有的时候用的是"豁然贯通"，有的时候用的是"脱然贯通"，事实上都是一个意思。

在这里，存在一个问题，那就是朱子所说的"脱然贯通"与佛教所说的"顿悟"之间的关系是怎么样的？到底是同一个问题的不同说法，还是两个截然不同的概念？朱子所讲的"脱然贯通"是不是就是佛教所说的"顿悟"呢？况且朱子年轻之时还学习过佛教的修养方法，难道这是朱子受佛教影响的体现？其实答案是否定的。朱子在"格物"的过程中所讲的"脱然贯通"跟佛教所讲的"顿悟"完完全全是两回事，两者根本不能放在一起进行比较。

有很多学者认为，"脱然""顿悟"之类的概念一定与佛教有关系，其实这种说法有些片面。就我们的日常生活来看，"豁然贯通"也是很常见的一个用词，并不一定非得跟佛教产生关系。陈来先生对于两者之间的区别有着明确的阐释，陈先生认为，朱子的"豁然贯通"思想与佛教的"顿悟"思想有着巨大的差距。这是因为佛教所强调的"顿悟"是一种宗教境界的突然觉悟，是人内心的一种神秘体验，与经验知识毫无关系。而朱子所说的"豁然贯通"则特别强调日常经验知识的积累，是一种在日常经验积累基础上的、自然而然产生的，而不是宗教意义上的突然觉悟。①

"世人之心止于见闻之狭，圣人尽性，不以见闻梏其心。"伯丰问："如何得不以见闻梏其心？"曰："张子此说，是说圣人尽性事。如今人理会学，须是有见闻，岂能舍此？先是于见闻上做工夫到，然后脱然贯通。盖寻常见闻，一事只知得一个道理，若到贯通，便都是一理，曾子是已。尽性，是论圣人事。"②

"世人之心止于闻见之狭，圣人尽性，不以见闻梏其心"，语出自于

---

① 陈来：《朱子哲学研究》，华东师范大学出版社 2000 年版，第 306 页。
② [宋] 黎靖德编：《朱子语类》卷第九十八，中华书局 2017 年版，第 2519 页。

张载的《正蒙·大心》。伯丰向朱子请教张载此句话的意思。朱子认为，张载这句话是在说"圣人尽性"这件事。就像现在的学者立志于学一样，必须先有一些见闻，这些都是不能舍弃的。首先在见闻上做到了工夫，然后在学上才可能"豁然贯通"。在我们平常的见闻之中，每一个具体事物都只具有一个道理，不同的事物，它们的"理"也是各不相同的。格物穷理的过程就是要通过人"心"的认识能力去认识一个又一个的不同事物之"理"。认识到"一事只知得一个道理"只是格物的第一步，接下来还要通过人"心"的认识能力去认识更多事事物物之"理"，在人的"心"积累到足够多的事事物物之"理"后，人的"心"就能超越这些不同事物之"理"，站在一个更高的层次上来把握这些"理"，也就是朱子所说的"脱然贯通"。

脱然贯通是指学者能够从普遍性原理的层次来把握一个个具体的事事物物之"理"，从万事万物万"理"的层次上升到万事万物"一理"的层次。从"积累"到"脱然贯通"的过程，人"心"的认识能力始终起着非常关键的作用，这也是学者所绝不能忽视的。

朱子常常打比方说，具体的事事物物之"理"就像是一大堆散乱的铜钱，"贯通"就像是用一根绳索将散乱的铜钱都穿在一起。可以说，这正是朱子从普遍性原理的层次来把握每一个具体的事事物物之"理"。朱子的这个比喻非常形象，每一个具体的事事物物之"理"就像是一个个具体的铜钱，而绳索就像是这些铜钱所体现出来的一种普遍性的特征——中间的方孔。虽然朱子的这个比方跟"积累"与"脱然贯通"的本质还是有着较大的差别，但胜在比较形象。

故此，根据朱子的解释，"脱然贯通"是从具体的事事物物之"理"上升为普遍性原则之"理"的过程，是从单一的、具体的原则与规律上升到普遍性的原则与规律的过程。具体的事事物物就是朱子所说的"万"，普遍性的原则与规律就是朱子所说的"一"，对于"一"的把握需要通过对具体的事事物物之"理"的认识的不断积累来实现。

因此，朱子说："所谓一者，对万而言。今却不可去一上寻，须是去万上理会。"[1] 所以说："而今不是一本处难认，是万殊处难认，如何就万

---

[1] ［宋］黎靖德编：《朱子语类》卷第二十七，中华书局2017年版，第680页。

殊上见得皆有恰好处",①"圣人未尝言理一，多只言分殊。盖能于分殊中事事物物，头头项项，理会得其当然，然后方知理本一贯。不知万殊各有一理，而徒言理一，不知理一在何处。"② 学者只有通过不断的积累到达贯通的层次，从"理一分殊"的角度而言是说使学者的认识从分殊上升到理一，以掌握"众理之统"。从对事事物物之"理"的不断"积累"到"脱然贯通"的境界，这就是朱子"格物"说过程的前两个步骤，也是最重要的一个过程。

（三）推类

前文已述，从"积累"到"脱然贯通"的境界，从事事物物具体之"理"到"天理"是朱子"格物"说最重要的一个过程，这意味着学者真正进入了知已至、物已格的层次。但是，学者们所理解的"万理本乎一理"还不是朱子"格物"说的最终完成状态，也就是说还没有达到"于天下之物，皆有以究其义理精微之极"的层次。

从朱子对"脱然贯通"的解释来看，将天下所有的事事物物之"理"都穷格一遍既不现实，也没有必要，但是"脱然贯通"的境界也还未能达到"众物之表里精粗无不到"③ 的层次。因为还有很多事物没有经过穷格，这些未经穷格的事事物物当然不可能自己自动转化为被学者所认识的"义理"。所以，朱子对于这个问题有着比较清晰的认识，在达到"脱然贯通"的境界后，学者还需要有一个"推类"的过程。

学者只有通过不断地积累，达到豁然贯通的境界，然后进一步推类，使未穷格的事事物物之"理"都变成学者自己的"义理"，只有这样才能算是真正到达了格物的最高层次，也就是前文所说的"至其极"境界。朱子说：

> 如何要一切知得！然知至只是到脱然贯通处，虽未能事事知得，然理会得已极多。万一有插生一件差异底事来，也都识得他破。只是贯通，便不知底亦通将去。④

---

① ［宋］黎靖德编：《朱子语类》卷第二十七，中华书局2017年版，第689页。
② 同上书，第677—678页。
③ 朱熹：《四书章句集注》，中华书局2010年版，第8页。
④ ［宋］黎靖德编：《朱子语类》卷二十七，中华书局2011年版，第396页。

朱子认为，学者如果达到"脱然贯通"的境界之后，对于还没有进行穷格的事事物物之"理"是能够依据普遍性原理举一反三的，能对所要穷格的事事物物之"理"作出一个大致的判断，推出这些具体的事事物物之"理"。朱子说：

> 今以十事言之，若理会得七八件，则那两三件触类可通。若四旁都理会得，则中间所未通者，其道理亦是如此。盖长短大小，自有准则。如忽然遇一件事来时，必知某事合如此，某事合如彼，则此方之事亦有可见者矣。圣贤于难处之事，只以数语尽其曲折，后人皆不能易者，以其于此理素明故也。①

"推类"可以看作是"脱然贯通"基础上的进一步发展。朱子所要阐述的格物穷理，是说"脱然贯通"是学者运用"推类"的方法认识其他尚未穷格的事事物物之"理"提供了充足的条件，就好像是"才拈来便晓得"一样，而不是说要将其余尚未穷格过的事事物物之"理"都变成自己所获得的"义理"。从这个角度来说，"推类"的过程则标志着"穷尽物理"了。

那么，朱子到底是如何进行推类的呢？朱子在任漳州知府之时曾考辨过田讼之事，可以看作是朱子自己实践推类的一个典型案例，朱子认为田地"如四旁已穷得，中央虽未穷得，毕竟是在中间了，将来贯通，自能见得。"②

朱子指出，一个事物必然会与周围的事物存在着一定的共同点或者说联系。所以，陈来先生根据这一点对朱子的推类思想进行了一个解释。陈先生认为，推类的意思是说，对于同一个类型的事事物物，可以通过对此类型中的大多数进行研究，以此来发现它们的共同点，由此可以知道此类型的事事物物中未曾研究过的事物。很明显，这种方法是从一般向个别的推论，其性质属于演绎。③ 陈来先生对朱子进行推类的方法分析可谓十分

---

① [宋] 黎靖德编：《朱子语类》卷第二十七，中华书局2011年版，第407页。
② [宋] 黎靖德编：《朱子语类》卷第十八，中华书局2017年版，第396页。
③ 陈来：《朱子哲学研究》，华东师范大学出版社2000年版，第312页。

到位。

笔者认为，朱子"推类"的过程可以理解为从"积累"到"脱然贯通"的逆向进行。笔者在前文中已经说了，从"积累"到"脱然贯通"的过程就是从万事万物"万理"到万事万物"一理"的过程，就是到"理一"的过程。前面的万事万物可能是很多种同一类型的事事物物，但依然存在学者暂时尚未穷格的事物，而"推类"就是在"脱然贯通"的基础上，由以前所积累的众多事物之理的共性或者说是众多事物的普遍性原理、规律反推向某一种学者现在需要穷格的事物，以此来获得此事物之"理"，这样学者就可以在最短的时间内获得此事物之"理"，也就是能够"穷尽物理"了。在此过程中，人"心"的认识能力起着非常重要的作用，这一点我们绝不能忽视。事实上，朱子"格物"学说既包含"格物"的一面，又包含"格心"的一面，但无论是"格物"还是"格心"，人"心"的认识作用一直存在于其中。

综上所述，朱子"格物"说的过程可以表述为，学者要充分发挥人"心"的认识作用不断积累事事物物之"理"，在积累了足够多的具体的事事物物之"理"后，才能达到"脱然贯通"的层次，即学者由对万事万物"万理"的认识上升到对万事万物"一理"的认识；在此基础上，如果还需要对某一种具体事物之"理"进行认识，此时学者便要充分发挥人"心"以前所得到的"脱然贯通"之"理"反推到某一种事物之上，以便顺利得到此事物之"理"，此时才是真正完成了"格物"。虽然这种表述显得比较拖沓，但是如此才算完整。事实上，能够从"积累"到"脱然贯通"就已经算是完成"格物"最重要的组成部分了，而在此基础上的进一步"推类"并不是一个普遍性的存在，但如果缺掉了"推类"的过程，"格物"说也会变得不完整。不得不说，朱子的"格物"学说是一个非常严密的思想体系。

三 格物的选择、目的、性质

前文已述，格物穷理一般要经过积累——脱然贯通——推类的过程，但是在具体的格物过程中，肯定会遇到各种各样的困难。

（一）格物对象的难易选择

比如说，对于格物穷理对象难易的选择上，程颐与朱子的老师李侗便存在着较大的差异。程颐在论述"致知"时曾经说:"若一事上穷不得,且别穷一事",① 而李侗则说:"凡遇一事,即当且就此事反复推寻以究其极。待此一事融释脱落,然后别穷一事,久之自当有洒然处。"②

程颐认为,当学者穷格事物之理时,如果有一件事情不能穷,那么就可以先放下去穷别的事情;而朱子的老师李侗则认为,一旦遇见一件事情,就应当在这件事情上面反复地推究这件事物的道理,直到这件事情你能完全理会,接下来你才能去穷格别的事物之理,这样不断地积累下去,到达一定程度之后,心中自然会有所得。在这些困难之中,有些是能像李侗说的那样经过"反复推寻"能够探究其理的,但有的事情则是比较困难的,是像程颐所说的那样暂时"穷不得"其理的,此时学者究竟该怎么做呢?

对于这个问题,朱子也曾专门回答过门人。朱子在《答李尧卿四》一文中说:

> 程子之言诚善,然穷一事未透,又便别穷一事,亦不得。彼谓有甚不通者,不得已而如此尔,不可便执此说,容易改换,却致工夫不专一也。③

《朱子语类》中也曾记载:

> 仁甫问:"伊川说:'若一事穷不得,且须别穷一事',与延平之说如何?"曰:"这说自有一项难穷底事,如造化、礼乐、度数等事,是卒急难晓,只得且放住。……延平说,是穷理之要。若平常遇事,这一件理会未透,又理会第二件;第二件理会未得,又理会第三件,怎地终身不长进。"④

---

① [宋]黎靖德编:《朱子语类》卷第十八,中华书局2017年版,第397页。
② 同上书,第422页。
③ [宋]朱熹:《答李尧卿四·晦庵先生朱文公文集卷五十七·朱子全书》,上海古籍出版社、安徽教育出版社2002年版,第2706页。
④ [宋]黎靖德编:《朱子语类》卷十八,中华书局2011年版,第397—398页。

朱子认为，在一般情况下，应该像李侗（李延平）所说的那样"反复推寻"，遇到一件事情尽可能将这件事情弄明白，然后再去穷格另一件事物。如果不这样做的话，就可能导致学者逃避困难，导致学者的工夫无法专一，这样就不能长久地进行事物之理的积累，脱然贯通之处也就变得遥遥无期，不能实现了。但是，如果学者在格物之时真的遇到非常难以攻克的困难，即出现程颐所说的"穷不得"之时，就可以按照程颐所说的"且别穷一事"，先将这个非常困难的事情放一放，将其他简单的事情先穷格，等到有了一定积累之后再来穷格。

由此可见，朱子在对待格物对象的难易选择时，认为遇见一般的事情时就按照李侗的说法去做，当遇到非常困难的事情时就按照程颐的说法去做，既要有一定的原则性，但也要有合理的变通性。这种原则性与变通性对于我们今天的实践依然有着重要的指导意义。

（二）格物对象的先后选择

在朱子的"格物"说中，事事物物都有理，也都是学者当穷之事物，那么在选择所格之物的对象时，有没有先后的顺序呢？答案是肯定的。选择所穷之物的对象是有轻重缓急的，要按照格物的主要目的进行选择。那朱子所理解的"格物"的主要目的又是什么呢？

朱子所讲的"格物"说，从其出发点与最终目的来看，"要在明善，明善在格物穷理。"[①] 从"格物"的过程与范围来看，则包括认识自然事物的规律和本质。因此，朱子的"格物"说，既反对"只泛观物理"，又反对排斥只观察物理。既主张"以反身穷理为主"，又积极肯定见闻之知作为充扩知识的必要途径。在朱子的理解中，只有如此才是真正的合内外之道，才是真正的格物。

朱子对许多事物都有浓厚的兴趣，也曾经广泛地研究过很多事物，这让他成为一个具有多方面成就、学识渊博的学者。就朱子个人的实践而言，他的"格物"说，虽然在最终的目的上是为把握"天理"，但就穷理的具体对象来说则大量的涉及到具体事物的性质与规律。朱子从始至终都是主张从认识具体的事物之理着手。正如前文所言，朱子对于"格物"的主要目的有明确的阐述，那就是要"明善"。因此，如果学者将自己格

---

① ［宋］程颢、程颐：《二程集》河南程氏遗书卷十五，中华书局2004年版，第144页。

物之"心"放在了一草一木之上,将格物穷理理解为研究自然事物的方法,那就直接违背了朱子所规定的格物穷理的主要目的了。因此,朱子说:

> 夫学者之所以用功,则必有先后缓急之序、区别体验之方,然后积习贯通,驯致其极,岂以为直存心于一草一木一器用之间,而与尧舜同者无故忽然自识之哉。①

朱子进一步指出:

> 且如今为学而不穷天理、明人伦、讲圣言、通世故,乃兀然存心于一草一木器用之间,此是何学问。②

朱子将草木之器的穷格放在了"天理""人伦""圣言""世故"之后,朱子并不是说一草一木一器用之类不可穷格,而是说学者不应该将自己的主要精力都投向草木器用的钻研,因为还有更重要的事事物物之理在等着学者去穷格。

虽然朱子认为草木器用也应该穷格,但是要注意穷格之时不可以没有先后次序。

朱子强调"博学,谓天地万物之理,修己治人之方,皆所当学。然亦各有次序,当以其大而急者为先,不可杂而无统也。"③ 朱子强调"格物"的重点在于"读史书""应事物",④ 而草木器用之理也应该进行研究,但却处于次要地位。朱子在《朱子语类》中曾多次提到"格物"的重点首先要放在"读史书""应事物",这是朱子对"格物"对象的先后

---

① [宋]朱熹:《吕氏大学解·晦庵先生朱文公文集卷七十二·朱子全书》,上海古籍出版社、安徽教育出版社2002年版,第3493页。

② [宋]朱熹:《答陈齐仲·晦庵先生朱文公文集卷三十九·朱子全书》,上海古籍出版社、安徽教育出版社2002年版,第1756页。

③ [宋]黎靖德编:《朱子语类》卷第八,中华书局2017年版,第397—398页。

④ [宋]朱熹:《答吴伯丰一·晦庵先生朱文公文集卷五十二·朱子全书》,上海古籍出版社、安徽教育出版社2002年版,第2420页。

顺序所作的规定，而此规定也就决定了"格物"思想的性质。

（三）格物思想的性质

朱子的"格物"说可以说是代表当时宗法社会地主阶级统治的长远和整体利益的正统意识形态。其主要目的是要通过这种理论来改造和培养符合该社会根本利益的士大夫与官员队伍。从儒家的圣人境界来说，也要求将人培养成具有从博学到笃行的全面人格的人。故此，朱子不但主张士人和官员在道德上要符合宗法社会的根本利益，而且对于历史和自然事物也要有广泛、深刻的认识。也就是说个人的道德境界要高，学问知识也要充足。

朱子重视学问知识并不是为了促进科学发明与学术发展，也不是为人类增进福利，而是为了个人修身养性和国家长治久安。朱子所重视的知识不但受到阶级与历史的限制，其范围也有较大的局限性。

陈来先生认为，朱子所提倡的知识大部分属于传统儒家所规定的、统治国家所需要的天文知识、农业知识，以及为礼制服务的法律、历史知识。[1] 在这些知识当中，基本上包括历史知识、政治知识、道德文化知识以及各种典章制度知识。但是，这些知识却不是为探求客观世界的科学技术的发展而准备的，注定与新时代的知识无关，因此，也存在着非常大的时代局限性，不能一味地夸大朱子"格物"思想的价值。

可以说，陈先生对于朱子的"格物"思想性质把握到了核心，我们虽不能一味地夸大朱子"格物"思想的价值，尤其是在当今社会对于以物质创新为核心的时代背景下，对于物质的选择性忽略是朱子理学思想一个较为显著的特点，应该指出其不足。但是，朱子的"格物"思想所处的思想高度却是值得我们好好学习并实践的，朱子的"格物"思想是站在国家治理的高度来讲的，而一个国家的领导阶层如果思想高度较低的话对于整个国家的长治久安而言是百害而无一利的，所以其思想高度还是应该肯定的。

综上所述，朱子的"格物致知"补传是朱子《大学章句》诠释的核心，而"格物"思想则是其最重要的内容了。朱子的"格物"学说是一套非常严密的思想体系，不仅有着丰富的内涵，而且也是一套系统的工

---

[1] 陈来：《朱子哲学研究》，华东师范大学出版社2000年版，第303页。

夫。这就需要我们对朱子"格物"说的内涵、过程、目的、选择以及其思想性质有一个全面的了解。从其目的来看,"明善"是"格物"最主要的目的;从其内涵来看则包括即物、穷其理、至其极三个方面;从其过程来看,可以分为三步,第一步是积累,第二步是脱然贯通,第三步是推类。从其选择来看,则包括格物对象的难易选择与先后选择;从其性质来看,其性质是代表当时宗法社会地主阶级统治的长远和整体利益的正统意识形态。从其目的来看,朱子的"格物"思想,既要肯定其有着较大的思想意义,尤其是从统治阶层的角度所体现出来的思想高度,同时也不能过大的夸大其价值,忽视其对器物之格的有意忽视。

第三节 新民说

在《大学》原文中,"新民"本当为"亲民",自从伊川先生将"亲民"改为"新民"之后,朱子在《大学章句》中承袭之,并加以阐释。可以说,从《大学》学术史的角度来看,伊川先生改"亲民"为"新民"具有划时代的意义,《大学》所具备的"修己治人"的意义才完整表现出来,《大学》也才引起人们的强烈重视。正是由于朱子对二程"新民"思想的承袭与"格物致知传"的补写,朱子才能将《论语》、《孟子》、《大学》与《中庸》加以重新整合,才能构建其以《四书》为核心的"修己治人"的"理学"思想体系。

在朱子的思想中,朱子认为"明明德"是"本",是《大学》的总纲;而"新民"则是"明明德"的自然外延,是"末"。虽然"新民"相比"明明德"地位较差,但这并不意味着"新民"思想就不重要,反而,学者如果要完整认识"明明德"的内涵,则必须了解"新民"思想的内涵。所以,朱子在《大学》中对于"新民"思想的内涵也有详细的阐述。

一 新民的内涵

在对于"亲民"一词的理解上,朱子承袭了程子"亲,当作新"[1]的观点。这里的程子当指伊川先生而言,即程颐。明道先生在其《大学

---

[1] 朱熹:《四书章句集注》,中华书局2010年版,第4页。

改本》中并没有将"亲"改作"新",依然是采用原字"亲"。但是,在《河南程氏遗书》中,两位先生已经开始对"新民"作出了一些解释。如二程说:"明德新民,岂分人我,是成德者事。"① 此外,还进一步提出"新民,以明德新民。"② 由此可见,二程认为"明德"跟"新民"是一个整体的事物,同时指出了由谁承担"新民"的责任以及如何才能够真正"新民"。

对于二程"新民"之说,朱子在直接承袭的基础上,结合自己对儒家社会政治思想的理解,尤其是对于孔孟教化思想的理解,进一步阐述了"新民"学说的内涵。

第一,朱子从《大学》"三纲领"之间的相互联系出发,认为学者首先要能"明明德",而"明明德"之后的自然延伸必然就是"新民","新民"之过程与内容就是前面"明明德"的自然要求。如果只是学者自明"明德"而未去"新民",那根本就不是真正的"止于至善",那么,《大学》"三纲领"的意义也就减弱了。

朱子在《大学或问》中这样阐述:

> 然其所谓明德者,又人人所同得,而非有我之得私也。向也俱为物欲之所蔽,则其贤愚之分,固无以大相远者。今吾既幸有以自明矣,则视彼众人之同得乎此而不能自明者,方且甘心迷惑没溺于卑污苟贱之中而不自知也,岂不为之恻然而思有以救之哉!故必推吾之所自明者以及之,始于齐家,中于治国,及终及于平天下,使彼有是明德而不能自明者,亦皆有以自明,而去其旧染之污焉,是则所谓新民者,而亦非有所付畀增益之也。③

在朱子的理解中,"明德"是每一个人都具有的东西,是上天从人一出生就赋予每一个人的东西,而不是说只有某一个人或某些人能够获得此"明德"。但是,由于人有"物欲"的存在,所以,此"物欲"一定会遮

---

① [宋]程颢、程颐:《河南程氏遗书·二程集卷六》,中华书局1981年版,第84页。
② [宋]程颢、程颐:《河南程氏遗书·二程集卷十九》,中华书局1981年版,第247页。
③ [宋]朱熹:《大学或问·四书或问·朱子全书》,上海古籍出版社、安徽教育出版社2002年版,第508—509页。

蔽一部分上天所赋予每一个人的"明德",而这就是人之所以会出现贤人与愚人的原因,然而这种差别其实并不遥远。现在,"我"既然有幸能够自己"明明德",那么"我"看到很多人原本也应该得到此"明德",但是有些不能够自己"明明德"的人,正心甘情愿的迷惑没溺在卑贱污秽的勾当之中却不自知,"我"作为一个有幸"明明德"者岂能没有一点哀怜之情而想着有什么办法来救治他们呢!因此,"我"一定要推送自己所明的"明德"到他们身上,从"齐家"开始做起,到"治国"的时候才完成了一半,最后到能够"平天下"了才是终点。使那些本来就应该具有此"明德",但却不能够自己明其"明德"的人,也都能够自己明其"明德",去掉那些旧有的"物欲"的污染,而这就是"新民",这也不是说有所增加什么东西,主要是说要恢复其本来之性,恢复其本来就有的"仁义礼智之性",本来就有的光明的德性。

朱子认为,《大学》"三纲领"中的"新民",其实是能自"明明德"者自身分内之事,此分内之事是"明明德"者发自内心而没有任何强求,自然而然发生的事情,是"三纲领"之中"明明德"之后的一个必然要求。"明德"并不是一种孤立的存在,是上天所赋予我们每一个人的。虽然"明德"首先是"明明德"者之事,但是在"明明德"者能明自身"明德"之后,却只是"明明德"的一半,能使民"使之亦有以去其旧染之污也"① 才意味着"明明德"内涵的真正完成,才算是真正的"止于至善"。如果从这个角度来看的话,"新民"其实就是"明明德"纲领的自然延续,我们也可以说"新民"的纲领,实际上是存在于"明明德"的纲领之内的。

从"新民"纲领自身的角度来看,"新民"之过程,其实是自己"明明德"之后的自然延伸,前文已经提到,实际上也是"明明德"之事,只有去"新民",进一步"去其旧染之污"② 才能够"止于至善",也才是真正的"明明德"。朱子认为,"不屑于新民"③ 的人,根本就没有明白《大学》的内涵之所在,也没有明白儒家"修己治人"的思想,更未

---

① [宋]朱熹:《四书章句集注》,中华书局2010年版,第4页。
② 同上。
③ [宋]朱熹:《大学或问·四书或问·朱子全书》,上海古籍出版社、安徽教育出版社2002年版,第509页。

明白学者"为己之学"的真正内涵,而这正是"及孟子没而其传泯焉"①的具体体现。

因此,朱子进一步指出,自"明明德"的学者能够"新民"的原因,是因为"迷惑没溺于卑污苟贱之中而不自知"②的人的"明德"跟自"明明德"的"明德"是一样的,都是上天所赋予的,两者之间的这种差别其实并不遥远,也没有性质上的差别,由此,未"明德"之人是可以明其"明德"的,自"明明德"者只要能让未"明德"之人明其本有之德就可以了。可以说,这是"新民"的内在依据,同时,这也是"明明德"的学者本身的责任之所在。

第二,朱子认为《大学》文本中的"新民"思想,其实是孔孟教化思想的体现。实际上,朱子认为《大学》就是孔孟二圣教化民众的一本书,也可以说是一本"新民"之书,是圣贤依据天赋使命来完成"新民"要求的一本书。完成"新民"任务最主要的方法就是要"治之教之",其最终目标便是恢复其"仁义礼智之性",恢复其本来就具有的光明的德性。

朱子在《大学章句·序》中也曾作出过相关的阐释：

> 《大学》之书,古之大学所以教人之法也。盖自天降生民,则既莫不与之以仁义礼智之性矣。然其气质之禀或不能齐,是以不能皆有以知其性之所有而全之也。一有聪明睿智能尽其性者出于其间,则天必命之以为亿兆之君师,使之治而教之,以复其性。③

朱子认为,《大学》这本书,是古代的大学用来教育人的原则和方法的。自从上天降生人类以来,上天就无不赋予每个人以仁、义、礼、智的本性。然而,人与人之间的天资和智力是存在差别的,所以并不是每个人都能够知道自己本来就应该具备这些善良和理智的本性并努力保全它。许多人由于没有意识到自己作为一个人本来应该具备的善良和理智的本性,

---

① [宋]朱熹：《四书章句集注》,中华书局2010年版,第3页。
② [宋]朱熹：《大学或问·四书或问·朱子全书》,上海古籍出版社、安徽教育出版社2002年版,第509页。
③ [宋]朱熹：《四书章句集注》,中华书局2010年版,第2页。

在日常生活中缺乏修养,逐步减少甚至丧失了这种善良的本性。其中,最重要的原因就是被人所拥有的"物欲"遮蔽导致的。一旦在社会群体中出现了聪明睿智并且能充分发展其善良本性的人,那么,上天一定会赋予这样的人一个使命或者责任,那就是让他担当众人的君主和老师,让这样的人来治理和教育众人,以恢复众人本来就应有的善良和理智的本性,也就是恢复其"仁义礼智之性"。

朱子的这种说法跟《孟子》"天之生此民也,使先知觉后知,使先觉觉后觉也。予,天民之先觉者也;予将以斯道觉斯民也。非予觉之,而谁也?"[①]的说法可谓是一致的。孟子之于儒家思想最伟大的发明便是发扬了儒家的"心性"之学,尤其是这样一种"舍我其谁"的"明明德"者的精神,对于启发民智、知觉"后民",跟朱子所理解的"明明德"与"新民"紧密地结合在了一起,而这也正是朱子能够通过《大学》的"三纲领""八条目"将《论语》、《孟子》、《中庸》结合成为一个全新的"理学"思想体系最重要的原因之所在。

因此,朱子宁可自己背负无法承受的罪名也要对《大学》的文本作出修改。朱子在《大学章句·序》中提到:

> 顾其为书犹颇放失,是以忘其固陋,采而辑之,间亦窃附己意,补其阙略,以俟后之君子。极知僭逾,无所逃罪,然于国家化民成俗之意、学者修己治人之方,则未必无小补云。[②]

朱子说,二程重新发明了《大学》教人的方法和圣贤的旨义,但是,二程所作的《大学改本》还是有许多不好的地方,因此,"我"才重新对《大学》文本进行了编辑整理。在这种编辑整理的过程中加入了"我"自己的一些想法和观念,尤其是对"格物致知传"进行了补写,补充了《大学》文本所存在的缺失、省略的地方,这就是《大学章句》的由来,以此来等待后来的君子评价、批评、补充。

朱子进一步指出,自己私自变更《大学》文本的顺序,补写"格物

---

① 《孟子·万章上》。
② 朱熹:《四书章句集注》,中华书局2010年版,第3页。

致知传"是一种极其重大的僭越,自己知道这种罪名必然会始终压在自己身上,即使如此,朱子依然要这样做。因为,朱子变更经文顺序、增补传文也是在继承二程《大学改本》的基础上,为了让圣贤所撰写的《大学》本义重新发扬光大,用朱子《大学章句·序》中的话来说就是"然于国家化民成俗之意、学者修己治人之方,则未必无小补云",① 这就是朱子所理解的"新民"思想。我们至少可以从国家与学者个人两个层面进行理解,即"新民"能让国家"化民成俗"形成良好的社会风貌,让学者"修己治人"找到相应的方法与根据,能对于"家齐国治天下平"的理想政治有所帮助。

二 新民的内容

前文已经提到,朱子认为《大学》是一本继承孔孟思想的"新民"教化之书。那么,《大学》中的"新民"思想又包括哪些具体的内容呢?在朱子的理解中,"新民"思想主要包含三方面的内容,我们可以分别从明明德者、所新之民、民众自身生活的角度来看待朱子"新民"思想的主要内容。

第一,从明明德者的角度来说,明明德者首先要能够"推己及人"。

在朱子的理解中,《大学》最重要的内容便是"修己治人",而《大学》中的"治人"之事就是"新民"之事,也就是指齐家、治国、平天下之事。从《大学》后面的三章传文来看,修身齐家、齐家治国、治国平天下的思想核心主要是指,明明德者首先要正心修身,为家人、国人、天下人起到一个示范作用。

在朱子的理解中,明明德者所指的正是"有聪明睿智能尽其性者",② 只有这样的人才能够做亿兆之民的"君师"。我们可以将"有聪明睿智能尽其性者"看作是宋明理学中所说的"大人",这种"大人"都是指既有高尚的道德,又具有较高社会地位的人,比如说国君与大臣,等等。应该说,在朱子的理解中,大学所教的内容主要是"大人"之学,此"大人"之学,必须要具备"穷理、正心、修己"的道德水平,然后还要具有

---

① 朱熹:《四书章句集注》,中华书局2010年版,第3页。
② 同上书,第2页。

"治人"的社会地位。从朱子整个的"理学"思想体系来看，朱子对于"大人"的理解是承袭于孟子对于"天爵"的理解，偏重于学者的"修己"之道，即对高尚道德的追求。

但是，具体到由"明明德"纲领引申出来的"新民"思想，朱子在这里强调的重点依然是指尧舜之类的"君师"对于亿兆之民的"治而教之，以复其性"，此便是"新民"内容的一个重要体现。而如何做到"治而教之，以复其性"呢？其最重要的一点便是要求明明德者要能够"推己及人"。而"推"的是什么呢？推的是上天所赋予我们每一个人的"明德"，是人人都应该具有的"仁义礼智之性"，将此"明德"与"仁义礼智之性"推到亿兆之民身上。如果真做到如此，那么天下大治就是一件顺其自然的事情，如果做不到如此，那么国家也可能陷入灭亡的境地。

比如，"传之九章"中尧舜、桀纣不同的示范作用所起到的不同结果，正是尧舜与桀纣所推的内容是截然不同的，导致的结果也是大相径庭的。《大学》文本中说"尧舜帅天下以仁，而民从之；桀纣帅天下以暴，而民从之；其所令反其所好，而民不从。是故君子有诸己而后求诸人，无诸己而后非诸人。"朱子注解说"有善于己，然后可以责人之善；无恶于己，然后可以正人之恶。皆推己以及人，所谓恕也，不如是，则所令反其所好，而民不从矣。"① 很明显，朱子是在说明明明德者要"推己及人"。而所推之物，从好的方面说是推"善"及人，从不好的方面说是推"无恶"及人。

在《大学或问》中，朱子也对明明德者中的为政者的示范作用进行了详细的阐释：

> 盖能强于自治，至于有善而可以求人之善，无恶而可以非人之恶，使之亦如我之所以自治而自治焉，则表端影正，源洁流清，而治己治人，无不尽其道矣。②

---

① [宋] 朱熹：《四书章句集注》，中华书局 2010 年版，第 10 页。
② [宋] 朱熹：《大学或问·四书或问·朱子全书》，上海古籍出版社、安徽教育出版社 2002 年版，第 538 页。

朱子认为，尧舜"表端影正，源洁流清"能够以德治人，所以人们就愿意跟随他们的步伐，效法他们的行为，从而努力做到为善去恶。而这也正是尧舜能够使天下大治的原因。与之相反，桀纣以"不肖之身为标准"，以残暴的方式对待民众，那么人们就不愿意跟随他们的步伐，就会反对他们的暴政，甚至到最后推翻他们的暴政。这也是桀纣以暴政统治民众而最终走向灭亡的原因所在。可以说，《大学》的传文就是从这正反两个方面对于明明德者中的为政者自身的示范作用进行了阐释，指出明明德者中的为政者示范作用之于教化民众的重要性。也就是说，朱子点明了"新民"的第一个重要内容便是明明德者中的为政者要能够"推己及人"，而所推的内容则是"明德""仁义礼智之性""善"与"无恶"。

在中国的传统文化中，儒家所讲的"推己及人"是一个非常古老，同时又非常重要的思想。早在《尚书·洪范》篇中就有"皇极：皇建其有极"一句话，朱子认为此句中的"皇极"就有"推己及人"的意思，为此朱子还写过一篇《皇极辨》来专门阐述这个道理。余英时先生认为：朱子对于"皇极"含义的研究是基于严格经学研究的结果，并不是被社会现实所诱导的结果，是值得肯定的。[①] 朱子在这篇文章中提到了人之"气禀不均"的问题，而正是由于人们"气禀不均"导致其"性"的或明或暗，而这正是人们需要自"明明德"的原因。这是从自"明明德"的角度而言的。

如果从"新民"的角度而言，那就是说人们必须要接受明明德者中的为政者的政治教化的原因了。从朱子《大学章句·序》所作的内容来看，"一有聪明睿智能尽其性者出于其间，则天必命之以为亿兆之君师，使之治而教之，以复其性"，[②] "新民"就是古代的圣王设立政教、教化百姓的开始。朱子说"皇极，只是说人君之身端本示仪于上，使天下之人则而效之。"[③] 朱子《皇极辨》中的这段话将圣人以身作则和教化民众的工夫一下就展现出来了。可以说，朱子的这种思想是对《大学章句·序》

---

① 参见余英时：《朱熹的历史世界》，生活·读书·新知三联书店2004年版，第822—823页。
② [宋]朱熹：《四书章句集注》，中华书局2010年版，第2页。
③ [宋]黎靖德编：《朱子语类卷七十九·朱子全书》，上海古籍出版社、安徽教育出版社2002年版，第2708页。

中所说的教化思想的进一步阐释。朱子显然是看到了《大学》中所讲的先圣通过"格物致知"而后"正心诚意",而后"修身齐家",而后"治国平天下"以及教化民众的思想与《尚书·洪范》中的思想、《孟子》中的思想有相同之处。这种相同之处,是历史上儒家先圣与后代学者之间,思路上一脉相承的体现,朱子作为儒家思想的集大成者,拥有此思想是一种理所当然的事情,这并不是一种偶然现象。

　　作为宋代理学最重要的课题之一——"圣人之教",可以说每一位宋代理学家都作出过自己的解释。那究竟什么才是"圣人之教"呢?程颐转引胡翼之解《观卦》象辞说:"君子居上,为天下表仪。"① 程颐认为,君子居于上位,是天下民众所效法的对象。也就是说,君子对于普通民众的行为具有良好的示范作用。而朱子正是在程颐之说基础上向上追溯,最终发现了儒家"圣人之教"的脉络。从最早的《诗经》中"岂弟君子,四方为则""仪刑文王,万邦作孚"等等,可以说是"圣人之教"思想的源头。之后的孔子、孟子都说过类似的"以身作则"的话,孔子说"其身正,不令而行,其身不正,虽令不从",② 孟子说"君仁莫不仁,君义莫不义,犹之表正则影无不正也",③ 孔孟二圣都是将"以身作则"作为自己教育学生的重要原则之一。从《诗经》到孔孟二圣,这里面都有明显的示范作用和"推己及人"的思想,而朱子正是发现这一思想脉络,并将"推己及人"在自己的"理学"思想体系中发扬光大,并将其作为自己"新民"思想的首要内容。

　　综上所述,朱子认为"新民"主要是指明明德者中的为政者要"正心诚意",自"明明德"以至于"至善",民众自然也会依照此自明明德者中的为政者的示范而学习。因此,朱子提出以"明德"为本,"新民"为末。这句话是说"明德"的重要性是优先于"新民"的,其主要是从工夫顺序上说的。但是,这并非说明"新民"就不重要,相反"新民"也是非常重要的,强调的正是"新民"思想的重要性。

　　第二,从所新之民的角度来说,"新民"要做到"使民自新"。

---

① 陈荣捷:《近思录详注集评》,华东师范大学出版社 2007 年版,第 222 页。
② 《论语·子路》。
③ 《孟子·离娄上》。

通过笔者上面的论述可以看出，朱子认为"新民"最主要的表现是明明德者中的为政者通过自身的示范作用而"使民自新"。从明明德者中的为政者的角度而言，是"推己及人"的过程；从所新之民的角度而言，是民众学习为政者的行为、动作、道德以"自新"的过程，强调的是亿兆之民自己"新"之，从而明确了"使民自新"的行为主体正是广大的民众。《朱子语类》中记载：

> 或问："明德新民，还须是自家德十分明后，方可去新民？"
> 曰："不是自家德未明，便都不管着别人，又不是硬要去新他。若大段新民，须是德十分明，方能如此。若是小小效验，自是自家这里如此，他人便自观感。'一家仁，一国兴仁；一家让，一国兴让'，自是如此。"①

有学生问朱子，"明德"与"新民"的关系，是学者自己的"明德"达到十分明以后才能去"新民"吗？朱子回答说，学者在自己的德还未充分明之时，也是可以"新民"的，但是此时的"新民"是不可以强求的、生拉硬拽的。如果从效果的角度来看，应当是自己该怎么做就怎么做，别人都能看到并感受到。《大学》文本中"家仁则国仁，家让则国让"，就是"新民"效果的直接体现。

由此可见，"新民"作为明明德者必须要做的事情这是毫无疑问的，但是怎样具体的去"新民"，朱子是持一个谨慎的态度的，其基本思路是"使民自新"，包括使民自主而新，自愿而新，乃至自然而新。使民自主而新强调的是民众作为"新民"的主体性，民众拥有自主行动和选择的自由；使民自愿而新强调的是民众自发、自愿学习明明德者中的为政者的行为、动作、道德。使民自然而新强调的是"新民"这项工作跟其他的工作是不同的，它是一个顺其自然的过程，在前面的步骤都做完的基础上，所新之民会自然而然的新。因此，对于大规模的"新民"运动，朱子的态度则是十分谨慎的，即对于为政者通过政令等行政手段强迫民众被

---

① [宋] 黎靖德编：《朱子语类卷十四·朱子全书》，上海古籍出版社、安徽教育出版社 2002年版，第440页。

动学习为政者的行为、动作、道德是持比较谨慎的态度。朱子说"若大段新民",实际上是说大规模的"新民",必须是自己的"明明德"达到"十分"的程度才可以这样。什么样的人才能自"明明德"至"十分"?这种人只能是修养境界十分高深的圣人。

但是,即使是修养境界十分高深的圣人去"新民"也是困难重重。比如说,孔子虽有"至德",但却一直无"至位",若想"新民"也非常困难。《中庸》中记载:"虽有其位,苟无其德,不敢作礼乐焉;虽有其德,苟无其位,亦不敢作礼乐焉。"郑氏曰:"言作礼乐者,必圣人在天子之位。"[①] 也就是说,《中庸》认为,有位无德的君主是不敢作礼乐的,像商周时期的大部分君主;有德无位的圣人也是不敢作礼乐的,孔子就是这样的圣人。那么,什么样的人才能作礼乐呢?我们也可以理解为什么样的人才能大规模"新民"呢?郑玄认为,只有圣人在天子之位的时候才能够制礼作乐。然而,古往今来,既有至德又有至位者,恐怕也就只有周公了。周公是能够大规模"新民"的,其制礼作乐,很明显是大规模"新民"的表现,能这样做的,至德与至位,缺一不可。由此看来,对于普通的为政者而言,大规模"新民"基本上是不可能的事情。

通过上面的论述,我们可以将朱子"使民自新"的思想概述为使民自主而新,自愿而新,以至自然而新。在朱子的《大学章句》中,"汤之盘铭"是解释"新民"的,而"新民"则是承接"明明德"而来的,其想要说明的意思是学者达到自新之"至极",才可以去"新民"。这是我们前面所说的明明德者中的为政者的示范作用,以"推己及人"的方式去"新民"。

第三,从民众的现实生活角度来看,"新民"应当"恤民"。朱子认为,《大学》"新民"思想中包含有"恤民"思想。我们可以从两个方面来看待朱子"新民"思想中的"恤民"内涵。

首先,朱子的"恤民"思想是承袭郑玄、孔颖达对《大学》注疏的解释而来的。郑玄的《大学注》主要是从国家政治的核心国君与贤臣的角度进行注释的,可以将郑玄的《大学》思想概括为"君明臣贤"。对君

[①] 朱熹:《四书章句集注》,中华书局2010年版,第37页。

主的一个要求就是君主要"亲仁""轻利";而对贤臣的一个要求则是要"保民""全民""好义"。可以说,对这两个最主要的"为政者"的要求,其实就体现出了为政者深刻的"恤民"思想。而孔颖达疏论述的"为政之道"中的"贵德轻财""以义为利"就集中体现了孔颖达对"恤民"思想的重视。可以肯定的是,朱子部分性地承袭了郑玄、孔颖达的"恤民"思想。

其次,"恤民"应当落实到民众的日常生活中。在《大学章句》的"传之十章"中提到"上老老而民兴孝,上长长而民兴弟"。朱子认为,"老老,所谓老吾老也。"① 这句话是指,有国者以自己尊老爱幼的孝悌行为为民众作出示范,以己之孝悌来教化百姓,百姓才能效仿有国者去行孝悌。朱子认为,"传之十章"的主旨是有"恤民"思想的。为政者应该意识到,孝悌之心是人人所具有的,民众当然具有孝悌之心,也可以说这是每个人都具有的"明德"。民众在为政者的引导之下能行孝悌,这正是"新民"过程的一种体现,也是逐步实现自身"明明德"的过程。在《大学章句》的思想中,民众之所以不能行孝悌,很重要的原因就在于为政者的严酷剥夺,将民众大部分财物都据为己有,以至于民众自己生存都困难,又拿什么来行孝悌?所以,民众能不能行孝悌,一方面是由于为政者的不合理引导,而更重要的一点在于民众有没有足够的财物对父兄行孝悌,而民众财物的多寡跟为政者的财富观、税收政策又是息息相关的。这就是说,为政者是希望天下所有想孝顺父母、敬重兄长的人都能去实现自己的孝悌之心,因为这样才有利于自己的统治。为政者如果真的做到这些,也就是让"恤民"的政策落实到了民众的日常生活之中了。

正是基于对"恤民"思想的此种认识,朱子明确表示反对为政者的暴政,尤其反对为政者不去提高自己的道德修养,却依赖于行政法令去"新民"的行为。"于是乃有不务明其明德,而徒以政教法度为足以新民者。"② 朱子认为,"徒以政教法度为足以新民者"的典型代表就是管仲,这在《朱子语类》中有明确的记载。

---

① 朱熹:《四书章句集注》,中华书局 2010 年版,第 11 页。
② 朱熹:《大学或问·四书或问·朱子全书》,上海古籍出版社、安徽教育出版社 2002 年版,第 509 页。

总而言之，朱子认为，"新民"思想作为孔孟教化思想的重要表现，其最终目标是要使天下所有的人都能够明其明德。换句话说，只有天下所有的人都能够明其明德了，那么，这些人也就都可以进入圣人的境界了。只有如此，学者的"明明德"工夫才算是真正到达"止于至善"，不留遗憾了。其使用的主要方法是"使先觉觉后觉，使先知觉后知也"，① 使所有的人都能通过"格物致知"从而"正心诚意"以至于身修、家齐、国治而天下平，每一个人都能止于其所当止的社会角色、位置以及与这个角色、位置所适应的准则。正是通过这样的"新民"思想建构，朱子才能将儒家学者的个人价值与社会价值完整体现出来。

综上所述，在朱子的理解之中，"新民"至少包含三方面的内容，一是从明明德者中的为政者的角度来看，为政者要能够推己及人，做出表率；二是从所新之民的角度来看，民众要主动自愿学习为政者的行为、动作、道德以求自然而新。三是从民众现实的生活角度来看，为政者要尽可能将"恤民"的政策落实到民众的日常生活之中，只有这样才有利于自己的统治。

三　朱子改"新民"的依据

众所周知，首先对《大学》"亲民"进行改动的是二程，二程将《大学》中的"亲民"改为"新民"，朱子承袭之。但是，二程却没有对这样的改动作出明确的解释。作为学术界的热点问题，朱子改"新民"的依据到底在哪里？这样修改是否符合《大学》文本的本义呢？我们应该如何评价朱子的这种修改呢？

从《大学》上下文中所出现的"新"字来看，应该是以"汤之盘铭曰：'苟日新，日日新，又日新。'《康诰》曰：'作新民'"等引文为根据的。朱子在承袭二程意见之时，则必须有自己的依据，否则朱子就难以回答擅自修改《大学》文本的问题。

朱子对"亲民"与"新民"的解释说得比较简短，朱子说："今亲民云者，以文义推之则无理；新民云者，以传文考之则有据。"比较全面的说法应该是：《大学》中的"亲民"，当作"亲民"本身讲的时候，从文

---

① 《孟子·万章上》。

第四章 朱子《大学》学

本之义进行推理就发现其根本就是没有道理的，从传文解释的考察来看也是没有根据的；当作"新民"之意来讲的时候，从文本之义的角度来推断就会发现很有道理，从传文解释的角度考察就会发现很有依据。也就是说，从《大学》整篇的思想脉络来看，朱子认为，《大学》整篇并不包含"亲民"思想，但是如果作"新民"来说，就显得有理有据。笔者认为，朱子对于"新民"的修改，有以下两点理由：

第一，从"亲民"与"新民"的文字字义角度来看。

在《大学》文本中，除"在亲民"一处有用到"亲"字之外，还有两处用到"亲"字。这两处的"亲"字字义都是"亲亲"之意，而与"亲民"毫无关系。如传文中的"亲其亲"、"所亲爱"这两个词。在这两个词中，"亲"字全是"亲亲"之意，跟"亲民"毫无关系。假如"亲民"作"新民"来讲，那么在《大学》中所书的《康诰》"作新民"，《诗》"其命维新"，都可作"新民"讲。一般情况下，按照文章的写作方法，在文章开头提出的重要命题，而在后面的文章中却没有任何的内容加以呼应，这显然是不符合常理的，更何况是像《大学》这种作为"圣经贤传"的重要著作。

第二，从《大学》文本与先秦时期的儒家思想来看。

在朱子的理解中，《大学》文本中，几乎没有阐述"亲民"思想之处。孔颖达将"亲民"解释为"亲爱于民"。在孔颖达之后的疏解中，有一个地方可以理解为"亲民"，孔颖达在疏解"齐家治国"章所引《康诰》"如保赤子"时，认为这是"言治民之时，如保爱赤子，爱之盛也。"[①] 朱子则认为，从下文中的"心诚求之，虽不中不远矣"来看，为政者在使用民众之时，应该像母亲对待自己刚出生的婴儿一样，设身处地的为民众着想，理解民众的疾苦。[②] 郑玄也认为此处的"心诚求之"应解释为"推心为之"。可以确定的是，《大学》所引这句话的重点根本不在"亲民"，而在于为政者能否设身处地的为民众考虑，或者说与民众换位思考。而传文引《诗》"乐只君子，民之父母"，[③] 想要表达的显然是

---

① 孔颖达：《礼记注疏·唐宋注疏十三经》，中华书局1983年版，第633页。
② 黎靖德：《朱子语类卷十六·朱子全书》，上海古籍出版社、安徽教育出版社2002年。
③ [宋]朱熹：《四书章句集注》，中华书局2010年版，第11页。

"恤民"思想而非"亲民",且"恤民"思想主要是指为政者能够将爱护百姓的政策落实到民众的日常生活中去。由此,在朱子的理解中,从《大学》文本的思想脉络来看,《大学》全文中并没有孔颖达所认为的"亲爱于民"的思想。

儒家也重视"爱",但儒家的爱是有"差等"的。而墨子则明确提出过"亲民",对于墨家的"兼爱"思想,① 儒家是坚决反对的,因为儒家认为墨家的"兼爱"思想会导致"无父无母"的情况发生。孟子就指出了对待百姓与对待亲人是不一样的,两者是不一样的。这也正是儒家之爱有"差等"的表现。

比如,孟子说:"君子之于物也,爱之而弗仁;于民也,仁之而弗亲。亲亲而仁民,仁民而爱物。"② 孟子认为,对待百姓最主要的是要做到仁慈,对待亲人要做到爱,两者是不同的。此外,关于"亲民"所出现的书籍,还有《周礼·地官司徒》一书,③ 但此书中的"亲民"主要是指地方上的小吏之类的一种职责:亲近民众,以此来了解民众的生活状况。

由此可见,朱子认为,无论是从《大学》文本本身,还是从先秦时期的儒家思想来看,《大学》文本中的"亲民"都应该理解为"新民"。之后明代阳明再提"亲民"说,其思想深度远不如朱子,徐复观先生在其著作中已经有所讨论,④ 徐复观先生在《中国人性论史》一书中也指出,阳明之"亲民"说并非是从文献学角度来论,而是基于明代政治的黑暗而立论。

此外,结合目前学界的考古发现,我们已经知道,二程与朱子将"亲"字改为"新"字,的确是有其考古学与文字学上的依据的。比如,李学勤先生就指出,在郭店竹简的文章中,凡是"亲"字都是写做"新"字,而据学者们的考证,《大学》的写作时间与郭店竹简中的文章时间差不多,由此可见《大学》中的"亲民"原本也应是写作"新民"的。

---

① 孙诒让:《备梯第五十六·墨子间诂(下)·新编诸子集成》,中华书局2001年版,第542页。
② 杨伯峻:《孟子译注》,中华书局2005年版,第322页。
③ 贾公彦:《周礼注疏·唐宋注疏十三经》,中华书局1998年版,第90页。
④ 徐复观:《中国人性论史》,华东师范大学出版社2005年版,第179页。

综上所述，朱子改"亲民"为"新民"最主要的两个原因就是从"新"与"亲"字的文字字义和《大学》文本与先秦时期的儒家思想来看。需要再一次指出的是，朱子的"新民"思想是从属于其"明明德"思想的，是对"明明德"的重要补充，"新民"与"明明德"共同组成了一个完整的思想体系。在朱子的这种"理学"思想体系中，将"亲民"改为"新民"的做法可以说是比较合理的，且"新民"的思想深度也是比较高的，目前学界也能在考古学与文字学上找到一些依据。但是，如果从《大学》本义的角度来看的话，朱子的改动以及理由可能都会出现问题，对此，我们必须有清醒的认识。

在朱子的理解之中，"新民"是"明明德"纲领的自然延伸，同时也是孔孟"教化"思想的体现。从其具体的内容来看，"新民"至少包含三个方面，一是从明明德者的为政者的角度来看，为政者要能够推己及人，做出表率；二是从所新之民的角度来看，民众要主动、自愿学习为政者的行为、动作、道德以求自新；三是从民众现实的生活角度来看，为政者要尽可能将"恤民"的政策落实到民众的日常生活之中。

第五章　阳明《大学》学

自从朱子的《大学章句》自南宋末年盛行以来，元代以至明代中期，朱子的《大学章句》在对《大学》的诠释方面占据着绝对的统治地位，直到明代的王阳明明确提出反对朱子的"新民"说，朱子对《大学》的权威解释才受到强大的冲击。以至于当阳明最后提出"致良知"学说时，阳明对《大学》的诠释才自成系统，其"心学"的体系也正式建立。阳明的《大学》学不仅是明代最重要的学说，同时阳明的《大学》学自成一家，是研究《大学》学史不可忽视的重要组成部分。

可以说，阳明的《大学》学与朱子的《大学》学在理学的根本问题上，其立场是一致的。但是在对《大学》中的"三纲领、八条目"的解释上存在着巨大的差异，尤其是在"亲民""格物致知""致知"等问题的解释上存在着截然不同的阐释，这也是历代学者所关注的重点。

本章的主要内容是探讨阳明《大学》学的主要内容以及阳明阐释《大学》的核心思想。下面我们就先来看下阳明所理解的"亲民"与朱子所修改的"新民"之间有着哪些异同以及"亲民"的本义究竟是为何。

第一节　亲民与新民

自从朱子承袭二程改"亲民"为"新民"之后，"亲民"与"新民"之争就未曾中断过。尤其是到了明代中期阳明支持古本《大学》的"亲民"说而反对朱子的"新民"说，其争论愈发激烈。本节首先考察阳明"亲民"说的内涵，然后结合《论语》中的"民"字与"人"字的使用情况，在确定"民"字之本义的基础上以考察"亲民"之本义，以此试图得出"亲民"与"新民"之间的本质区别。

一 阳明"亲民"说

阳明的"亲民"说主要表现在两个方面，一个是对朱子"新民"说的强烈反对；一个是阳明对"亲民"的两种解释。下面我们就分别来看一下。

（一）反对朱子"新民"说

自二程改《大学》"亲民"作"新民"之后，朱子承袭之，宋、元、明学者大都附和程朱之说，只讲"新民"，不讲"亲民"。到明代中期以前，"新民"说与宋元时期基本是一样的。王阳明对于《大学》中"亲民"的阐释，首先是反对朱子将"亲民"改为"新民"。其理由在《传习录》上有详细说明：

> 爱问："'在亲民'，朱子谓，当作'新民'。后章'作新民'之文似亦有据。先生以为宜从旧本作'亲民'，亦有所据否？"
>
> 先生曰："'作新民'之'新'是自新之民，与'在新民'之'新'不同，此岂足为据？'作'字却与'亲'字相对，然非'亲'字义。下面'治国平天下'处，皆于'新'字无发明，如云'君子贤其贤而亲其亲，小人乐其乐而利其利'；'如保赤子'；'民之所好好之，民之所恶恶之。此之谓民之父母'之类，皆是'亲'字义。'亲民'犹孟子'亲亲仁民'之谓，亲之即仁之也。百姓不亲，舜使契为司徒，敬敷五教，所以亲之也。《尧典》'克明峻德'便是'明明德'。'以亲九族'至'平章'、'协和'，便是'亲民'，便是'明明德于天下'。又如孔子言：'修己以安百姓'，'修己'便是'明明德'，'安百姓'便是'亲民'。说'亲民'便是兼教养意，说'新民'便觉偏了。"[1]

王阳明于此明确反对朱子将"亲民"改为"新民"，主张遵从古本《大学》之原文，恢复"亲民"。古本《大学》即《礼记·大学》篇。在阳明的理解中，朱子的"新民"说并未包含对于民众的教养意思在内，

---

[1] 王守仁：《王阳明全集》，上海古籍出版社2011年版，第2页。

只有自新之民的意思，有失偏颇，不如古本《大学》"在亲民"所蕴含的意思全面。

王阳明的见解可谓有其独见之处，同时也是对唐代孔颖达《礼记正义》的一种继承。当天下大部分学者都以朱子的《大学章句》为是之时，王阳明的此番言论的确让人们感到非常震惊。徐复观先生认为，王阳明反对改"亲民"为"新民"，是有其伟大的政治意义的。但非常可惜的是，阳明对于"亲民"的解释也有其错误之处，而这种错误又将学者带到另一个错误的地方，让人根本就不知道"亲民"究竟是在讲什么，下面我们就来看下阳明的"亲民"说。

（二）阳明"亲民"的两种解释

阳明对于"亲民"的解释一共有两种，第一种存在于《大学问》中；第二种存在于《大学古本旁释》中。

首先，我们来看一下《大学问》中的相关记载：

曰："然则何以在'亲民'乎？"

曰："明明德者，立其天地万物一体之体也。亲民者，达其天地万物一体之用也。故明明德必在于亲民，而亲民乃所以明其明德也。是故亲吾之父，以及人之父，以及天下人之父，而后吾之仁实与吾之父、人之父与天下人之父而为一体矣；实与之为一体，而后孝之明德始明矣！亲吾之兄，以及人之兄，以及天下人之兄，而后吾之仁实与吾之兄、人之兄与天下人之兄而为一体矣；实与之为一体，而后弟之明德始明矣！君臣也，夫妇也，朋友也，以至于山川鬼神鸟兽草木也，莫不实有以亲之，以达吾一体之仁，然后吾之明德始无不明，而真能以天地万物为一体矣。夫是之谓明明德于天下，是之谓家齐国治而天下平，是之谓尽性。"①

阳明在《大学问》中的"亲民"，实际上是亲"万事万物"，包括父兄、君臣、夫妇、朋友、山川、鬼神、鸟兽、草木等等。笔者发现，阳明此处对"民"的理解跟朱子所说的"格物"之"物"的理解很类似，都

---

① 王守仁：《王阳明全集》，上海古籍出版社2011年版，第1067页。

是包含着"万事万物、事事物物"。阳明所说的"亲民"含义，并不是说亲"民"，而是"亲吾之父、人之父、天下人之父"；是亲"吾之兄、人之兄、天下人之兄"以及"万事万物"。在阳明的理解中，"民"字可谓是包括天地万物，无所不包。但是，这样理解与《大学》文本中"民"字的意思是否一致呢？到底什么才能称为"民"呢？

"民"，首先是一个政治概念，其实是与官吏、大夫、国君、天子所对应的政治身份，是从人在政治上的身份角度而言的，根本就不是所谓的父兄、君臣、夫妇、朋友也，更不是山川、鬼神、鸟兽、草木之类的东西。阳明认为，"亲民"就是亲上述的这些"万事万物、事事物物"，这是对"民"字概念的泛化，也是对"民"字的严重误读，更是阳明的根本错误之所在。

其次，阳明在《古本大学旁释》中将"亲民"解释为"安百姓"。王阳明在《大学古本旁释》中说："明德、亲民，犹修己、安百姓。"将"亲民"理解为"安百姓"这种解释则是比较正确的。将"民"理解为"百姓"虽与先秦时期对"民"概念的理解有些误差，但基本上是可以接受的。但是，阳明在《大学问》中的解释与之完全不同，的确令人费解。

综上所述，阳明对"民"字的理解有两种，阳明第一种解释，将"民"释为"万事万物、事事物物"是不能被合理解释的。阳明的第二种解释，将"民"理解为"百姓"，虽与先秦时期"民"字的概念有所差异，但是基本上是可以被接受的。那下面我们就来探究下"亲民"在《大学》文本中的本义究竟是为何。

二　亲民之本义

事实上，无论是阳明所坚持的"亲民"说，还是朱子所改定的"新民"说，都强调的是一种积极主动影响、教化、关爱"民"的意思。我们可以先将"亲"与"新"的争论与差别放在一边，先来看看"民"字在《大学》文本中的真实含义。

许慎说，民者，众萌之意。萌字，通"氓"，"氓"，民也。众萌即是众民之意。段玉裁注解"萌"字时说，就像是懵懵无知的样子，就是不明事理的样子。综合许慎、段玉裁的解释，我们可以得知，"民"最初的含义是指一群懵懵无知、不明事理的民众。此处的"民"是"民众"之意,而在周代的阶层划分之中,则属于国人阶层中的下层民众,即庶人阶层。

《大学》中也提到"自天子以至于庶人",是符合周代社会的阶层划分的。国人中的上层主要包括卿、大夫、士等阶层。庶人阶层一般生活于城郊,以耕种贵族的土地为生,同时享有一些政治与军事权利并承担相应义务,比如说充当徒卒,参加劳役,还要缴纳赋税等等。当然,庶人阶层还包含一些拥有自由身份的劳动者与没有了人身依附关系的奴隶阶层。可以说,庶人阶层是诸侯国或周王朝维护统治的群众基础,统治阶层必须要慎重对待庶人阶层才能有效维护自己的统治。

可以看出来,《大学》文本中用的是"民"字,而不是"人"字,并不是指自然界中的人,也不是指一般的社会中的普通人,它指的是具有特定政治身份的人。因此,"人"与"民"的意义是有着较大的差别的,不仅在现代社会有较大差别,即使是在古代社会也是这样。我们从《论语》中孔子对于"人""民"二字的使用来具体分析一下。

(一)《论语》中使用"民"字的情况

子曰:道之以政,齐之以刑,民免而无耻。(《论语·为政》)

子曰:民可使由之,不可使知之。(《论语·泰伯》)

子曰:刑罚不中,则民无所措手足。(《论语·子路》)

子曰:善人教民七年,亦可以即戎矣。(《论语·子路》)

子曰:以不教民战,是谓弃之。(《论语·子路》)

(二)《论语》中使用"人"字的情况

有子曰:其为人也,孝弟,而好犯上者,鲜矣。(《论语·学而》)

曾子曰:吾日三省吾身,为人谋而不忠乎?(《论语·学而》)

子曰:不患人之不己知,患不知人也。(《论语·学而》)

子曰:人而无信,不知其可也。(《论语·为政》)

在《论语》中,使用"民"字与"人"字的情况非常多,笔者仅列举以上几个例子进行说明。从上面所列举的关于"民"字的例子来看,"民"主要是指一个人的政治身份而言。如果说"民"字是从政治身份的角度而言的,那么《大学》中所说的"亲民"者,也必然是从政治立场的角度而言的。而"人"更多的是作为一个自然人的角度而言的,也就是我们现在说的普通人。普通人是无"位"的,根本不可能去"亲民"。

作为一个普通人，如果没有任何的地位，那基本上就没有"亲民"的可能性，也没有"亲民"的必要性。如果有普通人擅自"亲民"，那些为政者就要采取一些维护其统治的手段了，很可能这些擅自"亲民"的人会被判处刑罚。从这个角度来看，能够"亲民"的人绝非是一般的普通人，一定是有社会地位的人，我们可以称之为"为政者"。

而关于为政者的含义，从其最高层而言就是指天子。天子既然能明其"明德"，那么必然能够施行仁政，恩惠万千子民。《尚书·大禹谟》说："政在养民。"这里的"养民"就是亲民之意。为政者如果能"亲民"才能够称之为"明德"。假如为政者不能行仁政以"亲民"，那明其"明德"就没有任何意义了。为政者如果能行仁政以"亲民"，民众自然会得其恩泽，而"亲民"至极致，那么就是天下太平的境界，人民生活安定，丰衣足食，此种社会状态才能称之为"至善"，也就是"明明德于天下"的境界了。可以说，能达"至善"之境界才是政治生活的最高境界，而《大学》所说的"止于至善"就是止于此种至善。果真能够达到此种境界，那么"大学之道"才算是真正得以实现。

三 "亲民"与"新民"思想考辨

笔者在朱子的《大学》学中提到，朱子的"新民"思想有自己的一套理论体系。朱子将"亲民"改为"新民"，既有文字学与文本思想脉络上的根据，也有相关的出土文献进行支持，能够自圆其说。但是，这并不能说明朱子的"新民"说就是符合《大学》文本原义的。通过前面笔者的列举可知，"民"在《大学》文本中的本义为"民众"之意，而在周代的阶层划分之中，则属于国人阶层中的下层民众，即庶人阶层。"民"指的是具有政治身份的人。以耕种贵族的土地为生，同时享有一些政治与军事权利并承担相应义务，比如说充当徒卒，参加劳役，还要缴纳赋税等等。可以说，与"民"相对应的正是西周时期的"君子"阶层。

笔者在本书第一章中考证《大学》的作者时提到，《大学》文本中出现的社会阶层，主要有民、众、天子、庶人、君子、小人、国人、仁人、仁者。其中君子出现13处，小人出现4次，民出现11次，仁人或仁者出现4次，天子出现1次，庶人出现1次，国人出现1处，众出现3处，有两处作"众人"讲，一处作"众多"讲。可以看出，小人、民、众

（人）、庶人、国人的概念基本上都是商、西周、春秋时期的概念，都可以泛称为"民"，主要涵义为一般的劳动者。区别于"自然人"的概念，"民"首先是一个政治概念，作为"民"是有参政的机会、服兵役、缴纳赋税的义务的。

其次，将小人、民、众、庶人、国人统一归于"民"的概念也可以，但将其统一归于"小人"的概念可能会更好，因为"小人"的概念自春秋以来逐渐变成对广大劳动群众的指称，不仅包括平民，还包括部分奴隶。而剩下的君子、天子、仁人、仁者，都可以概括为"君子"阶层，也就是统治阶层。"君子"是商、西周以及春秋时期对当时的贵族阶层的通称，主要包括天子、诸侯、公卿、大夫、士等。也就是当时的统治阶层，在这个时期的统治阶层主要是指大大小小的奴隶主，而非战国时期的新兴的地主阶层。

通过这样的举例很容易看出，"民"的概念相当于"小人"，而"君子"阶层则是西周时代的统治阶层，也就是当时的为政者。在《大学》文本的本义之中，"亲民"一词的最主要涵义就是孔颖达所疏解的"亲爱于民"，且是指为政者要"亲爱于民"。如果弄懂了《大学》文本中所隐含的阶层关系，将"亲民"解释为"亲爱于民"就是一种顺其自然的事情。阳明将"亲民"理解为"安百姓"也是能够接受的。而朱子将"亲民"理解为"新民"则是不符合《大学》文本本义的。

在朱子的理解中，"新民"所"新"之"民"是指不包含"明明德者"之内的所有其他人。在卿大夫家、诸侯国、天下的结构中，所有的卿大夫家人、诸侯国人、天下人都是"民"的范畴，唯独这里面没有"明明德者"。如果这样理解的话，朱子实际上将奴隶社会中切实存在的阶层划分刻意回避了。朱子的"新民"思想，是对儒家教化思想的一个重要阐释，尤其跟孟子的思想是高度一致的。

笔者在前文中已经提到，朱子所理解的"新民"思想，是对"明明德"思想的重要补充，并非单独存在的。"新民"思想，实际上是说人首先能够充分明己之明德，然后人又能以己之明德来教化别人，在这个过程之中主要体现或者突出的是能明己之明德者的价值，也就是说"有德者"的价值。而这是"亲民"的思想所没有的内涵。

笔者前面提到，在《大学》的文本中，"民"的本义首先是一个政治概念，是一种地位比较低的被统治阶层，而在朱子的"新民"思想中，"民"则是除去"明明德者"之外的所有人，包括天子、国君、卿大夫等统治阶层。可以说，"亲民"设置了比较大的政治地位上的差距，这种巨大的差距体现在权势、地位上，是从高层向底层的俯视，表达的是财富多少、社会地位完全不平等的两种人之间的关系。且只有统治阶层才能去"亲民"，普通民众是没有这个资格的。

而朱子所理解的"新民"思想则没有这种较大的政治地位上的差距。人与人之间的差距只在于能否"明德"，而不在于政治地位的高低。朱子的"新民"是指先觉与后觉、先知与后知之间的关系而言，是说谁先能够自明明德，谁就能有资格去"新民"，而不是说谁的政治地位比较高，谁就有资格去"新民"。朱子的"新民"思想，其实体现了朱子与孟子的相同之处，即在孟子与朱子的理解中，对于民众而言，有德者的价值要比有权势者的价值更重要。朱子曾认为孔子的功劳要大于尧舜的功劳，就体现了孔子作为一个有德者的价值是要高于尧舜作为有权势者的价值的。可以说，朱子的"新民"思想就是主要突出作为有德者之于民众的作用。

综上所述，《大学》文本中的"亲民"，是指西周时期的"君子"阶层要亲爱于民众，要能行仁政于民众，民众自然会得其恩泽，而"亲民"至极致，那么就是天下太平的境界，人民生活安定，丰衣足食，此种社会状态才能称之为"至善"。突出的是为政者或者有权势者的重要作用，或者用郑玄的话是突出"君明臣贤"的作用；而朱子的"新民"思想则是指人首先能够充分明己之明德，然后人又能以己之明德来教化别人，在这个过程之中主要体现或者突出的是能明己之明德者的价值，也就是说"有德者"的价值。这是"亲民"与"新民"最重要的区别。其实，这种区别更是汉唐学者与宋明学者治学的区别。

第二节　诚意说

阳明是明代中期诠释《大学》的最著名学者，阳明的学说也大半是建立在对《大学》的诠释上。学术界一般认为，阳明对《大学》的诠释主要集中在诚意、格物与格心、致知与致良知三个方面，尤其以"致良知"作为阳明思想的核心。阳明在这三方面的诠释并非是孤立存在的，中间既有联系又有区别，还有内在的转化。需要指出的是，阳明诠释《大学》并没有像郑玄、孔颖达、朱子等人一样有专门的注疏本，而是主要集中在《大学问》、《大学古本旁释》、《传习录》以及与友人的往来书信中。

阳明对于《大学》诚意条目的诠释主要集中在《大学问》及《大学古本旁释》中，"诚意"是阳明早期理解《大学》最重要的概念，了解了阳明"诚意"说的内涵，也就弄明白了阳明早期对《大学》的阐释。

一 以"诚意"为核心

在对《大学》的注解之中，阳明与朱子的区别在于，如果从"八条目"的角度来看，朱子特别重视"格物"，而阳明则特别重视"诚意"与"致知"。但阳明对"诚意"与"致知"的重视并不是在同一时间之内，具体可以分为前后两个阶段。学术界一般将阳明"江西平藩"事件作为两者的分界点，在江西平藩之前，"诚意"是阳明思想的核心，格物与致知从属于诚意；在江西平藩之后，"致知"就成为了阳明思想的核心，在结合自己的切身体会之后，阳明又提出了全新的"致良知"思想，以"致良知"作为自己的思想核心。

由于阳明早年仍然是以学习朱子理学作为学问开始之处，所以"三纲领""八条目"的分类框架也被阳明所承袭。前文已经提到，阳明与朱子在对"八条目"之间的关系理解上是有差异的，那我们就来看一下，为什么说阳明在早年时期是以"诚意"作为《大学》的思想核心呢？我们来看两个例子。

阳明在《答天宇》书中曾提到：

> 鄙意但谓君子之学以诚意为主。格物致知者，诚意之功也。犹饥者以求饱为事，饮食者，求饱之事也。[1]

需要指出的是，"诚意"之功的"功"就是指工夫。所谓的工夫主要是指手段、方式、方法、途径等。这就是说，王阳明认为，对于君子而

---

[1] 王守仁：《王阳明全集》，上海古籍出版社2011年版，第183页。

言,"格物致知"是"诚意"的工夫,"诚意"是"格物致知"的主意。就像是饥饿的人,吃饭是求饱的工夫,求饱是吃饭的主意。在这段话中,阳明的意思已经非常明显了,"格物致知"作为"诚意"的工夫,就是学者实现"诚意"的主要手段、方式、方法与途径。如果这样来看的话,那么"诚意"则是统率了"格物致知"。

阳明在《大学古本序》中曾指出:

> 大学之要,诚意而已矣;诚意之功,格物而已矣。①

这就是说,阳明认为《大学》的核心或者紧要处就在于"诚意",而"诚意"的工夫则在于"格物"。通过对这两句话的对比可知,阳明在《答天宇》书与《大学古本序》中所阐述的意思是一致的。都是认为"诚意"是《大学》思想的核心,"诚意"是对"格物致知"的统率。

阳明这样注解《大学》思想的核心,薛侃在《传习录》上也有相似的记载:

> 蔡希渊问:文公大学新本,先格致而后诚意,工夫似与首章次第相合。若如先生从旧本说,即诚意反在格致之前,于此尚未释然。
> 先生曰:大学工夫即是明明德,明明德只是个诚意,诚意工夫只是格物致知。若以诚意为主去用格物致知的工夫,即工夫始有下落。如新本先去穷格事物之理,即茫茫荡荡都无着落处,须用添个"敬"字,方才牵扯得向身心上来。然终是没根源。若须用添个敬字,缘何孔门倒将一个最紧要的字落了,直待千余年后要人来补出?正谓以诚意为主即不须添敬字,所以提出个诚意来说,正是学问的大头脑处。……大学工夫只是诚意,诚意之极便是至善。②

阳明这段话的意思是说,《大学》的工夫就在于能够"明明德",而"明明德"就是"诚意"。在这里,阳明将"明明德"看作是"诚意",

---

① 王守仁:《王阳明全集》,上海古籍出版社2011年版,第270页。
② 同上书,第44页。

也突出了"诚意"作为《大学》思想核心的重要作用。而"诚意"的工夫就是朱子所说的"格物致知"。阳明在这里表达得非常清晰，假如学者们能够将"诚意"作为主意或者核心，然后以"格物致知"为手段、方式、方法、途径作为下手处，那么工夫才有实落之处。

上面的这两段引文分别来自于《大学古本序》与《传习录》上，而这篇文章与书都是在戊寅年（1519）刻印的，而此时阳明正好47岁，也就是说，这两段引文所反映出来的思想都是阳明在47岁之前的主要思想。

从上面的这两段引文可以看出，阳明此时认为《大学》中最重要的思想便是"诚意"，可以说"诚意"思想是《大学》思想的核心。阳明先生认为，"格物致知"主要是指为了实现诚意的各种具体的方法与途径。此处的"致知"跟朱子所讲的"致知"基本是一致的，都是指"穷理"而言的，而不是指阳明后来所提出来的"致良知"。

阳明将"诚意"作为《大学》思想的核心，这其实改变了朱子"格物"说的用功方向。笔者在前文中已经提到，朱子"格物"说的范围与对象是既包括一件件具体的事事物物，又包括人类所特有的思维观念等等，这就是说所格之"物"既有外向性的一面，又有内向性的一面。而阳明以"诚意"为《大学》思想的核心，其实是将《大学》的工夫引向了内向性，而不再特别关注外向性的一面。在阳明看来，既然"诚意"作为《大学》思想的主导，"诚意"所统率的"格物致知"作为手段与方法才有具体的下手之处。那么，作为具体工夫的"格物"与"致知"，所要穷格的"物"都必须是跟"诚意"有关的事事物物才行，而"致知"所要致的"知"也必须得是跟"诚意"相关的知。

总之，作为具体工夫的"格物致知"也必须是要跟"诚意"息息相关才可，其内在性指向尤为明显。在"诚意"为核心的认知模式之下，所格之物首要的便是心所产生之意，或者说是人的思想意识，而至于草木鸟兽之理就不在阳明所穷格的范围之内了，这也是阳明所认为的，他对朱子向外穷格物理失误的纠正。

既然阳明以"诚意"作为《大学》思想的核心，那么阳明在教导学生上又是怎样体现出"诚意"的重要性呢？我们再来看两个例子。

第一个例子，阳明在给黄宗贤的《与黄宗贤五》中说：

> 仆近时与朋友论学,惟说立诚二字。杀人须就咽喉上著刀,吾人为学当从心髓入微处用力,自然笃实光辉。虽私欲之萌,真是洪炉点雪,天下之大本立矣。……吾侪往时所说自是向里,此盖圣学相传,惜乎沦落湮没已久,往时见得犹自恍惚,近年无所进,只于此处看较分晓,直是痛快,无复可疑!①

阳明在写给《与黄宗贤五》的信中就表示:自己在跟朋友们讨论学问的时候,最喜欢"立诚"这两个字。就像是要杀人的时候,就要在人的咽喉之处下刀,我们这些人在做学问的时候应当从我们的心灵最深处(或事物的核心处)实落用力,学问自然而然就会实在、光明。即使是我们的私欲处于萌发的状态,真的就像是洪炉上的一点雪,不会留下任何痕迹,那么天下的根本也就建立了。……我们这些人,在过去的时候所说的自是向内心探求,这正是圣学一代又一代所相传的,非常可惜的是,(这部分圣学)早已经湮没无闻了。在过去的时间里,见到此圣学自己还是恍恍惚惚的,最近几年学问没有什么进展,只是在这个地方看得比较清楚,真得是非常痛快,再也没有什么可以疑问的了!《与黄宗贤五》写于正德八年(1513),这是第一个例子。

在第二年,也就是正德九年(1514),阳明在《书王天宇卷》一信中又说了类似的话,这是第二个例子。阳明说:

> 圣,诚而已矣。君子之学以诚身格物。致知者立诚之功也。譬之植焉,诚,其根也;格致,其培壅灌溉之者也。后之言格致者或异乎是矣,不以植根而徒培壅焉、灌溉焉,敝精劳力而不知其终何所成矣。②

阳明认为,圣人之学,只是一个"诚"字而已。君子的学问是以诚身来格物穷理。致知只是立诚的工夫。就比如说植树,"诚"就是树木的根;格物致知,就是对树木进行堆土、浇水。后来的学者所说格物致知的

---

① 王守仁:《王阳明全集》,上海古籍出版社2011年版,第171页。
② 同上书,第302页。

说法跟我的观点不同，这些人不去培植树根而只是堆土、浇水，虽然花费了大把的精力却不知道最后根本就是没有成效的。

以上两个例子跟阳明回答蔡希渊提问的内容是一致的：

> 大学工夫即是明明德，明明德只是个诚意，诚意工夫只是格物致知。若以诚意为主去用格物致知的工夫，即工夫始有下落。①

《大学》的工夫就是"明明德"三个字，而"明明德"就是在说"诚意"，而"诚意"的工夫就在于"格物致知"。如果学者能够将"诚意"作为主意而实落去用"格物致知"的工夫，那么"诚意"的工夫才有下手之处。

阳明认为，朱子的"格物"学说强调的是穷格外物而得物之理，其工夫主要是用在探求外物上，其穷理主要是向外探求外物之理，在探求到外物之理之后，又必须通过"主敬"的工夫才能将外物之理转到学者的主体之上，而这样所得到的理始终只是来源于人的内在之外的，就像是没有根基的大树一样。只有当学者在"诚意"的主导之下，从人内在的善出发，将"格物致知"的工夫变成内向性的、善的工夫，这才是真正正确的成圣之学的方法。

前文已经说了，阳明认为，朱子的"格物"学说强调的是通过穷格外物而得到物之理，朱子所强调的是其外向性取向，而阳明将"格物致知"看作是"诚意"实现的主要工夫便是要纠正朱子的外向性取向，而这正是阳明特别强调"立诚"宗旨的原因。

阳明教导学生要"立诚"，这种工夫即是着眼于学者内在道德品质的修养，这固然是圣学的重点，内在的善当然是首要穷格之理，但是对于外物之理的穷格也是一个必须要处理的问题，那究竟应该怎么去做呢？

于是，有人就这个问题向阳明进行了提问，比如在《赠林典卿归省序》一文中：

> 阳明子曰立诚。典卿曰：学固此乎？天地之大也，而星辰丽焉，

---

① 王守仁：《王阳明全集》，上海古籍出版社2011年版，第44页。

日月明焉，四时行焉，引类而言之，不可穷也。人物之富也，而草木著焉，禽兽群焉，中国夷狄分焉，引类而言之，不可尽也。而曰立诚，立诚尽之矣乎？阳明子曰：立诚尽之矣。①

阳明先生说要"立诚"。林典卿问阳明说，学问就在于"立诚"了吗？天地如此之大，星辰如此绚丽，日月如此明亮，四季正常运行，从其类别来说的话，也是不可穷尽的。而你却说"立诚"，难道"立诚"就已经将其都包括了吗？阳明先生说，"立诚"就已经全部包括了。

林典卿所问的问题，"立诚"对于一个人道德品质的修养来说的确是非常重要的，但是假如将"立诚"当作圣学唯一的宗旨，那么就会出现如何对待穷格外物之理的问题。难道说只要能够"立诚"了就能够穷尽所有事事物物的道理或原则吗？而阳明对此问题的回答是非常明确而肯定的，即是说"立诚"就是已经穷尽所有事事物物之理了，这显然是非常片面的，而且也难以自圆其说。

从笔者前面所提到的阳明《书王天宇卷》的内容来看，阳明教导学生"立诚"宗旨的核心功能在于培植树根。并非是认为"立诚"的同时就可以穷格天下万事万物的理。因此，阳明"立诚"之教从"诚意"根本的意义上来说是可以被认为是"立诚尽之矣"。但也只是从根本上去说，这并不能够说"立诚"之教就已经完全可以穷格外在的事事物物之理了，这一点要能够区分明白。

二 "诚意"的内涵

既然阳明认为《大学》之本在于"诚意"，那么"诚意"的内涵又是什么呢？我们先来看一下阳明在《传习录》上关于"诚意"内涵的一段说明。阳明在回答别人的问题时这样说：

> 为学工夫有深浅，初时若不着实用意去好善恶恶，如何能为善去恶？这着实用意便是诚意。②

---

① 王守仁：《王阳明全集》，上海古籍出版社2011年版，第262页。
② 同上书，第39页。

阳明先生认为，做学问的工夫有深有浅，在最开始的时候如果不"着实用意"去喜好善而厌恶恶，那怎么能够做到为善去恶呢？阳明所说的"着实用意"就是"诚意"的内涵。我们再来看下朱子对"诚意"的注解，《大学》文本说："所谓诚其意者，毋自欺也，如恶恶臭、如好好色，此之谓自慊"，朱子说：

> 经曰'欲诚其意，先致其知'，又曰'知至而后意诚'，盖心体之明有所未尽，则其所发必有不能实用其力，而苟焉以自欺者。①

在对《大学》"诚意章"作注解时说，朱子认为，经文先说"欲诚其意，先致其知"，接着又说"知至而后意诚"，这大概是说心之体还有未完全明之处，那么学者所发之意一定有不能"实用其力"之处，以此来苟且欺骗自己。

从朱子的注解中可以看出，朱子所理解的"诚意"，也应当包括"实用其力"，只是"实用其力"由于心之体还有未完全明之处就变得不全面了，就会自己欺骗自己。朱子与阳明对"诚意"注解的不同在于，朱子认为"诚其意"是在"格物致知"之后才发生的，最开始的工夫不应该是"诚其意"，而是"格物致知"。也可以说，朱子所理解的"诚意"是在"格物致知"之后自然而然所要进行的步骤，而在阳明的理解中则变成"诚意"为《大学》思想的核心，进而统率"格物致知"，两者的阐释方向是不同的。

但是，在《朱子语类》中，朱子也曾说过："诚其意只是实其意"，②朱子这句话的意思很明显，"诚其意"的内涵也只是"实用其意"。虽然阳明与朱子在对"诚意"的解释方向上有所不同，但我们依然会发现阳明与朱子在经典诠释方面有着密切的联系，两人都认为"诚意"的内涵至少要包括"实用其意"这一方面。毕竟两者都还是在宋明理学"心即性即理"这一大的的框架结构之下，虽有众多的不同，但依然有着共同的结构基础。

---

① 朱熹：《四书章句集注》，中华书局2010年版，第9页。
② 朱熹：《朱子语类》十六，中华书局1986年版，第326页。

在《大学古本旁释》中，阳明强调：

> 修身惟在于诚意，故特揭诚意，以示人修身之要。诚意只是慎独工夫，只在格物上用，犹《中庸》之"戒惧"也。君子小人之分，只是能诚意与不能诚意。①

阳明认为，学者修身只在于"诚意"之事，因此特别揭示出"诚意"是修身的关键，以便让学者有所了解。"诚意"就是《中庸》中的"慎独"，它的工夫都是要用在格物上面，就像是《中庸》中所说的"戒惧"一样。

按阳明的这种说法，"诚意"是学者修身的关键，其核心内容是"慎独"。而在《大学》文本中也有"慎其独"出现，按照梁涛先生的考证，"慎独"的意思是说一个人在别人所看不到的地方而自己单独一个人时也要保持住自己内心意念的专一。而《中庸》文本中的"戒慎其所不睹，恐惧其所不闻"也是同样的意思。由此，我们知道，阳明所说之"格物"，所格之物主要是意念，与朱子所说的穷格万事万物之理是完全不同的。

从上文的举例中可以看出，阳明关于"诚意"的内涵主要有两种解释：第一种是"着实用意"，第二种是"慎独、戒惧"。

第一种的"着实用意"是指学者着实用意干什么呢？前面已经提到，阳明说，做学问的工夫有深有浅，在最开始的时候如果不"着实用意"去喜好善而厌恶恶，那怎么能够做到为善去恶呢？因此，这里的"着实用意"应该是指"着实用意去好善恶恶"，即学者应该着实用意去做善的事情而不去做恶的事情，也就是说学者要将自己的意念实用于为善去恶方面，这样就体现出了阳明向内探求的倾向性。这也是阳明早年以"诚意"统率"格物致知"，反对朱子外向性向外在的事事物物探求义理的表现。

可以说，此时的阳明是以内向性的探求为自己的主要倾向，此时"诚意"所表现出来的实践意义并不多，但是这种内向性的倾向在阳明的晚年又发生了一些转化，可以说又由内向性的探求同时强调学者要努力实

---

① 王守仁：《王阳明全集》，上海古籍出版社2011年版，第1316—1317页。

践，真正地去做。阳明在晚年时期又强调，"实用其意"是"实用其意思去做"，这就将学者做学问的实践意义突出来了。这正如阳明在《答顾东桥书》的回信中所说的：

> 盖鄙人之见，则谓意欲温凊奉养者所谓意也，而未可谓之诚意。必实行其温凊奉养之意，务求自慊而无自欺，然后谓之诚意。①

对比阳明所说的：

> 知如何而为温凊之节者所谓知也，而未可谓之致知，必致其知如何为温凊之节者之知而实以之温凊，然后谓之致知。②

阳明说，我个人的拙见是，一个人想着要对自己的父母行温凊奉养的意念，这只能被称为意，是不能够称之为诚意的。一定要等到这个人对自己的父母践行了温凊奉养的意念，务必看这个人是否心安且没有自欺，如果真的做到了这些才能够称之为诚意。

阳明接下来又说，一个人知道了如何对自己的父母行温凊之节，这只能称之为知，但是却不可以称之为致知，一定要等到这个人推致了他所知道的如何对自己的父母行温凊之节的知而真正将温凊之节加以实践，这样才能够称之为致知。

"意"或者说"意念"从属于能够知的范畴，"诚意"和"致知"则相同，都是属于能够行的范畴。因此，阳明的"诚意"内涵应当理解为"实行其意"，也就是说要将意之用变为意之行，如此才是"诚意"之内涵。

在阳明看来，"诚意"的第二种内涵是"慎独、戒惧"。

笔者认为，"慎独"与"戒惧"都是对自己所产生的"意"或者"意念"的一种反省或者检查。众所周知，在阳明的哲学中，"意"指的是"心之所发"，孔颖达对"意"的解释也是"心之所发"，从这里也可

---

① 王守仁：《王阳明全集》，上海古籍出版社2011年版，第55页。
② 同上。

以看出阳明对于孔颖达诚意说的一些承袭。心之所发之意，既有善的意，也有恶的意。这也就是说学者所诚之"意"，既要诚善的"意"，也要诚恶的"意"，这就必然会产生一些错误的问题。假如我们不对"意"之善恶进行分辨，将所有的"着实用意"都看成是"诚意"的话，或者说实其全部之"意"都看成是"诚意"的话，这个错误显然是非常严重的。这样来看的话，显然是不符合阳明原本之思想的。

而阳明在这里提出"诚意"的第二种内涵是"慎独、戒惧"。笔者认为，阳明此处的"慎独、戒惧"，其实是对自己所发之"意"或"意念"的一种甄别和过滤，只有经过了"慎独、戒惧"的工夫之后，才能净化我们所发出的"意"或者"意念"，将我们的"意"或"意念"只保存善的，去除恶的。也就是说，学者所诚之"意"必然是经过筛选之后，符合"良知""良心"所要求的"意"，唯有这样才不会出现所诚之"意"不分善恶的情况，如此才能是真正的"实行其意"。其实，在这里"诚意"的第二个内涵就隐约涉及到了阳明日后所提出的"良知""良心""致知"与"致良知"问题，为日后阳明思想由"诚意"向"致良知"的转移提供了所需的内在矛盾产生的张力。

综上所述，阳明的"诚意"内涵可以表述为，学者经过"慎独、戒惧"的工夫之后，净化心所发出的"意"或者"意念"，然后学者能够实行、践行此净化之后的"意"，这才是阳明所要表达的"诚意"的内涵。

三 诚意向致良知的转变

阳明认为，道德修养的主要内容就是宋明理学中的一个核心概念"存天理，去人欲"，而"存天理、去人欲"则是相对于人的动机结构来说的，主要指人的意识、感情等等。在阳明的理解中，"存天理、去人欲"的实践活动只适用于人的现象意识（意）的层面，却不能适用于人的本体（心）的层面。意念一旦有所发动就必然存在善念与恶念，存善念去恶念的过程就是"诚意"。因此，阳明才反复强调《大学》工夫到"诚意"才开始有着落。因为在阳明的理解中，心才是本体，意才是现实存在之事。这就跟笔者前面所提到的，阳明早期《大学》思想核心是"诚意"联系在了一起。

阳明要让人能够在"意念"上存善念去恶念，一个首先要解决的问题便是要能分辨出"意念"上的善念与恶念。那人们怎样才能分辨出善念还是恶念呢？这就需要人们的"知"了，即人的认知能力。也就是说人怎样才能够知善、知恶呢？在阳明的理解中，对于是非、善恶的"知"并非是从外在的世界获得的。任何一个人都有上天所赋予的"良知"作为其分辨是非、善恶的"知"，这就是说人的"良知"是能够分辨出人所发出的"意念"活动中的善念与恶念的。

从这个意义上来说，阳明的学说开始由"诚意"转向"致知"。虽然，"良知"是上天所赋予的，也是人人都具备的，但是，"良知"在每一个人身上的表现却又是不完全相同的。由于每一个人都受到不同程度的私欲的蒙蔽，所以，如果要将人内心中那一个完满的是非、善恶标准表现出来，就需要人去"致知"，也就是说人要去"至极其良知"，将受到不同程度的私欲蒙蔽的"良知"尽可能恢复到至极的"良知"。这也是阳明对"致知"的基本看法。

那怎么样才能恢复或者扩充自己的"良知"到至极呢？阳明认为，恢复或扩充良知需要一个过程，而这个过程或者工夫，就需要用到"致知"的前一个条目，它就是"格物"。根据笔者上文对《大学问》的翻译来看，"格物"主要是指正其"实有之事""即其意之所在之物而实有以为之"。阳明所说的"即其意之所在之物"，很明显有朱子将"格物"训为"即物"的影子。而笔者也在朱子的"格物"说中提到了，"即物"只是"格物"内容的第一个方面。阳明此说虽然有将朱子"格物"训为"即物"的影子，但是我们依然要注意，阳明所说的"物"主要还是指意之所在之"物"。此点，笔者在前文中也已经提到了。也就是说，阳明所要格之"物"，一定是跟人的意识思维活动有关的事物，无论是意念所发的单纯性思想之物，还是意念所发之后与具体物件结合在一起的事物，其核心始终在于突显"意念"之所发。

在《大学》原文中，对于"诚意"的解释是这样的：

  所谓诚其意者：毋自欺也，如恶恶臭，如好好色，此之谓自谦，故君子必慎其独也！[1]

---

[1] 朱熹：《四书章句集注》，中华书局2010年版，第8页。

《大学》文本对"诚其意"的解释首先是"毋自欺",然后才是"恶恶臭""好好色"。在这里,《大学》文本为什么说要"毋自欺"?很明显,在现实情况中存在着"不自欺"与"自欺"两种自我意识。"不自欺"的自我意识主要是指一个人德性的自我,是意诚而发的自我;而"自欺"的自我意识主要是指人经验的自我,意之不诚而发的自我。

阳明在给郑德夫的序中说:

> 曰:心又何以能定是非乎?曰:无是非之心,非人也。……子务立其诚而已。子惟虑夫心之于道,不能如口之于味、目之于色之诚切也,而何虑夫甘苦妍媸之无辨也乎?"①

阳明认为,没有是非之心的人就不是人,正是因为人有是非之心,所以人是能够分辨是非的。学者主要是真能够立其诚,能实其意,便会自然而然的分辨是非。《大学》文本中的"毋自欺"是说我们要发自内心地去厌恶臭味、喜好美色,在日常实践中全部根据"本心"的指引去做,千万不要违反或者欺骗自己的"本心"。既然,"诚意"的具体内涵是"毋自欺",那么"毋自欺"作为一个道德修养的科目,事实上是认为人有一个先天而存在的是非之心,"诚意"的过程就是要让人不要欺骗自己本有的善良之心。而阳明所说的"立诚"之教的内涵也是希望人能实其是非之心,按照是非之心所发的意去实用其力。因此,可以说,正是由于阳明"诚意"学说的这种内在要求,"诚意"学说才最终发展为后来的"致良知"学说。

《传习录》下中曾记载:

> 心之发动不能无不善,故须就此著力,便是诚意。如一念发在好善上便实实落落去好善,一念发在恶恶上,便实实落落去恶恶。②

阳明认为,心的发动不可能没有不善,因此必须要在心的发动处用

---

① 王守仁:《王阳明全集》,上海古籍出版社2011年版,第266页。
② 同上书,第136页。

力，这就是诚意了。如果学者心所发之意念发在了好善上，那就实实落落地去好善；心所发之意念发在了恶恶上，那就实实落落去恶恶就好。

按照阳明的说法，假如"诚"是"著力""实落"之意，那么阳明所提出的"诚意"就不能认为是泛指的"意念"，而应被认为是按照一个人本心中的好善恶恶的意去实实落落地去做了。从另一个角度来看，"诚意"之诚就应当是"行"之义。阳明曾在晚年说"知之真切笃实便是行"，故此我们也可以说"知之真切笃实"也就是诚，那么"知之真切笃实便是行"就可以被当做是"诚意"学说的一种形式。"一念发在好善上便实实落落去好善"则说明阳明的"诚意"说跟"知行合一"学说是有着密切联系的。但是，这里有个问题，阳明说"一念发在好善恶恶上"，便去著力去行便可。但是，凡事都有例外。万一一念发在了好恶恶善上，那究竟该怎么办呢？

当然，阳明在《大学问》中对于这个问题是有相关回答的。阳明说：

> 故欲正其心者，必就其意念之所发而正之，凡其发一念而善也，好之真如好好色；发一念而恶也，恶之真如恶恶臭：则意无不诚，而心可正矣。"①

凡是心所发之意念是善的，喜好它就跟真的喜好美色一样；凡是心所发之意念是恶的，厌恶它就跟真的厌恶恶臭一样，这样的话意念就没有不诚的，心也就没有不正的。此外，阳明又说：

> 今于良知所知之善恶者，无不诚好而诚恶之，则不自欺其良知，而意可诚矣。②

阳明认为，现在对于良知所知道的善与恶，全都是诚好、诚恶的，这样做就是自己不欺骗自己的良知，那么意就能够诚了。阳明这段话语跟前文所说"一念发在好善上，便实实落落去好善"这段话是有所区别的。

---

① 王守仁：《王阳明全集》，上海古籍出版社2011年版，第1070页。
② 同上书，第1070页。

在前文所说的这段话中，阳明想要学者诚其好善恶恶之意，就像我们前面提到的，学者怎么样才能分辨一念之发的"所好"究竟是善念还是恶念呢？

我们知道，阳明的《大学问》是在临去世之前几年才刊印的，当时阳明已经提出了"致良知"学说。因此，阳明在《大学问》中将"诚意"表达为"如意在于为善，便就这件事上去为；意在于去恶，便就这件事上去不为。"① 如果学者心所发之"意念"发在了好善上，那就实实落落地去好善，心所发之"意念"发在了恶恶上，那就实实落落去恶恶就好。根据阳明在《大学问》中的这种说法，"诚意"是指应该根据"良知"的引导去诚。

可以说，这就是对于我们前面说到的阳明"诚意"学说产生的问题的一种解决。但是，按照阳明的这种解释，假如"诚"是指实实落落去行，诚意就再也不再是诚"意"了，就变成了诚（致）其良知了。一个人一念发而为善，"良知"就知道它是善的，就会实实落落去行此善念。一个人一念发而为恶，"良知"就知道它是恶的，就会按照"良知"的指引实实落落去除此恶念。在这种情况下，阳明的"诚意"学说就最终变成了阳明最重要的"致良知"学说了。

以上就是自宋代以来很多儒者用"实"来注释"诚意"的"诚"字所产生的一些问题。假如"诚意"在最开始的时候被理解为存其善意，去其恶意，这些问题就会变得非常简单。虽然阳明在注解《大学》时对"诚意"的注解有许多不尽人意的地方，但阳明的"诚意"学说还是非常清晰的，也就是说"诚意"是指"着实用意去好善恶恶"。② 阳明此时的"诚意"宗旨主宰着他从滁阳到南赣时期的讲学实践。

阳明晚年之时，与顾东桥曾经进行过相关的学术讨论。顾东桥说，近世以来，一些学者主张向外探求而遗弃向内探求，学问很广博但是却缺少关键，因此阳明先生特别倡导"诚意"为圣学工夫之大本，指出了学者们所犯错误的关键之处，对于学者们而言是一种非常大的恩惠。阳明回应说：

---

① 王守仁：《王阳明全集》，上海古籍出版社 2011 年版，第 136 页。
② 同上书，第 39 页。

若"诚意"之说,自是圣门教人用功第一义。但近世学者乃作第二义看,故稍与提掇系要出来,非鄙人所能特倡也。①

"诚意"之说,本来就是圣人教人实落用功的第一要义,但是近世的一些学者将"诚意"看作是第二要义,因此阳明就将紧要的部分提掇出来了。阳明先生"致良知"学说是从正德末年开始提倡的,当时除了阳明本门弟子之外,其余之人基本不知道阳明的"致良知"学说。因此,嘉靖初年顾东桥在给阳明所写的书信时对"致良知"学说根本不了解,他指的是正德中期阳明讲学的主旨。顾东桥的话语非常清晰地表明,阳明在整个江西时期之前其核心主旨就是"诚意之学"。

可以说,阳明早期认为《大学》最重要的便是"八条目"之中的"诚意"。从经学史的角度而言,阳明对"诚意"的重视是承袭于孔颖达对《大学》文本中"诚意之道"的重视,同时在其基础上又有进一步的发展。因为孔颖达对于"诚意之道"的解释不过是为了后面阐述君臣的"为政之道"而作的理论准备。

阳明继承了孔颖达对"诚意之道"的重视,虽然也同样认为"诚意"是修身最重要的部分,但是却将"诚意"的发展最终引导向了"致良知"之学。阳明对《大学》"诚意"的理解,既是阳明对孔颖达注解《大学》的承袭与发展,也是对朱子以"格物致知"为核心的一种积极回应,同时还是阳明自身生活体验的一种真实反映,尤其是在"心"与"意""知"等方面有着非常重要的价值。

第三节 以"格物"为"格心"

阳明对于《大学》的诠释历来是学界研究的重点,学界也有很多系统研究阳明心学的著作和论文,较为著名的有陈来先生的《有无之境——王阳明哲学的精神》,可谓是阳明心学的经典之作。具体到阳明心学中的《大学》而言,对于阳明的格物致知说与郑玄、朱子的格物致知

---

① 王守仁:《王阳明全集》,上海古籍出版社2011年版,第46页。

说的对比研究一直是学界的热点，也有很多的学位论文①和期刊论文②进行探讨，此外还有非常多的学位论文③和期刊论文探讨阳明的"致良知"学说，然而阳明对于《大学》的理解其实经历了从"格物"到"格心"的转变，目前虽有学者意识到这个问题，但对于其中的转变过程及其思想倾向仍未有较为清晰的诠释，本节拟从对具体文本的解读来阐释其细微转变，同时对阳明诠释《大学》中所存在的一些问题进行探讨。

阳明对"格物"与"格心"的诠释存在一个转变的过程。在阳明"格竹"之前，阳明一直是按朱子的"格物"说进行实践的，在此之后经龙场悟道而转向"格心"。阳明通过对"物"与"心"的转变，顺利地从对外在事物的探求向内在的心开始转变。但阳明认为，朱子所提出的格物说是以探求外在事事物物之理为主的，这种理解是片面的。阳明并不是将诚意、致知与格物理解为一件事，在阳明的认识中，这三者是同一工夫的不同说法而已。阳明以"格物"为"格其非心"，为"正念头"，这种解释在传统的经学注释与《大学》本身的文本中会产生一些问题。

一　早年学习"格物"说

（一）阳明"格竹"

关于阳明"格物"与"格心"之间的关系问题，首先要提到的就是阳明年轻之时的"格竹"实践了。这是阳明学习朱子"格物"说，以"格物"为工夫的开始。关于阳明"格竹"之事，两处地方有相关的记载。

第一次是在阳明《年谱一》中的记载：

> 是年为宋儒格物之学。先生始侍龙山公于京师，遍求考亭遗书读之。一日思先儒谓"众物必有表里精粗，一草一木，皆涵至理"，官署中多竹，即取竹格之；沉思其理不得，遂遇疾。先生自委圣贤有

---

① 杨美：《朱熹与王阳明的"格物致知"论的比较研究》，2015年河北大学硕士论文。
② 倪超：《"格物致知"思想探微——从郑玄、朱熹、王阳明的训释分析》，载《人文天下》，2017年5月，第46—51页。
③ 陈琦：《王阳明"致良知"思想研究》，2014年吉林大学博士论文。

分,乃随世就辞章之学。①

就在这一年,阳明开始学习宋儒的"格物"学说。一开始的时候,阳明侍奉他的父亲王华(即龙山公)在京城中,到处搜集以朱熹为代表的考亭学派的书籍以读之。有一天忽然想起朱熹所说的事事物物必然有表里精粗的区别,每一棵花草与树木都包涵最大的道理,而官署之中有很多竹子,于是就拿了一棵竹子进行穷格。思考了很久很久还是没有得到竹子的道理,随后就病倒了。阳明为自己推脱说,圣人与贤人之间是有所区分的,于是跟随世人学习辞章之学。这是有关阳明"格竹"事件的第一处记载。从这里也可以看出,阳明在最开始的时候是首先学习朱子的"格物"学说的。

第二次"格竹"事件的记载出现于《传习录》下中,是黄以方所录,这次的记载相对而言比较详细。

> 先生曰:"众人只说格物要依晦翁,何曾把他的说去用?我着实曾用来。初年与钱友同论做圣贤要格天下之物,如今安得这等大的力量?因指亭前竹子,令去格看。钱子早夜去穷格竹子的道理,竭其心思,至于三日,便致劳神成疾。当初说他这是精力不足,某因自去穷格。早夜不得其理,到七日,亦以劳思致疾。遂相与叹圣贤是做不得的,无他大力量去格物了。及在夷中三年,颇见得此意思乃知天下之物本无可格者。其格物之功,只在身心上做,决然以圣人为人人可到,便自有担当了。这里意思,却要说与诸公知道。"②

阳明说,大家都说"格物"之说要依照朱子的说法,但是哪有人将朱子的说法真的去实行呢?我曾经真的去实行过。当年,我曾经和我的朋友钱子一起讨论如何做圣贤,要穷格天下的事事物物,现在哪里会有这样巨大的力量!因此,我指着亭子前面的竹子让钱子去穷格看看。钱子从早晨一直到午夜,一直在穷格竹子的道理,可以说是竭尽了自己所有的心

---

① 王守仁:《王阳明全集》,上海古籍出版社2011年版,第1348—1349页。
② 同上书,第136页。

思，到了第三天的时候便导致积劳成疾了。当初我说钱子之所以失败，是因为他的精力不足所致，因此，我就自己去穷格竹子看看。于是，我就从早晨一直到午夜时分，一直在穷格竹子，却一直不得其理，等到了第七天的时候，我也积劳成疾了。于是，我们俩就相互感叹说，圣贤是做不成的，因为没有他们那么巨大的力量去穷格事事物物了。等到在夷中所呆的三年时间里，我才发见了这里面的含义，才知道天下的事事物物本来就没有什么可以穷格的。学者格物的工夫，只在我们的身心上做；坚定地认为圣人是人人都可以做到的，就自会有担当了。

阳明的"格竹"之事出现在阳明自己的叙述中，可以说是阳明早年思想发展过程中的一个重要事件。从我们所列举的《年谱一》中的记载来看，阳明"格竹"事件应该是发生在跟随父亲王华居住在京师的时候，那时候的阳明也是刚刚接触朱子之学，在学习之中，于是就发生了"格竹"事件，也可见阳明是一个非常注重实践的人。

阳明在朱子"格物"学说的指导下进行"格竹"，将"格物"放进到自己的实践中，认为"格竹"就是将竹子取来，然后面对着竹子，仔细思索竹子的道理是什么。这件事情，在宋明理学史上也仅仅发生过这么一起，极其罕见。在当时的社会，绝大多数理学家还是赞同朱子的"格物"学说的，即使是那些不同意朱子"格物"学说的理学家也没有人像阳明这样误解朱子的"格物"学说。而阳明本身是一个非常聪明且思辨能力比较强的人，很难理解阳明为什么会发生这样的误解。陈来先生认为，从阳明"格竹"这件事情来看，阳明在"格竹"之时还处于青少年时期，还在跟着自己的父亲学习，对于朱子的"格物"学说也才刚刚有所了解，心智与阅历都很不成熟，所以才会出现这样令人难解的误解。[①]

但是，阳明"格竹"事件体现出了两个最重要的信息：一是阳明"格竹"的目的是为了做圣贤，其做圣贤的目标在其年少时便已经种在了其心里；二是阳明"格竹"的过程体现出阳明注重实践的性格，这对于其以后形成"知行合一""致良知"学说都有着密切的关系。

阳明在广信见到娄谅以后，通过"圣可学"的观念对朱子的"格物"学说应该有了全新的了解，应该已经纠正了从前"格竹"的困惑。从弘

---

① 陈来：《有无之境——王阳明哲学的精神》，北京大学出版社2015年版，第122页。

治三年一直到弘治末年，在这一段时间内，阳明基本上是按照朱子的"格物"学说来理解理学的。可见，阳明在早期之时，也曾经笃信过朱子的"格物"学说，笃信朱子所提出的"三纲领、八条目"，这也导致了阳明之后的学问思路虽然与朱子对《大学》的理解产生较大的差异，但阳明对《大学》的解释却一直限定在"三纲领、八条目"的框架之下，而这也注定了无论阳明与朱子之间的差异有多大，但始终都是在理学的框架之下进行探讨，阳明的心学始终是对理学的一种借鉴、吸收与发展。

在阳明三十七岁的时候，他在贵州的龙场当驿丞，回想自己前半生的遭遇再加上当时的困难环境，日思夜想，终于有所领悟，这就是阳明的"龙场悟道"。而这标志着阳明的"格物"思想发生了重大的转折。

（二）"龙场悟道"

"龙场悟道"说明阳明开始由朱子的"格物"说向自己的"格心"说转变。

除了阳明自身的遭遇以及龙场当时既安静又困难的自然环境之外，还有两方面的原因促使阳明的思想发生转变，或者说还有两个方面的原因促使阳明能够在"龙场悟道"。陈来先生认为，这两方面的原因是：第一，阳明从青少年时期对"格物"问题的困扰一直没有得到根本性的解决；第二，自从阳明在三十四岁与湛若水交往之后，受到了湛若水"自得"学说的影响，这使阳明更加坚定了向内用力的想法，暗示着有一天最终会跟朱子向外用力的"格物"学说分道扬镳。[1]

而阳明的"龙场悟道"就完全解决了对朱子"格物"问题的困扰，阳明悟到"始知圣人之道，吾性自足，向之求理于事物者误也。"[2] 阳明认为，自己现在才知道圣人之道，本身就是吾性自足，向天下的事事物物探求义理是完全错误的。"忽中夜大悟格物致知之旨"[3] 这句话是说，阳明忽然在午夜时分领悟到了"格物致知"的主旨是什么。从这句话中可以看出，从阳明青少年开始"格竹"之时起，一直到阳明在龙场"大悟"为止，阳明一直将"格物"问题作为自己思考的核心

---

[1] 陈来：《有无之境——王阳明哲学的精神》，北京大学出版社2015年版，第122页。
[2] 王守仁：《王阳明全集》，上海古籍出版社2011年版，第1354页。
[3] 同上。

问题。

既然阳明在"龙场悟道"之后认为,向外在的、天下的事事物物探求义理是完全错误的。"向之求理于事物者误也",① 就意味着阳明彻底抛弃了从事物上寻求道理的途径。从消极的方面来说,这就是彻底否定了朱子外向性探求事事物物之理的一面;从积极的方面来说,阳明其实是将格物穷理的主方向由外在的事事物物向内在的人心转变,开始逐步凸显出人心的重要作用。

众所周知,宋明理学的理论基础是"心即性即理",宋代理学的理论基础我们可以笼统地概括为"性即理",而阳明心学的理论基础可以概括为"心即理"。格物穷理的"理"都是一样的,只是"理"究竟存在于外在的事事物物之中还是存在于内在的人的内心之中,阳明与朱子的看法显然是不同的。

阳明"龙场悟道"的一个重要认识便是认为,"格物"所要穷得的道理是存在于内在的人的内心之中,人要向内心探求义理之所在。从阳明的理论基础上说,阳明主要是通过从"心"与"理"问题的阐述来解决格物穷理的问题的;用另外一句话来说,对于朱子的格物穷理问题的诠释要从对"心"与"理"问题的诠释来解决。

(三)"格心"说的提出

前文已经提到,阳明在龙场悟道之后认为,"格物"的内涵不应该是向外在的事事物物探求义理,而应该是向内在的人的内心探求,经过由外向内探求的转换之后,朱子所认为的"格物"就变成了阳明的"求心"。从阳明书中的相关记载来看,阳明的"求心"就体现为"格心"说。

例如,阳明在回答弟子徐爱之时说:

> "格物"如孟子"大人格君心"之"格",是去其心之不正,以全其本体之正。但意念所在,即要去其不正以全其正,即无时无处不是存天理,即是穷理。天理即是"明德",穷理即是"明明德"。②

---

① 王守仁:《王阳明全集》,上海古籍出版社2011年版,第1354页。
② 同上书,第7页。

阳明认为,"格物"就像孟子所说的"大人格君心"中的"格"字一样,是指去除他内心的不正,以此来保全他本体的正。学者的意念所在,就是要去除学者内心的不正,以此来保全学者本体的正,也就是说学者要在任何时间、任何地点都要保持保存天理,这就是穷理,天理也就是"明德",穷理就是"明明德"。

此外,阳明在回答弟子提问"格物"时说"格者,正也。正其不正,以归于正也。"①"格"字,就是"正"的意思。"正"一个人内心的不正,以此让其心归于"正"。在这里,阳明将"格物"之"格"字理解为"正",这就是说"正"的意思是指将不正的纠正为正的。

阳明的弟子徐爱在知晓"格物"之"物"字就是"事"字之时说,这些都是从"心"上说的。阳明肯定了徐爱的理解,并进一步阐释:

> 身之主宰便是心,心之所发便是意,意之本体便是知,意之所在便是物。如意在于事亲,即事亲便是一物;意在于事君,即事君便是一物;意在于仁民爱物,仁民爱物即是一物;意在于视听言动,即视听言动便是一物。所以某说无心外之理,无心外之物。《中庸》言"不诚无物",《大学》"明明德"之功,只是个诚意。诚意之功,只是个格物。②

在这句话中,阳明将"格物"之"物"注解为各种具体的"事",比如说事亲、事君、仁民爱物、视听言动等等,而所有的这些具体的"事"都是来源于人的意念之所在,故此,阳明对"物"的定义应当为"意之所在"。而阳明对"格物"之"格"的注解为"正",即将"心"所发之"意"中那些不正的"意"纠正为正的"意"。因此,阳明对"格物"的理解可以解释为"正意之所在",具体可以说是纠正不正的意念之所在之物以使这些意念重归于正。

这里面存在一个问题,"正意之所在"肯定是阳明对"格物"的理解,但是阳明在前文中也提到,"格物"是指去除他内心的不正,以此来

---

① 王守仁:《王阳明全集》,上海古籍出版社2011年版,第28页。
② 同上书,第6—7页。

保全他本体的正。那就出现了这样一个问题，"格物"是正其心之不正，以此来保全他本体的正呢？还是纠正不正的意念之所在之物以使这些意念所在之物重归于正呢？也就是说，阳明的"格物"说究竟是"正"人的"心"呢？还是"正"人的意念所在之物呢？意念所在之物，其侧重点在于"物"；而心，其侧重点在于"意念"，是一种非实在性的存在。

阳明所说的"格物"，其字面意思就是"去其心之不正以归于正"。按照阳明的理解，人的"心"可以从本体与现象两方面来解释。"心"的本体可以说是无所不正的，即"心"之本体全都是正的；"心"的现象也就是常人所具有的平常之心，跟心的本体是不一样的，其心早已不正，即常人之心已经是不正的了。由此来看，"格物"就是要纠正常人之心的不正，以保全或者恢复心之本体的正。从这个角度来看的话，"格物"就应该解释为"格心"。

但是，笔者在前面也已经提到了，"意之所在"其侧重点在于"意所在之物"，跟这里所说的"心"是不一致的。而阳明所强调的"意之所在便是物"，从前后文之间的关系来看，"意之所在"显然是不能够指"物"的，更准确地说应该是指"心"。应该说，阳明在这里将"格物"之"物"理解为"心"与"意念所在之物"，也就是说将"物"转变为了"心"，将"格物"变成了"格心"，于是顺利地从对外在事物义理的探求开始向内在的人的心的探求转变。

（四）对朱子格物说的误解

阳明认为，朱子所提出的"格物"说是以探求外在事事物物之理为主的。但是，这种理解是片面的。其实，朱子的"格物"学说的对象既包含客观存在的事事物物，也就是具体的实体事物，又包含人的思想活动这一类的抽象思维活动。也就是说，朱子的"格物"说既有向外探求事事物物规律的一面，还有向内探求人的抽象思维活动的一面。并且，朱子的"格物"对象的先后顺序选择是有所侧重的，是以"明善"为首要目标，其实是更加突出了朱子向内探求的一面。

从朱子对"格物"二字的文字注解来看，朱子将"格"训解为"穷"，这即是说"格物"就是到具体的事事物物上去。朱子认为，《大学》中已经存在正心、诚意的条目，那么，"格物致知"就主要是指工夫而言，也就是说要不断地积累和学习知识。因此，朱子释"格物"为到物之上,然后去穷物之理,这种说法是可以接受的。笔者已经在朱子的"格物"说一节提到,朱子的"格物"说是一个比较完整的思想体系,既包含向外探求具体事事物物之理的一面,又包含向内探求人的思维活动之理的一面,具有这两方面的特征,并且朱子对这两方面都比较强调,没有忽略任何一个方面。

从阳明对"格物"二字的文字注解来看,阳明将"格"字训解为"正"字,将"物"字训解为"事"字,同时又将"事"定义为"意之所在",顺利地将"格物"变为"格心之不正以归于正"。事实上,朱子的"格物"说是要穷格天下事事物物之理,在这个穷格的过程中就体现出了朱子对事事物物的认识功能的重视,也可以说朱子的"格物"说是有认识论的意义的。

但是,阳明将"格物"变成"格心",那就是说将"格物"变成了纠正平常人心的不正,即要纠正人内心中的非道德的思想意识,这样就跟朱子的"格物"说完全是两个概念了,也就取消了朱子"格物"说中的认识事事物物的功能。这就导致在学者的实践工夫上,就没有必要一一穷格所有事事物物之理了,只要能够纠正平常人不正的心使之归于正就是"格物"了,就能够统率整个学问工夫了。就是在这样的由"物"向"心"的转换之下,阳明将朱子"格物"说的内外两面性完全转向了向人内心探求的立场。

综合朱子与阳明的"格物"学说来看,朱子的"格物"说反而会更加全面、圆融一些,阳明的"格物"说就显得有些偏颇,不如朱子"格物"说圆满。阳明这样做的确是有些矫枉过正。但是,如果不是矫枉过正,又怎么能够纠正朱子"格物"说在后世逐渐偏于重"物"而非重"心"的趋势呢?可以说,阳明对"心"的重视,在后世也起到了巨大的作用。

二 格致诚正之关系

目前所能看到的阳明系统而全面探讨《大学》"格致诚正"的材料主要有两个,分别存在于《大学问》与《传习录》下。

第一个就是《大学问》,这是阳明口述而由其弟子钱德洪所记录下来的。钱德洪评价《大学问》说,《大学问》是阳明一派教人的"教典",

是阳明历经诸多变化而形成的系统、成熟、全面看法的集中代表，具有经典性与权威性。

《大学问》的产生来自于阳明对学生平时的教导，阳明对于向自己求学的学生总是以《大学》第一章的内在涵义来指导学生，故此钱德洪所记录的《大学问》只是对《大学》首章部分进行的解说，这跟阳明《大学古本旁释》诠释整篇文章是有所不同的。而《大学问》对于首章内容的解说非常详细、明了，这也是《大学古本旁释》内容本身比较简单所无法比拟的。

第二个是《传习录》下中有一段关于《大学》首章的较长文字。《传习录》是阳明最重要的哲学著作，其内容主要包括阳明语录和阳明与人论学的书信往来两个方面。阳明的语录主要是记录阳明平时讲学的内容，其形式主要是学生问然后阳明作答，形式比较分散，其条理性比较差，更谈不上系统性。而阳明与人论学的往来书信与阳明语录存在着同样的问题，阳明所论述的问题都是由对方先提出来，然后阳明根据自己的理解进行回答，因此也谈不上系统性，因为阳明所论述的东西并不是针对一个问题所进行的全面论述。

（一）诚意与格物之不同

从具体的文字来看，《传习录》中的此段文字跟《大学问》非常类似，大概是阳明居住在越地之时所讲的《大学》首章的原文。此段文字由阳明的门人黄以方所录。这是一段比较完整的解释"格物"与"诚意"的文字，我们现在将相关材料分录如下，然后探讨阳明所认为的"格物"与"诚意"之间的关系。《传习录》下所录云：

> 先生曰：先儒解格物为格天下之物，天下之物如何格得？且谓一草一木皆有理，今如何去格？纵格得草木来，如何反来诚得自家意？我解格字作正字义，物作事字义。大学之所谓身，即耳目口鼻四肢是也。欲修身便是要目非礼勿视，耳非礼勿听，口非礼勿言，四肢非礼勿动。要修这个身，身上如何用得工夫？心者身之主宰，目虽视而所以视之者心也，耳虽听而所以听者心也，口与四肢虽言动，而所以言动者心也。故修身在于体当自家心体，常令廓然大公，无有些子不正处。主宰一正，则发窍于口与四肢自然无非礼之言动，此便是修身在正其心。

然至善者心之本体也，心之本体那有不善？如今要正心，本体上何处用得功？必就心之发动处才可著力。心之发动不能无不善，故须就此著力，便是诚意。如一念发在好善上，便实实落落去好善。一念发在恶恶上，便实实落落去恶恶。意之所发既无不诚，则其本体如何有不正的。故欲正其心在诚意，工夫到诚意始有着落处。

然诚意之本又在于致知也，所谓人所不知而己所独知者，此正吾心良知处。然知得善却不依这个良知便做去，知得不善却不依这个良知便不去做，则这个良知便遮蔽了，是不能致知也。吾心良知既不能扩充到底，则善虽知好，不能著实好了。恶虽知恶，不能著实恶了。如何得意诚？故致知者诚意之本也。

然亦不是悬空的致知，致知在实事上格。如意在于为善便就这件事上去为，意在于去恶便就这件事上去不为。去恶固是格不正以归于正，为善则不善正了，亦是格不正以归于正也。如此则吾心良知无私欲蔽了，得以致其极，而意之所发，好善恶恶，无有不诚矣。诚意工夫实下手处在格物也。若如此格物，人人便做得，人皆可以为尧舜，正在此也。①

阳明认为，朱子将"格物"解释为穷格天下所有之物，天下所有之物怎么能够穷得尽呢？并且朱子说一草一木都有它们自己的道理，那么怎样才能穷得这些道理呢？即使是能够穷得一草一木的道理，那又怎么能够反过来诚得自己本体的意呢？我自己将"格"字解作"正"字的意思，"物"字解作"事"字的意思。《大学》中所说的"身"字，就是我们平时说的一个人的耳、目、口、鼻和四肢。一个人要想修身就是要管住自己的眼睛、耳朵、嘴巴、鼻子和四肢，不符合礼节的都不去看、不去听、不去动。一个人要想修身，在身上怎么用这工夫呢？"心"是身体的主宰，眼睛虽然能看，但是之所以眼睛能看是因为"心"的作用；耳朵虽然能听，但之所以耳朵能听也是因为"心"的作用。嘴巴与四肢虽然也能说话和运动，但是之所以能说话和运动都是因为"心"的作用。因此，修身的关键在于体会自己的"心之本体"，经常让自己的"心之本体"处于

---

① 王守仁：《王阳明全集》，上海古籍出版社2011年版，第135—136页。

廓然大公的状态，没有任何不正的地方。作为身体主宰的"心"一旦正了，那么从口与四肢处所发动的也就是自然而然没有非礼的语言和动作了，这就是《大学》中所说的修身在正其心。

我们的"心之本体"即是《大学》中所说的"至善"。"心之本体"是不可能有不善之处的。现在我们要使人正心，在人之本体的哪一个地方能够用得上工夫呢？一定是在"心"之所以发动的地方才可以着实用工夫。"心"之所发动处是有善有恶的，因此就必须在此处着实用力，在心之发动处着实用力便是诚意。比如说，一个意念发在了好善上，就要实实落落地去做好善之事。一个意念发动在了恶恶上，那就要实实落落去做恶恶之事。意念的发动既然没有一个是不诚的，换句话说就是意念的发动既然都是诚的，那么一个人的"心之本体"怎么会有不正的呢？因此说，诚意是纠正一个人内心正与不正的关键，诚意才是工夫实有着落的地方。

然而诚意的根本又在于致知，所谓的别人所不知道而自己所单独知道的地方，这正是我心的良知处。然而知道善却不依照我内心的良知去做，知道不善却不依照我内心的良知不去做，那么我心的良知就被遮蔽了，这是不能致知的表现。我的良知既不能扩充到极致，那么明知道要好善也是做不到的，明知道要恶恶也是做不到的。怎样才能够做到使意诚呢？因此说，致知是诚意的根本。

然而也不是不着地的致知，致知是在实实在在的事情上穷格。比如说，意念在于为善上面，那就在为善这件事情上去做；意念在于去恶上面，那就在去恶这件事情上不去做。去恶与为善都是格不正以归于正。这样做的话，那么我心的良知就不会被私欲所遮蔽了，能够使得我的良知达到极处，那么我的意念的发动，好善恶恶，就没有不诚的了。而诚意的工夫着实下手的地方就在于格物。假如人们这样格物的话，每一个人便都会做得，每一个人都可以成为尧舜，正是在于此处。

在这一大段的记载中，阳明对于"诚意"的解释存在着一些缺陷。根据笔者上面的翻译，根据阳明的理解，心之发动就是意，意有善有恶，在意上着实用力就是诚意。怎么样才能在意上着实用力呢？阳明说，一个意念发在了好善上，就要实实落落地去做好善之事。一个意念发动在了恶恶上，那就要实实落落去做恶恶之事。阳明对于一念之所发在"好善恶恶"上进行了说明，但对于一念之所发在于"好恶恶善"，也就是说"不善"之处，那该怎么办呢？阳明在此处对于此问题并未进行①相关的阐述，但阳明在《大学问》中有相关回答。

阳明注解"格物"，虽然训"格"字为"正"字，训"物"字为"事"字，也就是将"格物"训为"正事"，但在实际上却是说"在实事上为善去恶"。通过对比"诚意"与"格物"的内涵，笔者发现，"诚意"只是从人的意识活动本身上来说时时刻刻都是实实在在的，"诚意"的侧重点在于强调好善的"意"是时时刻刻都实实在在的，恶恶的"意"也必须是时时刻刻都实实在在的，所强调的更多的是意念活动内容的笃实性。

而"格物"则主要是指一种具体的实践行为，在具体的事情上能够做到为善而去恶，是将意念通过实践行为以期达到知行合一的境界。可以说，"诚意"的主要内涵是指意念本身要能"存天理，去人欲"，而"格物"的主要内涵是指在实际的事情上能做到为善而去恶。这是阳明所理解的"诚意"与"格物"的不同。

(二) 对"正心"的忽视

阳明的弟子钱德洪曾对阳明传授《大学问》之事写过一个序言，前面有钱德洪按语云：

> 吾师接初见之士，必借《学》、《庸》首章以指示圣学之全功，使知从入之路。师征思、田将发，先授《大学问》，德洪受而录之。②

钱德洪说，我的老师阳明先生在一开始接见想要求学的人的时候，一定要借用《大学》、《中庸》的首章来指示圣学的全部工夫，使求学的人能够知道从哪条路开始。恩师阳明先生即将要出发征思、田之时，先传授了弟子们《大学问》，我接受了恩师传授的《大学问》，并将其记录了下来。

阳明的《大学问》中是这样论述格物、致知、诚意、正心、修身的内容的：

---

① 具体参见本书第五章第二节第 206 页的相关论述。
② 王守仁：《王阳明全集》，上海古籍出版社 2011 年版，第 1066 页。

第五章 阳明《大学》学

格、致、诚、正、修者，是其条理所用之工夫，虽亦皆有其名，而其实只是一事。何谓身？心之形体运用之谓也。何谓心？身之灵明主宰之谓也。何谓修身？为善而去恶之谓也。吾身自能为善去恶乎？必其灵明主宰者欲为善而去恶，然后其形体运用者始能为善而去恶也。故欲修其身者必在于先正其心也。

然心之本体则性也，性无不善，则心之本体本无不正。何从而用其正之之功乎？盖心之本体本无不正，自其意念发动而后有不正。故欲正其心者，必就其意念之所发而正之。凡其发一念而善也，好之真如好好色，发一念而恶也，恶之真如恶恶臭，则意无不诚而心可正矣。

然意之所发有善有恶，不有以明其善恶之分，亦将真妄错杂，虽欲诚之而不可得而诚矣。故欲诚其意者必在于致知焉。致者至也。……

然欲致其良知，亦岂影响恍惚而悬空无实之谓乎？是必实有其事矣。故致知必在于格物。物者，事也。凡意之所发，必有其事，意之所在谓之物。格者，正也。正其不正以归于正之谓也。正其不正者去恶之谓也，归于正者为善之谓也，夫是之谓格。《书》言"格于上下""格于文祖""格其非心"，格物之格实兼其义也。良知所知之善虽诚欲好之矣，若不即其意之所在之物而实有以为之，则是物有未格，而好之之意犹未诚也。良知所知之恶虽诚欲恶之矣，苟不即其意之所在之物而实有以去之，则是物有未格而恶之之意犹为未诚也。[1]

从"格、致、诚、正、修者，是其条理所用之工夫"至"则是物未格，而恶之之意犹为未诚也"一段，笔者直接对其进行翻译如下：

阳明说：格物、致知、诚意、正心、修身这五个条目，是明德、亲民、止于至善工夫所使用的条理，虽然它们都有自己独特的名称，但事实上它们只是一件事情。什么是身呢？身就是心的形体运用。什么是心呢？心就是身的灵明主宰。什么是修身呢？修身就是为善而去恶。我的身体自己能为善而去恶吗？一定是身的灵明主宰者（即是心）想要为善而去恶，

---

[1] 王守仁：《王阳明全集》，上海古籍出版社2011年版，第1069—1071页。

然后心的形体运用（即是身）才开始能为善而去恶。因此，想要修身的人必定先要正其心。

然而心的本体就是性，性都是善的，没有不善的，那就是说心的本体（即是性）本来都是正的，没有不正的。那又能在什么地方用正心的工夫呢？大概是说心的本体（即是性）没有不正的，就是从人的意念发动之后就有不正的意念存在。因此，想要正自己心的人，一定要从自己的意念之所发处而正之。只要心所发出的一念是善的，喜好它真的能像喜好美色一样；心之所发一念是恶的，厌恶它真的能像厌恶恶臭一样，那么，意念就会诚而心可正了。

但是，意念之所发有善念有恶念，假如没有弄明白善念与恶念的区别，那么将会导致真心与妄心错杂在一起，虽然是想要诚意，但是却不可能得到真正的诚意的。因此，想要诚意的人必须要致知。"致"字是"至"的意思。……

然而想要致（至）其良知，难道也是在说影响恍惚而又悬空没有实际的吗？一定是有这样的事情真实存在的。因此说，致知一定在于格物。"物"的意思就是"事"。凡是意念之所发，一定有这样真实存在的事情；物就是意念之所在的意思。"格"的意思就是"正"。正那些不正的意念，使那些不正的意念重归于正的意念之上，这就是正的意思。正那些不正的意念就是去恶的意思，重新回到正的意念就是为善的意思，只有这样才能称之为"格"。《尚书》中说"格于上下""格于文祖""格其非心"，"格物"的"格"实际上是兼顾它的意义的。良知所知道的善虽然十分想要喜好它，假若不能靠近它的意念所在的物而真实的去"归于正"，那么就是物尚未能够穷格，同时喜好的意也没有做到诚。良知所知道的恶虽然十分想要厌恶它，如果不靠近它的意念之所在的物而真实的去"正其不正"，那么就是物尚未能够穷格，同时厌恶的意也没有做到诚。

众所周知，自从朱子在《大学章句》中正式提出"三纲领、八条目"的分类之后，《大学》"八条目"之间的关系就被定义为一种特殊的关系，前面一个条目是后面一个条目的基础，后一个条目是前一个条目顺利推进的结果，这八个条目之间是层层相扣的，一直到最后治国、平天下。我们以修身、齐家、治国、平天下为例子，修身是齐家的基础，齐家又是治国的基础，治国又是平天下的基础。可以说，修身有其独立的实践范围和确定的意义，同样的道理，齐家、治国、平天下也都有自己独立的实践范围和确定的意义。

但是，剩下的格物、致知、正心、诚意四个条目本身的意义却不是很明显，这就导致了前面四个条目之间的关系并不像后面四个条目之间的递进关系那么明确。从思想史与经学史的角度来看，历史上主要注解《大学》的学者对"八条目"的侧重点也是不一样的，而由于侧重点的不同就会导致对其他几个条目的解释也会出现不同，就导致格物、致知、正心、诚意这前四个条目之间是否存在着递进关系问题的出现，以及这前面的四个条目自己是否具有专属的实践范围以及独特意义的存在。

阳明说：什么是身呢？身就是心的形体运用。换句话说，阳明认为，"身"是指一个人在社会中按照"心"的指引，指导生理性的躯体所从事的活动和行为。修身就是为善而去恶的过程。也就是说修身就是指人要按照社会的准则和规范的要求所从事的为善而去恶的行为。阳明对修身的解释是比较清晰的，从思想史的角度来看也是符合传统儒家思想的。

修身之前就是正心，阳明对于"正心"的解释需要引起我们的注意。笔者前面提到，宋明理学的理论基础是"心即性即理"，因此阳明认为，心的本体就是性，性都是善的，没有不善的，那就是说心的本体（即是性）本来都是正的，没有不正。因此，"正"的工夫对于"心之本体"（即是性）来说是没用的，没有意义的。

笔者在前面也提到，心之本体（即是性）一直都是正的，而平常人的心则早已是不正的了。而人所要"正"的就是平常人那颗早已不正的心，而非心之本体。在阳明的认识当中，"心"与"意"有着明确的分别。"意"是指人的各种经验的、现象的意识。"心"就是身的灵明主宰。而"心"的本体就是"性"，而且"性"本来就是正的。而"正心"在阳明所理解的"八条目"之中就属于一个过渡性的环节，并没有体现出自己所具有的专属实践范围与特殊意义，从而由"修身"直接过渡到前一个条目"诚意"之中。

换句话说，阳明认为"正心"只是一个无意义的环节，没有自己专属的实践范围和特殊意义。阳明为什么将《大学》中的"正心"的"心"只解释为"心之本体"呢？"心"还有没有别的解释呢？很明显的一点就是，阳明将"心"解释为"心之本体"，那基本上取消了"正心"作为一种工夫所存在的价值与意义了。

（三）诚意、致知、格物之关系

阳明在"天泉问答"中说，"意念上实落为善去恶"，这实际是说"诚意"的工夫，在《传习录》下有一段解释"诚意"的话：

> 心之发动不能无不善，故须就此处著力，便是诚意。此一念发在好善上，便实实落落去好善，一念发在恶恶上，便实实落落去恶恶。①

阳明认为，心之所发动处是有善有恶的，因此就必须在此处着实用力，在心之发动处着实用力便是"诚意"。比如说，一个意念发在了好善上，就要实实落落地去做好善之事。一个意念发动在了恶恶上，那就要实实落落去做恶恶之事。阳明所说的于良知上实实落落行其为善去恶的工夫当属"致良知"的工夫，正如阳明在《大学问》中所说：

> 意念之发，吾心之良知既知其为善矣，使其不能诚有以好之，而复背而去之，则是以善为恶，而自昧其知善之良知矣。②

阳明说，人的意念一旦发出来，我心中的良知就能知道它是为善的，我不能让此诚好之善而又离我而去，如果这样做的话就是以善为恶而又自己掩饰自己知为善的良知了。那这里就会产生一个疑问，为什么阳明在"天泉问答"中将诚意、致知与格物三者放在一起讨论呢？

事实上，在阳明的认识中，这三者是同一工夫的不同说法而矣。《大学问》中记载：

> 格致诚正修者，是其条理所用之工夫，虽亦各有其名，而其实只

---

① 王守仁：《王阳明全集》，上海古籍出版社2011年版，第135页。
② 同上书，第1070页。

是一事。①

这里面所说的"只是一事",主要是指格致诚正修全是"为善去恶"。因此,阳明就说"何谓修身?为善而去恶之谓也",②又说"若以诚意为主,去用格物致知的工夫,即工夫始有下落,即为善去恶无非是诚意的事"。③因此,"为善去恶"不仅能够解释"格物",而且也能够解释"修身""诚意""致知"。这里的"为善去恶"是同时指"心"与"事"而言,但以"心"为主。

为什么说"为善去恶"要以"心"为主呢?这是因为具体事情的"为善去恶"是根源于"心"的"为善去恶"。为善去恶的功夫,从良知的视角来看,就是在说"致知";如果是从随事随物的角度来看,便是指"格物";如果从人的意念之所发而实实落落去行好善恶恶的角度来看,便是指"诚意"。从整体上来看,"为善去恶"的过程既是"致知",又是"诚意",还是"格物"。从部分来看,知善知恶就是"良知",好善好恶就是"诚意",为善去恶就是"格物"。就像宋儒的"力行"概念中包含着涵养一样,虽然"为善去恶"是表示实有其事的行动,但是一个人的意念之正也是包含其中的。

阳明曾在《大学问》中提到:

> 良知所知之善,虽诚欲好之矣,苟不即其意之所在之物而实有以为之,则是物有未格,而好之之意犹为未诚也。④

阳明这段话是认为,善是一个人的良知所知道的,学者虽然诚想喜好此善,假若不能靠近它的意念所在之物而真实的去"归于正",那么就是物没有穷格,同时喜好的意也没有做到诚。

而在这一句话中,阳明对于诚意、致知、格物之间的关系进行了定义。"诚欲好之"是说诚意,"良知所知之善"与"良知所知之恶"都属

---

① 王守仁:《王阳明全集》,上海古籍出版社2011年版,第1069页。
② 同上。
③ 同上书,第44页。
④ 同上书,第1071页。

于良知部分,"即其意之所在之物而实有以为之"是说格物。从阳明对于三者的理解来看,良知居于指导地位,诚意处于上通下达的地位,而格物则属于工夫、手段的地位,也就是说良知指导着诚意,而诚意最终需要落实到格物的工夫上。

三 格心说

除了《大学问》之外,在阳明"四句教"中也有格物说应该引起我们的注意,而这同样是讨论阳明晚年格物思想的重要材料。"四句教"的第四句话就是"为善去恶是格物"。由于阳明这句话是出自于诗的形式,非常简单,但也正是因为简短同时说明了这句话对于格物的定义并不完整。笔者在前面的《传习录》与《大学问》中都涉及到了"正其不正"是去恶,"归于正"是为善,也就是说,将"格"注解为去恶为善与"正其不正以归于正"其内涵是一样的。即使是这样,"为善去恶是格物"也依然未能体现出格物作为"即其意之所在之物而实为之、实去之"[①]的意思所在。

笔者前面对于阳明的"格物"学说进行了很多梳理了,那么阳明在《大学》中主要是倾向于格"心"还是格"物"呢,或者说是既主张格"心"又主张格"物"呢?

（一）格心说的倾向

在阳明平濠之前,其主要倾向在于"格心"。有几处地方可以证明。

第一,是湛若水曾经多次对阳明的"正念头"进行批评。

比如,阳明在论"格物"之时说"是求之于外了。"湛若水就反驳阳明"若以格物理为外,是自小其心也。"[②]湛若水也曾批评阳明的"正念头"与《大学》文本中的"正心"之语是相互重复的,并且"正念头"的解释是无法将儒家与佛家区别开来的,还将儒家世代相传的"学问"取消了。[③]

[①] 王守仁撰,吴光、钱明、董平、姚延福编校:《王阳明全集》下,卷二十六,续编一,上海古籍出版社 2011 年版,第 1071 页。

[②] 王守仁:《王阳明全集》,上海古籍出版社 2011 年版,第 102 页。

[③] 湛若水:《与杨少默》,《甘泉先生文集》卷七（嘉靖本）,第 24 页。

第二，是徐爱录的《传习录》上也记载有"正其心之不正以归于正"①的说法。

第三，是黄绾在晚年之时对阳明学说的批评。黄绾说：

> 予昔年与海内一二君子讲习，有以致知为至极其良知，格物为格其非心者。又谓格者正也，正其不正以归于正。致者至也，至极其良知，使无缺亏障蔽。以身心意知物合为一物而通为良知条理，格致诚正修合为一事通为致良知工夫，又云克己工夫全在格物上用，克其己私，即格其非心。②

黄绾说阳明将"致知"看作是"至极其良知"，"格物"看作是"格其非心"。黄绾与湛若水都是阳明最好的朋友，黄绾在晚年还拜阳明为师，他的说法是可以相信的。黄绾叙述阳明以"格其非心"来释"格物"，跟湛若水说阳明以"正念头"来释"格物"，其意思是相同的。可以说，阳明以前的确曾经用"正念头""格其非心"来释"格物"学说。可以推断，这种学说应该是阳明在建立"致良知"学说之前的观点，而阳明在《答罗钦顺书》中所提到的"格者，格此也"③、"格物者，格其心之物也"④的观点也应该属于阳明的"格心"学说。

(二) 格物与物格

阳明对于格物的解释有两种不同的说法。第一种就是我们前面所提到的"即其意之所在之物而实为之"⑤，第二种就是"事事物物皆得其理者，格物也"⑥，这种说法出现在王阳明《答顾东桥书》中。一般情况下，我们都会认为"格物"是一种工夫，但是阳明对于"事事物物皆得其理"的表述显然是一种状态，而绝对不是一种工夫，更像是

---

① 王阳明：《传习录》上，中国画报出版社2013年版，第70页。
② 黄绾：《明道编》，中华书局1983年版，第10页。
③ 王阳明：《传习录》中，中国画报出版社2013年版，第190页。
④ 同上。
⑤ 王守仁撰，吴光、钱明、董平、姚延福编校：《王阳明全集》下，卷二十六，续编一，上海古籍出版社2011年版，第1071页。
⑥ 王阳明：《传习录》中，中国画报出版社2013年版，第123页。

"物格"之后的一种状态，而不是"格物"的工夫。如果按照阳明这种诠释"格物"的表述，"格物"就会没有丝毫的工夫意义了，这与《大学》"八条目"中"格物"作为一种工夫、手段的预设，显然是相违背的。

事实上，"事事物物皆得其理"主要是指学者经过"格物"实践之后，物所达到的一种"事后"状态。很显然，这并不是"格物"，更像是"物格"。阳明的这种解释明显是错误的。但是，既然阳明将"物格"看作是"事事物物皆得其理"，那么"格物"就应当是指用天理去规范事物。换句话说，我们所认为正确的道德意念一定要落实到我们的具体活动之中，务必使我们的行动与活动符合社会规则与道德的双重要求，这就超越了阳明所提到的纠正自己意念中的不善而使其归于善的表述了。

但是呢，我们也不能认为阳明晚年的"格物"学说就是指"正其物之不正"。1527年，阳明在天泉桥对其弟子钱德洪和王汝中说：

> 其次不免有习心在，本体受蔽，故且教在意念上实落为善去恶功夫。①

还认为：

> 人有习心，不教他在良知上实用为善去恶功夫，只去悬空想个本体，一切事为俱不着实，不过养成一个虚寂。②

阳明认为，本体难免会由于习心的存在而受蒙蔽，因此才教学者在心之所发之意念上实实落落去行为善去恶的工夫。正是由于人有习心之存在，不教导他于良知上实实落落行为善去恶的工夫，只是让他毫无依靠地悬空去想本体，那么所有的事为都不会有实实落落用力之处了。

上面这两句话正好解释了为什么阳明"四句教"中的第四句要总结成"为善去恶是格物"。按照上面的解释，"格物"好像是"格心"。显

---

① 王守仁：《王阳明全集》，上海古籍出版社2011年版，第134页。
② 同上。

然，阳明"格心"说的解释与《大学问》是不一样的。陈来先生认为，钱德洪对于"天泉问答"的记载可能在某些地方存在一些错误，笔者深以为是。① 从整体上看，钱德洪所记载的"天泉问答"中的阳明"格物"学说依然有"正念头"的一面。

（三）以格物为格心的问题

我们在前面的论述中已经发现，阳明以"格物"为"格其非心"，为"正念头"，这种解释在传统的经学注释与《大学》本身的文本中会产生一些问题。

第一，以"格物"为正心之不正，这与《大学》本文中的"正心"条目互相重复。这一点，罗钦顺和湛若水都曾经指出过，兹不赘述。

第二，以"格物"为"正念头"，而念头又是心之所发之意念，这就使得"格物"与《大学》文本中的"诚意"条目相互重复了。如果阳明这样解释，格致诚正四条目就不会像修齐治平四条目那样具有自己独立的实践范围与特殊意义了。以"格物"为"正念头"，实际上与"诚意"条目相重复，就容易造成对"诚意"的忽视，正如笔者在前面所说的那样，阳明对"正心"的忽略也容易在此处造成对"诚意"的忽视。

从经学诠释的角度来说，这肯定是阳明理论上的失误了。一方面，虽然阳明在晚年之时仍将"格"字训解为"正"字，将"物"字训解为"事"字，而在解释上却并未明确提出"正其心之不正"或"正念头"的说法，而对于"意之所在"所强调的主要是实事实物，如此一来就避免了我们前面所说的错误。另一方面，阳明以"即事即物""随事随物"来解释"格物"，也就是在"为善去恶"的指导下将儒学中原来的"学问"传统融入到了"格物"学说中了，这使得阳明的"格物"学说比在正德中期时更加圆满一些。

但是，阳明的"格物"学说依然存在一些问题。根据阳明"致良知"的学说，首先一个人要先"致良知"，以此来区别意念的善恶；接着要诚其好善恶恶之意；最后才是实实落落去行为善去恶的工夫。按照这个顺序，应该是"致知——诚意——格物"，跟《大学》文本中的"格物——致知——诚意"的次序完全倒过来了。罗钦顺就深刻地意识到了阳明的

---

① 陈来：《有无之境——王阳明哲学的精神》，北京大学出版社2006年版，第145页。

这个问题，他说：

> 审如是言，则《大学》则当言"格物在致知"，不当云"致知在格物"，当云"知至而后物格"，不当云"物格而后知至"矣。①

罗钦顺认为，如果按照阳明"致良知"的工夫顺序来看，那么《大学》就应该说格物在于致知，而不应该说是致知在格物；应该说知致而后物格，而不应该说物格而后知至了。这说明，从经学与《大学》文本的双重视角来看，阳明对《大学》"八条目"的注解还是存在一些问题的。

第四节 良知与致良知

阳明一生中最重要的思想就是"致良知"了，其对明代中晚期的思想界产生了较大的影响。而"致良知"思想是阳明综合《大学》"八条目"中的"致知"条目与《孟子》中的"良知"说之后，借助于《大学》的结构所提出来的。"致良知"学说可以说是阳明晚年最重要的学术宗旨，至于阳明正式提出"致良知"学说的时间与地点，学术界一般认为阳明是在江西庚辰年（1520）正式提出的，当时阳明应该在49岁左右。②

一 良知的概念与内涵

"致良知"是由"致知"与"良知"两个概念相互结合而来的。而"良知"的概念则来源于《孟子》一书。《孟子·尽心上》中说：

> 人之所不学而能者，其良能也。所不虑而知者，其良知也。孩提之童无不爱其亲者，及其长也，无不知敬其兄也。③

---

① 罗钦顺著，阎韬点校：《困知记》附录，中华书局1990年版，第113页。
② 参见陈来先生对阳明"致良知"学说提出的考证。陈来：《有无之境——王阳明哲学精神》，北京大学出版社2006年版，第149—152页。
③ 《孟子·尽心上》。

孟子说，一个人不通过学习就能做到的事情就是良能。一个人不经过思虑就能知道的事情就是良知。根据孟子对"良知"的定义，"不虑而知者"，主要是说一个人不需要思考就能知道的东西就被称之为"良知"。可见，一个人从出生就具备"良知"这种道德情感。但是，人从一出生就具备这种道德情感并不是说这个人的"良知"就能马上实现，而是像一颗大树的种子一样，具有长成大树的可能性，然而要能真正长成大树，还需要一个逐步实现的过程。

孟子对"良知"的定义对阳明有着重要的启发，阳明在对孟子"良知"定义承袭的基础上继续发展，阳明说：

> 知是心之本体。心自然会知，见父自然知孝，见兄自然知弟，见孺子入井自然知恻隐，此便是良知，不假外求。①

阳明认为，人的心是自然而然会知。比如说，见到父亲自然而然就知道孝了，见到兄长自然而然就知道悌了，见到孺子掉进井中自然而然就知道恻隐了，这就是"良知"，是不假外求的。在阳明的认识中，"良知"是人所特有的内在特征，只要是人就必然有此特有的内在特征，这种特征就体现在"自然"与"不假外求"上，且此"良知"并不是通过外在事事物物对于人心的影响所产生的。

可以说，"良知"就是这样一种与生俱来的、为人所独有的内在特征。这跟孟子所理解的"良知"是人一出生就具有的道德情感是一样的，但阳明进一步认为这种道德情感是人所独有的内在特征，"不假外求"，自然而然就存在于人身之上。

众所周知，孟子著名的思想并非是"良知"，至少比"良知"重要的还有"四端之心"说。孟子说：

> 恻隐之心，仁之端也；羞恶之心，义之端也；辞让之心，礼之端也；是非之心，智之端也。②

---

① 王守仁：《王阳明全集》，上海古籍出版社2011年版，第7页。
② 《孟子·公孙丑上》。

孟子所谓的"四端之心"就是指恻隐之心、羞恶之心、辞让之心、是非之心，这是"心"之四端。这"四端"对于孟子的学说来说是非常重要的，但是孟子却没有将"四端"说跟"良知"结合在一起进行阐释。而到了阳明这里，阳明则明确提出了"见孺子入井自然知恻隐，此便是良知"的说法。可谓是阳明对孟子"良知"的一步大发展。

可以说，在阳明的理解当中，恻隐之心、羞恶之心、辞让之心、是非之心，这四端之心都是"良知"，实际上是将孟子的"四端"说与"良知"说更紧密地联系在一起了。对于"四端"之心，阳明认为它们的地位并非都是一样的，阳明尤其突出了"是非之心"之于"良知"的重要性。阳明的"良知"说，实际上是将"是非之心"作为统率恻隐之心、羞恶之心、辞让之心的核心范畴来看待的，这标志着阳明对于孟子"良知"学说的进一步发展。① 也说明阳明思想中所蕴含的深厚的孟子学基础。

那么，为什么阳明会将"是非之心"作为"良知"的重点呢？我们来看一个例子。

阳明有一个学生叫陈九川，也是明代中期的理学家，江右王门的代表人物之一。阳明就曾对他说：

> 尔那一点良知，是尔自家底准则。尔意念着处，他是便知是，非便知非，更瞒他一些不得。尔只不要欺他，实实落落依着他做去，善便存，恶便去。②

阳明对他的学生陈九川说，你那一点点的良知，就是你自己的行动准则。你的意念显露之处，意念是对的，良知就知道它是对的；意念是不对的，良知就知道它是不对的，你是一点也无法欺瞒自己的良知。

阳明这段话的意思是说，"良知"是每一个人天生就有的准则，而这个准则评价的是意念的是与非。我们可以理解为，"良知"作为一种每一

---

① 参见陈来先生对是非之心之于良知的论述。陈来：《有无之境——王阳明哲学的精神》，北京大学出版社2006年版，第154—155页。

② 王守仁：《王阳明全集》，上海古籍出版社2011年版，第105页。

个人都内在的道德评价标准,是意识活动中一个非常重要的组成部分,它对于人的意识活动具有引导、考察、评价与判断的作用,即"良知"能分辨"是非之心"。

因此,阳明所强调的"良知"首先是"是非之心"。此外,阳明认为,"良知"不仅能指导我们知道什么是是,什么是非,而且还能引导我们能够"好"是而"恶"非。其前提都是首先要分辨人的"是非之心",也就是要分辨"良知",从这个层面来看,"良知"的第一个内涵便是"是非之心"。

"良知"除了具有"是非之心"的内涵之外,还有一种普遍性的内涵。阳明说:

> 自圣人以至凡人,自一人之心以达四海之远,自千古之前以至于万代之后,无有不同,是良知也者,是所谓天下之大本也。①

阳明不仅认为"良知"是一个人天生就具有的,而且还认为"良知"是任何一个人都具有的,而且对于任何一个人来说其"良知"都是一样的,是一种普遍性的存在。阳明说,从圣人一直到普通人,从一个人的心一直到遥远的四海之滨,从千万年之前一直到万世万代以后,没有什么是不同的,这就是"良知",也就是所谓的天下大本。阳明还说:

> 是非之心,知也,人皆有之。子无患其无知,惟患不肯知耳。……今执途之人而告之以凡为仁义之事,彼皆能知其为善也。告之以凡为不仁不义之事,彼皆能知其为不善也。②

阳明还认为,每一个人都有"是非之心",这就是知。你不要担心没有知,只需要担心不愿意知罢了。

阳明上面的这两段话说明,每一个人一出生就具有这种"良知",对于每一个人来说,"良知"都是完全相同的,都是一种普遍性的存在。是

---

① 王守仁:《书朱守谐卷》,《王阳明全集》卷八,上海古籍出版社1992年版,第141页。
② 王守仁:《王阳明全集》,上海古籍出版社2011年版,第308页。

非善恶的评价标准就内在于自己的心中而不需要去外面寻求。由此可知，普遍性是"良知"的第二个内涵。

二 良知与意念

根据笔者前面的叙述，"良知"对于人的意识活动具有引导、考察、评价与判断的作用。两者是有重要分别的，因此，我们需要对于"良知"与"意念"的含义进行区分。

在阳明的理解当中，"意念"能有所着落处就在于"良知"所起到的判断作用。也就是说，能够对"意念"的好坏进行判断的并不是"意"之本身，而是"良知"所起到的判断作用。阳明在《答魏师说》时提到：

> 意与良知当分别明白，凡应物起念处皆谓之意，意则有是有非，能知得意之是非者，则谓之良知。[1]

因此，阳明认为，"意"跟"良知"这两件东西要分别清楚，凡是在接触事物时所产生的任何意念，这些都属于"意"的范畴。但是，这种"意念"是有好有坏的，有是有非的。这是"意念"的概念与内涵。能够判断人所产生的意念是好是坏、是是是非，就是阳明所说的"良知"了。这是"良知"的概念与内涵。

这就是说，人的"意念"是由"心"接触事物所发出来的，而"心"所发出来的这种"意念"是有好有坏的，人之所以能够知道此"意念"是好是坏，全都要依靠"良知"进行判断。因此，按照阳明的这种分法，一个人的意识活动应包括"意念"与"良知"两个方面。"意念"与"良知"两个概念的区分，对于后面理解阳明提出的"致良知"概念有很大帮助，也可以说是其中的关键之所在。

笔者在前文中已经提到，阳明认为"心之所发便是意"，我们一般将此"心"之所发之"意"称作"意念"。但同时"良知"也是"心"之所发出来的"是非之心"，即是说"良知"从人一出生便具有，且具有是非之心，更像是心之本体所发。笔者在前文中曾提到，阳明所认为的

---

[1] 王守仁：《王阳明全集》，上海古籍出版社 2011 年版，第 242 页。

"心"分为两种,一种是心之本体,此心之本体全都是正的,没有不正之处,此心所发出来的便是"良知",具有引导、判断、评价的作用;第二种是指平常人的心,平常人的心受物欲遮蔽的原因已经是不正的了,要"正"的正是此平常人之心,此平常人之心所发出的"意念"自然是有好有坏,有是有非。

综上所述,笔者认为,阳明所说的"心"之所发,实际包含两方面的内容,一个是心之本体所发出来的"良知",另一个是平常人的心所发出来的"意念"。人类的意识思想活动便是由"良知"与"意念"所共同组成的,我们不能认为心之所发动处便都是意念,要区别开来是由本体之心所发出来的,还是由平常人之心所发出来的。

三 致良知的内涵

前面笔者已经对"良知"的内涵与概念进行过阐述了,并阐述了"良知"与"意念"的区别,现在笔者在前文的基础上试着对"致良知"的内涵进行阐述。

(一) 扩充、至极

我们已知道"致良知"是阳明晚年论学的核心宗旨,那么"致知"或者"致良知"究竟是指什么呢?前面已经提到,自龙场悟道之后,阳明就十分用力地去阐释"格物"的概念,将"格"字训解为"正"字,将"物"字训解为"事"字,以"正事"来训解"格物",并逐步将"格物"的概念转向了"格心",但却很少涉及"致知"的问题。

一直到晚年,阳明才明确提出"致知"的概念为"致吾心之良知",具体为"若鄙人所谓致知格物者,致吾心之良知于事事物物也。"[1] 这是阳明在《答顾东桥书》中所提到的,可以说是对《大学》中的"致知"含义作出了明确的解释。在阳明的"致良知"学说中,"致良知"与"致知"其差别就在于"良知"与"知"。这也是很清楚的,阳明是将"致知"中的"知"解释为"良知"。接下来,我们再来看一下阳明对于"致"字的具体解释。

《大学问》中记载:

---

[1] 王守仁:《王阳明全集》,上海古籍出版社2011年版,第51页。

> 致者，至也。如云'丧致乎哀'之致，《易》言'知至至之'，知至者知也，至之者致也。致知云者，非若后儒所谓充广其知识之谓也，致吾心之良知焉耳。①

阳明将"致"字训解为"至"字，此"至"字应当理解为"至乎其极"之意。"至"字有两种词性，每一种词性都伴随着一种解释。一是作为名词，有极点、顶点之意；二是作为动词，有向极点、顶点运动的意思。由此可见，致知是一个不断发展变化的过程，致知是有自己的目的的，其目的便是要达到极点的"知至"。

阳明在《大学问》中还说：

> 吾良知之所知者无有亏缺障蔽，而得以极其至矣。②

也就是说，"致知"的"致"跟"极其至"的"极"是同样的意思，都是说一件事情经过不断的发展变化的过程而达到极点、顶点。推演到"致良知"上，就是说一个人要扩充自己的"良知"至其极点、顶点，一个人的极点、顶点也就是一个人的全体。

阳明在《寄邹谦之》的信中说：

> 某近来却见得良知两字日益亲切简易，……缘此两字人人自有，故虽至愚下品，一提便省觉。若致其极，虽圣人天地不能无憾。③

阳明说，人人都有良知，"若致其极，虽圣人天地不能无憾"，这即是说，假如一个人如果能够将自己的"良知"扩充到至极，即使是圣人也是很困难的。"若致其极"中的"致"字表明，这是一个渐渐发展逐渐接近于极点、顶点的过程。"致良知"就是一个先扩充，然后至极至极点的过程。

---

① 王守仁：《王阳明全集》，上海古籍出版社 2011 年版，第 1070 页。
② 同上书，第 1071 页。
③ 同上书，第 228 页。

"致良知"就是使自己的"良知"致其极，就是说"扩充"自己的"良知"至其极点。《传习录》中记载：

> 孩提之童无不知爱其亲，无不知敬其兄，只是这个灵能不为私欲遮隔，充拓得尽，便完完是他本体。①

阳明认为，"良知"是一个体用俱存的概念，既有本体的一面，同时又有发用的一面。在这里，阳明用孩提之童的爱与敬举例来说明"良知"所体现出来的本体与发用。阳明认为，孩提之童爱其亲、敬其兄都体现了良知的本体，但这并不是良知本体的全部展现。每一个人只有从这些一开始发见的良知，比如说孩提之童爱其亲、敬其兄等等，一步一步逐渐扩充至极点，"良知"的本体才能够真正的展现出来。

换一个角度来说，正是由于个人的私欲遮蔽、间隔了"良知"，才导致了"良知"本体不能完全展现出来。所以，"致良知"的工夫其实包含了两个方面的内容。从善的方面来说，就是扩充自己的"良知"到至极点，体现的是扩充到至极的一个逐步发展的过程；从恶的方面来说，就是要学者去除自己的私欲遮蔽、间隔，体现的是逐步去除遮蔽，恢复本体光明的过程。每一个人都有自己的"良知"发现，但是这种发现并非就是"良知"全体的完全展现，这需要一个"致知"的过程在里面。

于是阳明进一步指出：

> 诚意之本，又在于致知也，所谓人虽不知而己所独知者，此正吾心之良知处。然知得善却不依这个良知便做去，知得不善却不依这个良知便不做去，则这个良知便遮蔽了，是不能致知也。吾心之良知既不能扩充到底，则善虽知好，不能著实好了。恶虽知恶不能著实恶了，如何得意诚！②

"诚意之本，又在于致知也"，而阳明所理解的"致知"又是"致良

---

① 王守仁：《王阳明全集》，上海古籍出版社2011年版，第7页。
② 同上书，第135页。

知"，而"致良知"则需要将自己的"良知"逐步扩充，以达到其极点。

阳明的好友黄绾就曾对阳明的"致良知"有过这样的记载：

> 予昔年与海内一二君子讲习，有以致知为至极其良知，格物为格其非心者，又谓格者正也，正其不正以归于正。致者至也，至极其良知，使无亏缺障蔽。①

黄绾此处的说法，可以说完全将阳明"致良知"的思想体现出来了，"致者至也，至极其良知，使无亏缺障蔽"应该说是阳明"致良知"学说的最完美注解，这就将笔者前面所说的"致良知"工夫所包含的两方面的内容全部体现出来了。

（二）行动、实践

阳明的"致良知"学说，如果仅从文字训诂的角度来说，就是"至极其良知"。但是，如果只是从"至极其良知"的解释来说，阳明"致良知"学说的意义是不能完全体现出来的。"致良知"除去有"至极其良知"的一层涵义之外，另外一层涵义是说一个人要能够依照"良知"而有所行动，就是要突出学者的实践性来，这是阳明"致良知"学说中非常重要的一个层面。

笔者在前文中提到，阳明有一个学生叫陈九川，阳明在赣州的时候就曾对陈九川说：

> 尔那一点良知是尔自家底准则，尔意念著处，他是便知是，非便知非，更瞒他一些不得。尔只不要欺他，实实落落依着他做去。②

阳明对自己的学生陈九川说，你那一点点的良知，就是你自己的行动准则。你的意念显露之处，意念是对的，良知就知道它是对的；意念是不对的，良知就知道它是不对的，你一点也无法欺瞒自己的良知。你不要欺瞒自己的良知，你只要能够实实落落依着（即良知）去做就好了。

---

① 黄绾：《明道编》卷一，中华书局1983年。
② 王守仁：《王阳明全集》，上海古籍出版社2011年版，第105页。

第五章 阳明《大学》学

"实实落落依着他（即良知）做去"这句话就鲜明地体现出阳明"致良知"学说中的实践意义，即是说注重实践或者行动应是"致良知"应该有的意义之一。在前文中笔者提到，"良知"是检测"意念"善与不善的标准，也就是说"良知"是包括知善与知不善的，而"致良知"则是致其知善之知而必为之，致其知不善之知而必去之。因此，阳明的"致良知"学说，实际上包含学者的行动与实践在里面，也就是说学者要根据良知的引导去行动、实践。

故此，阳明在《书朱守谐卷》中提到：

> 如知其为善也，致其为善之知而必为之，则知至矣。……知犹水也，人之心无不知，犹水之无不就下也。决而行之，无有不就下者。决而行之者，致知之谓也，此吾所谓知行合一者也。①

阳明用"决而行之者"来阐述"致知"，换句话说，"致良知"是要将"良知"所知之善与不善真正贯彻落实到每一个人的行动或实践中去。可以说，行动或者实践是"致良知"的一个必然要求。

既然行动或者实践是"致良知"的一个必然要求，那么怎样做才是真正的"致良知"呢？阳明曾经以如何对父母行"温凊奉养"之节进行举例以说明什么才是真正的"致知"。阳明说：

> 知如何为温凊之节，知如何为奉养之宜，所谓知也，而未可谓之致知。必致其知如何温凊之节者之知，而实以之温凊；致其知如何奉养之宜者之知，而实以之奉养，然后谓之致知。②

阳明认为，一个人知道怎么对父母行温凊的礼节，知道怎么样奉养父母是合适的，这就是一个所谓的"知"，但是却不能称之为"致知"。一定要推致他所知道的怎么对父母行温凊之礼节的"知"，并实际去践行对父母的温凊之礼节；一定要推致他所知道的怎么样奉养父母是合适

---

① 王守仁：《王阳明全集》，上海古籍出版社2011年版，第308页。
② 同上书，第55页。

"知",并实际去践行对父母的合适奉养,然后才能说这个人是真的"致知"了。

这依然是在阐述在有所"知"的基础上,强调"致良知"中所包含的行动或实践特征。阳明还说:

> 温清定省孰不知之,然而能致其知者鲜矣。若谓粗知温清定省之仪节而遂谓之能致其知,则凡知君之当仁皆可谓之能致其仁之知,知臣之当忠者皆可谓之能致其忠之知,则天下孰非致知者邪?以是言之,可以知致知之必在于行,而不行不可以为致知也,明矣。知行合一之体不益较然矣乎。①

阳明这依然是在强调行动、践行对于"致良知"的重要意义。也可以说,如果没有学者在有所"知"的前提下,所依据此"知"进行的行动和践行,那"致良知"中的"致"永远都到不了至极的境界。

正是由于"致良知"中的"良知"为"知",而"致"又有行动、践行之义,因此,阳明认为"致良知"学说是"知行合一"精神的完美体现。因此,我们也可以说阳明的"致良知"其实就是"知行合一"。阳明在《答陆元静》一文中曾这样写道:

> 孰无是良知乎?但不能致之耳。《易》谓"知至至之",知至者知也,至之者致知也,此知行所以合一也。近世格物致知之说,只一知字尚未有下落,若致字工夫,全不曾道着,此知行所以二也。②

在阳明看来,"致知"条目中的"知"是属于知的层面,而"致"则属于行动、践行的层面。程子与朱子讲"格物穷理",这些人的学说都只是讲了"知"的层面,却没有讲"行动、践行"的层面,因此在程朱那里,"知"与"行"就变成了两样东西。但是,"致良知"学说则是个人的"知"与"行"合一的学说。根据阳明的说法,"良知"是一个人

---

① 王守仁:《王阳明全集》,上海古籍出版社 2011 年版,第 56 页。
② 同上书,第 211 页。

内在的道德准则，"致"代表的是"行"的工夫，即行动、践行之意，"致良知"就是要将个人内在的道德准则在实践中践行，要真切的付出行动。从这个层面上来说，"致"就是行，就是行动、实践、践行的意思。

综上所述，"致良知"学说作为阳明晚年最重要的思想，是阳明诠解《大学》文本思想最重要的体现。阳明的"致良知"学说，实际是结合《大学》"八条目"中的"致知"条目与《孟子》一书中的"良知"说，并结合自己人生经历的切身体会所提出的一种全新的学说。

通过笔者对"致良知"学说的梳理，"致良知"学说主要包含两方面的内涵，一是扩充、至极的内涵，即将自己的"良知"逐步扩充，以达到极点、极至；二是"致"字所体现出来的行动、实践、践行的内涵，从这个角度而言，"致良知"与阳明所提倡的"知行合一"基本上就属于同一个概念了。阳明"致良知"学说一个很重要的作用是将"知"与"行"结合在了一起，这就解决了程朱分"知"与"行"为两样东西的弊端，突出了阳明"心"学的实践意义。

结　语

　　《大学》原本作为小戴《礼记》中的一篇，其地位与当时的"记"文是一样的，从属于"经"，从汉代至唐代一直是如此。自宋代二程开始表彰《大学》一书之后，宋明学者对于《大学》的重视日益增强。不仅二程有《大学》的改本，朱子之《大学章句》改本更是将《礼记·大学》篇取而代之，以至于南宋以后注解《礼记》的学者，对于《大学》篇不再注解，直接引导学者参考朱子的《大学章句》。到了明代中期，阳明又开始尊信《礼记·大学》篇，不再以朱子之改本为尊。

　　从《礼记·大学》到朱子的《大学章句》再到王阳明的《大学问》，每一位学者注解的重点与角度都是不同的，其所阐发的《大学》宗旨与核心也是各有其特点。在这一过程中就将《大学》学术史淋漓尽致地体现出来了。通过对郑玄、孔颖达、朱子、阳明四人《大学》学的研究，笔者认为，我们可以从文本与注疏的角度、经学史与思想史的角度来看《大学》学术史的发展演变过程，在这一发展演变过程中笔者发现了一些有意义的问题并从中得到一些启示，这为我们以后的研究方向和研究内容提供了有益的参考。

一　从文本与注释的角度来看

　　从文本的角度来看，可以分为两个方面，一个是《大学》的版本选择问题；一个是历史上《大学》文本的主要公案，包括《大学》的成书年代、作者、宗旨以及学派归属等。

　　第一，关于《大学》的版本与公案。

　　目前，我们能够看到的《大学》版本主要有三种：一是《礼记·大学》本，郑玄曾为之作注，孔颖达为之作疏，阳明亦称其为"古本"；二是朱子的《大学章句》改本，此改本是在二程《大学》改本基础上，朱子"参以己意"的修改本，也是目前最流行的版本；三是刊刻于魏正始四年的"石经本"，也有人称之为"石经大学古本"。此版本研究以及使用的较少，远不及前两个版本流行。

除了朱子主张采用自己的《大学章句》本之外，郑玄、孔颖达与阳明都主张尊信古本《大学》，即《礼记·大学》篇，与朱子的主张有着鲜明的对比。

关于《大学》文本所涉及的公案，包括《大学》的成书年代、作者、宗旨以及学派归属，历代学者的主要看法也是不同的。

《大学》一书本是小戴《礼记》中的一篇，要考察《大学》一书的成书时代，那就必须要考察《礼记》的成书过程。从《礼记》"删编"的底本、《大学》文本与郭店楚简的关系、《大学》引用《书》、《尔雅》来看，《大学》的成书时代应该在战国早期。

从《大学》文本中所体现出来的主要社会阶层、《大学》所记载的历史事实、《大学》文本中的"孝"思想等三个角度进行分析，《大学》的作者应该是作于曾子及其弟子之手，这个说法也是目前学术界得到公认最多的说法。从现有的史料及出土文献来看，此种说法的确是最符合情理的。

从"大学"一词的读音与词义、《礼记·学记》篇中"大学之道"的阐述来看，在先秦时期，儒家学者"治学"最主要的目的就是为了"为政"。通过对《大学》文本中所体现出来的社会阶层进行分析，笔者认为其中的"君子"阶层是春秋时期的主要为政者，主要包括天子、诸侯王、卿大夫等阶层。因此，将《大学》中的"大学之道"理解为国家在大学之中教导"君子"阶层所传授的"为政之道"是一种非常合理的解释，从《大学》全文的主要内容来看也可以得出同样的结论。

将《大学》划归为孔学说还是比较准确的，这主要是从《大学》的成书时代与《大学》的宗旨方面进行考虑的。《大学》的宗旨是指儒家的"为政之道"，具体一些来说，是以"天子"为统治核心的"君子"阶层如何治理家国天下的"为政"原则与方法。而孔子在《论语》中对"君子"的定义固然有着"美德"的一方面，但最主要的还是首先从"地位"

的角度来规定"君子"的概念,由"君子"居"位"来展现其一系列不同于"小人"的行为与道德规范。

这与《大学》之中对"君子"的阐述是相当一致的,也主要是从"地位"的角度来说"君子",同时由于"君子"之"地位",所以"君子"必须同时具备良好的"为政"政策与较好的道德行为。孔子的思想不仅仅只包括"为政之道"的思想,还包括最重要的"仁"等思想,但在《大学》文本之中所体现的主要是"为政之道"的思想,且此"政"是同时指"政治"与美德而言的。故此,笔者认为《大学》的学派归属归于孔学说比较好。

综上所述,《大学》所涉及到的版本也好,众多的公案也好,自二程开始表彰《大学》之时便引起了历代学者的兴趣,虽然笔者在此处也给出了自己的答案,我相信每一位学者也都会有自己的答案,这些问题必然会一直争论下去,希望后来的研究者能够借助更新、更多的出土材料,使用更好的研究方法去探究。

第二,从历代注疏的角度来看。

从注疏的角度来看,每一位学者的注释在前后承袭的基础上都是有其不同的侧重点。

首先,孔疏承袭郑注而更加详细。

郑玄的《大学注》主要包括对字词句的注释、对句子大意的串讲或揭示其言外之意、引用史实进行注释。从其注释的特点来看,一是对字词的注解以简短为核心;二是阐述句子大意;三是交代背景或者补充史料;四是交代《大学》中所涉及的一些历史人物;五是解释名物制度;六是引用其他经典对《大学》文本进行注解。

而孔颖达的注释分为两部分,一是对郑玄《大学注》的注解,二是对《大学》本文的注解。孔颖达对郑玄《大学注》的疏解主要体现在形式及内容上。

从形式上看,孔颖达疏解《大学注》的段落只有十二处,可以分为两种形式,一种是对单个句子的疏解,一种是对整段句子的疏解。

从内容上看,孔颖达对于郑玄所注句子的疏解主要有两种:一是申述郑意,即进一步阐述郑玄注解《大学》之意。二是详细考证郑玄注解《大学》时所引用的文献。对于郑玄《大学注》所引文献的详细考证是孔颖达疏解《大学注》的重点所在，主要包括以下三个方面：一是指明郑玄引文出处；二是补充郑注阙漏之处；三是征引更多文献弥合郑意。

孔颖达《大学正义》的内容包括释字、释词、释句、释段、释篇等五个方面。可以说，孔颖达对《大学》的疏解是历代学者中字数最多的，同时也是最全面、最详细的。其中，释句是孔颖达疏解《大学》原文最重要的内容。孔颖达对《大学》经文句子所进行的诠解，主要分为三个方面，一是概括句子大意；二是指明《大学》引文出处；三是详细考证《大学》引文。

笔者认为，《大学正义》的优缺点也很明显。优点体现在五个方面：考释翔实与引证博赡、考证经文引用不合原义之处、善于深入阐发义理、谨慎的疏解态度、疏解文字平易晓畅。瑕疵体现在两个方面：一是存在疏解不当之处，二是有未疏解《大学》之处。

其次，朱注详实而具有明显的继承性。

根据朱子《大学章句》对《大学》文本的划分，《大学》经文一章总共有205字，传文十章总共有1546字，经文与传文总字数为1751个字。而朱子所作的《大学章句》算上正文部分总共有6804个字，而《大学章句·序》就包含有842个字，注文部分则有4211个字。

郑玄的《大学注》总字数为1389个字，如果按照朱子所划分的经文与传文来看，郑玄注解经文的部分只有很少的78个字，而朱子注解经文部分则有544个字，可见郑玄的《大学注》对传文的注释要远远详细于对经文的注释。从整体上来看，朱子的注释字数明显多于郑玄。

而孔颖达的《大学正义》总字数则为8075个字，字数比朱子的注还要多出不少，原因在于孔颖达的疏不仅详细注解了《大学》的正文，而且还解释了郑玄的注，故此字数比较多。相对于唐代孔颖达的疏而言，朱子对《大学》的注释，字数属于非常正常的范围。

从字音与名物制度的训解方面来看，朱子与郑玄、孔颖达为代表的汉唐学者有一种比较明显的继承关系，两者之间并没有十分明显的差异。

所谓的继承性就是说，朱子的阐释是在前人注解的基础上进行的，能够明显地看出朱子对前人研究成果的继承，其继承性主要体现在对郑玄、孔颖达、陆德明等人的承袭，主要集中在字音、名物制度与字词的注解方面，其中也包括朱子对二程《大学》改本的继承与发展。可以从文字的字音、名物制度的注释、字词含义的注释三个角度来看。

再次，阳明承袭孔疏注释较多。

阳明先生并没有专门的《大学》注疏本，他的思想主要体现在《传习录》、《大学问》与《大学古本旁释》中。主要是思想方面的解读，对于字词的注释很少，但并非没有。

比如，阳明对于孔颖达的注释就有着比较明显的承袭与发展。"在亲民"，孔颖达释为"亲爱于民"，阳明承袭之。在"格物"与"致知"的关系上，郑玄与孔颖达两个人都认为"致知"是统摄"格物"的，在郑玄、孔颖达对"格物""致知"的注解中是含有"知行合一"的思想的，王阳明承袭了这种思想，并在此基础上进一步推进。

在孔颖达的注解中，"诚意"是为政者修身的开始，而对于朱子特别重视的"格物""致知"却置之不论。王阳明所理解的"诚意"的工夫是承袭于孔颖达所重视的"诚意之道"。但与孔颖达的不同之处在于，王阳明是将"格物""致知"统摄于"诚意"之中的，并且将"格物""致知"作为"诚意"的工夫。

综上所述，郑玄、孔颖达、朱子、阳明四人的注疏可谓是历代《大学》注疏中最重要的组成部分，对于单个字词的注解他们之间存在着明显的承袭性，对于每一个具体字义的诠释就很好的体现出了这一点。同时，在明显承袭性的基础上，我们又会发现，他们每一个人对于字词的诠释又存在着较大的不同。仅从注疏的字数上来看，孔颖达的疏和朱熹的《大学章句》无论是从具体的历史考据，还是相关字句的诠释上，都是最齐全、系统性最强的，对于我们今天能够读懂《大学》有着最直接的帮助。因此，作为一名合格的研究者，郑孔朱王四人的注疏是必须要仔细研读的，最好的办法就是逐字逐句，一一对照着进行研读。

二 从经学史与思想史的角度来看

如果从经学诠释的角度来看，汉唐时期学者的《大学》注解则完全是以政治为核心，尤其是以国君与大臣为核心。而宋明时期学者的《大学》注解主要是从道德角度出发，尤其以个人的道德修养为核心。而这是汉唐学者与宋明学者注疏最大的不同之处，同时也是时代需要所决定的。即使是在汉唐与宋明内部，在有着相同之处的同时，也存在着较大的差异，下面就来总结一下。

第一，郑孔相因：从"博学为政"到"诚意为政"。

郑玄所认为的《大学》就是教为政者如何为政的。而为政者则主要包括天子以及与天子相关联的诸侯、卿、大夫、士。这些为政者的为政合法性是来源于"天命"的，也就是说这些人从出生下来就具备为政的合法性，是不需要参加科举考试的。而在天子、诸侯、卿、大夫、士之中，诸侯、卿、大夫、士的为政合法性又全都是来源于天子，也就是君主，下面的诸侯、卿、大夫、士都是他的臣。

故此，郑玄在注解《大学》时就特别强调君主的重要性，认为君主一定要"明明德"，一定要做一个"明君"，对于君主有着三方面的要求。第一，由于君主的统治合法性来自于"天命"，故此，君主一定要"敬天"，一定要"保民""全民"，要能够"以德配天"。第二，对于君主下面的大臣，比如诸侯、卿、大夫等，要做到"求贤""放恶"。君主固然是核心，但落实到政策的执行上，还是需要具体的大臣去做，这就要求大臣们是"贤能"之人。第三，君主还要做到对民众要"亲仁""轻利"。这里所说的"民众"就是《大学》文本之中的"民"与"庶人"，这是君主维护自己的统治所必须要重视的。

接下来对于大臣也是有所要求的，最重要的一点是要"贤能"。即使是这样，郑玄所注的《大学》依然是以君主作为核心的，尤其强调的是君主要"明明德"，兼及诸侯、卿、大夫、士也要"明明德"。这是汉代经学大师郑玄对政治的理解在《大学》文本之中的反映，其实也反映了郑玄对汉代政治的失望，以及对"君明臣贤"政治理想的期望。

从汉到唐，中间也有许多儒者注释过《大学》，可是由于频繁的战乱，我们今天已经看不到了。郑玄之后，所能见到的就是唐代孔颖达的《大学正义》了。可以说，孔颖达依然承袭了郑玄的"君明臣贤"的政治解读方式，我们甚至可以将孔颖达的注解归于郑玄的系统，笼统地称之为汉唐《大学》注疏。

孔颖达除在个别文字、语句的注释跟郑玄有所差别之外，孔颖达相对于郑玄以政治为主要的注解视角之外，特别强调了修身过程中"诚意之道"的重要性，孔颖达是将"诚意之道"作为一个系统的理论依据一样重视的，学术界以前也有学者提出孔颖达重视"诚意"，但并未对"诚意之道"的重要程度作出过论述。

在孔颖达的理解之中，"诚意"作为修身的一个重要环节，比起其他的修身环节来说显得尤其重要，孔颖达将其概括为"诚意之道"。孔颖达认为"诚意之道"是一套系统的理论，涉及到了"大学之道"的每一个方面，是"大学之道"根本中的根本，其内容包括名义、过程、根本、表现以及与明德、至善之间的关系，且"诚意之道"是君主"为政之道"的理论基础。

"诚意之道"最重要的表现是在"德"之上的，孔颖达认为卫武公、文王、武王首先是一个有"德"之人，他们的"德"是最重要的。也是一个人"诚意"所能够表现出来的东西。同时，我们也可以看出，这些前王都是有其"君王"地位存在的，他们有"德"自然而然会影响到他们的"政教"之中，所以也会表现出其所行"政教"为"仁德之政"，能够让君子、小人各得其所。此处"诚意之道"的表现就涉及到了孔颖达在后面重点论述的"为政之道"，其实是"诚意之道"由内到外、由本到末的一种自然而然的表现。

与孔颖达所不同的是，"诚意之道"在郑玄的注解之中几乎就未曾涉及到，也就是说在郑玄的思想体系中，"诚意"是无关紧要的。我们前面提到，郑玄是以"君明臣贤"作为注解《大学》的核心的，尤其以"君明"为统帅，以"臣贤"作为辅助。而到了孔颖达这里，君臣作为"为政"的主体，已经被看作是一个整体，可以称之为"为政者"，那么为政者的"为政之道"就成了孔颖达关注的重点了。孔颖达认为，"为政之道"是"大学之道"中"亲民"的关键所在，所以"为政之道"也非常重要，并对"为政之道"的总纲，包括絜矩之道、贵德轻财、用善人、远恶人、以义为利等方面做了详细的阐述。

孔颖达将"絜矩之道"作为"为政之道"的第一条原则，可见其对"絜矩之道"的重视。孔颖达对"絜矩之道"的疏解主要包括三个方面，第一，持其所有，以待于人；第二，恕己待民；第三，戒慎其德。

为政之道在贵德贱财。这主要是从人君所行之政教能配天与财物惠民的角度进行为政之道的阐释。孔颖达就分别从政教配天与财物惠民两个角度进行了疏解。

孔颖达对于人才的重视在其"为政之道"中有明确的疏解,其重点就体现在两个方面,第一任用善人,第二弃远恶人。孔颖达非常擅长从正、反两方面分别阐释同一问题,这在对人才问题的阐释时有较明显的体现。作为治理国家最重要的为政者——人君,要能够做到以义为利。要做到以义为利主要包括三个方面:一是人君当先行仁义,爱省国用,以丰足财物。二是治国家不可务于积财。三是,重申为君治国要弃远小人。

孔颖达所疏解的"大学之道"其核心集中在两个方面,一方面是个人的"德",即我们现在所说的"道德"之"德";另一方面是为政者的"仁政之德"。个人彰显自己之光明之德、为政者之亲爱于民之"仁政之德"都处于至极美善之境界,这就是"大学之道"。而孔颖达对于"道德"之"德"的诠释集中在"诚意之道"上,认为这是"大学之道"根本中的根本。而对于"仁政之德"的诠释集中在了为政者"为政"上,认为这是"大学之道"中"亲民"的关键所在。

"诚意之道"与"为政之道"是孔颖达疏解《大学》最重要的两个维度,在孔颖达的思想中,"诚意之道"是为政者实行其"为政之道"的理论前提与基础,而"为政之道"的实行则系统体现了君主的"诚意之道"。

之所以郑孔之间会出现这样的差别,笔者认为,一方面是由于时代背景发生了巨大的变化,尤其是经历过魏晋南北朝"玄学"的冲击与南北朝学者对于《礼记》不同的诠释重点的差异,导致唐代学者在注解《大学》时必然会综合参考,肯定会出现一些字词句解释上的不同。

从另一方面来说,自从隋朝就已经开了科举考试的先例,而在唐朝则进一步发展科举考试,为政者的阶层已经不再是汉代的天子、诸侯、卿、大夫了,而是变成了天子、贵族、功臣以及一部分通过科举成长起来的官员,共同组成了这个"为政者"阶层。对于"君明"的要求是有所下降的,而对于"臣贤"的要求是有所上升的。这是郑孔所不同之处。

但是,郑孔之间的相同之处是要远远大于其不同之处的,二人都是以政治为核心来注解《大学》,即使孔颖达重视"大学之道"将其作为统治阶层为政的基础,但也依然是在为政治统治服务。二人对于民众基本没有提任何要求,因为在他们眼中,民众是维护国家统治的底层,处理好与民众之间的关系是统治者最重要的任务,与民众关系不大,民众只要顺从为政者的规章制度就好了。

这就是典型的以政治为核心的注解方法，跟汉唐经学的整体特点保持着高度的一致。

第二，朱熹《大学》是学者的"修己治人"之学。

朱子所理解的《大学》是学者"修己治人"的工夫，"修己"与"治人"是《大学》教人最重要的内容。而"修己"的内容又包含格物、致知、诚意、正心、修身这五个方面，其中由于朱子补"格物致知传"的缘故，"格物"可谓是最重要的内容了。而"治人"则包含齐家、治国、平天下三个方面，与"三纲领"之中的"新民"意思完全一致。

首先，"格物"学说工夫是学者"修己"的系统体现。

朱子的"格物"学说是一个非常全面而系统的思想。朱子对于"格物"的内涵、过程、选择以及思想性质有一个全面的诠释。而这正是朱子以"格物"学说为宗旨的学者"修己治人"思想解读的最重要体现。

朱子认为，"格物"的要求就是"即物而穷其理"，即"格物"包括即物与穷其理两方面。但是，由于"理有未穷"，所以又必须"穷之以至乎其极"，所以"格物"其实又包含"至其极"的一面。在朱子的理解之中，"格物"之意与"穷理"之意基本上是等同的。因此，"格物"的内涵实际上包含即物、穷其理、至其极三个方面。

首先要有一些具体的事事物物放在那里，不论这些事事物物是具体的实物还是人抽象的思维的东西，接下来学者就是要接触这些事事物物，而接触这些事事物物最重要的便是人"心"；其次通过人"心"所具有的智慧与认识能力来穷格事事物物之"理"，使人"心"跟事事物物之"理"合而为一，最后在此基础上，更要不断穷格其他事事物物之"理"，务必要周尽一些，或者说要穷格这些事物之"理"到达一定的境界与极至处。这才是朱子"格物"学说的完整内涵。

作为"修己"工夫的"格物"学说，不仅有完整的内涵，还有着具体的过程步骤。朱子"格物"说的过程可以分为三步，第一步是积累，第二步是贯通，第三步是推类。

格物的内涵包含即物、穷其理、至其极三方面。积累的过程其实就是在说即物、穷其理，而贯通与推类则属于"至其极"的范畴。

朱子"格物"说的过程可以表述为，学者要充分发挥人"心"的认识作用不断穷格事事物物之理,在积累足够多的各种具体的事事物物之"理"后,达到"脱然贯通"的层次,即由对万事万物万理的认识上升到对万事万物"一理"的认识;在此基础上,如果还需要对某一种具体事物之理进行认识,此时人"心"便要充分发挥以前所得到的"脱然贯通"之理反推到某一种事物之上,以便顺利得到此事物之理,此时才是真正完成了"格物"。

事实上,能够从"积累"到"脱然贯通"就已经算是完成"格物"最重要的组成部分了,而在此基础上的进一步"推类"并不是一个普遍性的存在,但如果缺掉了"推类","格物"说也会变得不完整。不得不说,朱子的"格物"说是一个非常严密的思想体系。

关于格物对象的难易选择,朱子认为,在一般情况下,应该像李侗所说的那样"反复推寻",遇到一件事情尽可能将这件事情弄明白,然后再去穷格另一件事物。如果不这样做的话,就可能导致学者逃避困难,导致学者的工夫无法专一,这样就不能长久地进行事物之理的积累,"脱然贯通"之处也就变得遥遥无期,不能实现了。但是,如果学者在格物之时真的遇到非常难以攻克的困难,即出现程颐所说的"穷不得"之时,就可以按照程颐所说的"且别穷一事",先将这个非常困难的事情放一放,将其他简单的事情先穷格,等到有了一定积累之后再来穷格。

由此可见,在对待这个问题上朱子认为遇见一般的事情时,就按照李侗的说法去做,当遇到非常困难的事情时就按照程颐的说法去做,既要有一定的原则性,但也要有合理的变通性。

关于格物对象的先后选择,朱子认为,选择所穷之物的对象是有轻重缓急的,要按照格物的主要目的进行选择。从格物的过程与范围来看,则包括认识自然事物的规律和本质。

朱子强调格物的重点在于"读史书""应事物""穷天理、明人伦",而草木器用之理也应该进行研究,但却是处于次要地位。朱子在《朱子语类》中曾多次提到格物的重点首先要放在"读史书""应事物""穷天理、明人伦",这是朱子对格物对象的先后顺序所作的规定,而此规定也就决定了"格物"思想的性质。

朱子的"格物"说可以说是代表当时宗法社会地主阶级统治的长远和整体利益的正统意识形态。其主要目的是要通过这种理论来改造和培养符合该社会根本利益的士大夫与官员队伍。从儒家的圣人境界来说，也要求将人培养成从博学到笃行的全面人格。故此，朱子不但主张士人和官员在道德上要符合宗法社会的根本利益，而且对于历史和自然事物也要有广泛、深刻的认识。也就是说个人的道德境界要高，学问知识也要充足。

朱子重视学问知识并不是为了促进科学发明与学术发展，也不是为人类增进福利，而是为了个人修身和国家治理。朱子所重视的知识由于受到阶级与历史的限制，其范围也有较大的局限性。朱子所提倡的知识大部分属于传统儒家所规定的、统治国家所需要的天文知识、农业知识，以及为礼制服务的法律、历史知识。

在这些知识当中，基本上包括历史知识、政治知识、道德文化知识以及各种典章制度知识。但是这些知识却不是为探求客观世界科学技术的发展而准备的，注定与新时代的知识无关，因此也存在着非常大的局限性，不能一味地夸大朱子格物思想的价值。

其次，"新民"学说是学者"治人"的系统体现。

在朱子的理解中，"治人"包含齐家、治国、平天下三个方面，与"三纲领"之中的"新民"意思完全一致。

关于"新民"的内涵，朱子认为主要有两方面。首先，朱子从《大学》"三纲领"之间的联系出发，认为"明明德"之后的自然延伸必然就是"新民"，"新民"之过程与内容就是前面"明明德"的自然要求，如果只是自明"明德"而未去"新民"，那根本就不是真正的"止于至善"，"三纲领"的意义也就减弱了。其次，朱子认为《大学》的"新民"思想，其实是先秦儒家教化思想的体现。朱子认为，上天必定赋予已"明明德"者一个使命，那就是"新民"，让他担当众人的君师（即领袖，或领导人），使其治理和教育众人，以恢复众人本来就应有的善良和理智的本性。实际上，朱子认为《大学》就是儒家教化民众的一本书，也可以说是一本"新民"之书，是圣贤依据天赋使命来完成"新民"要求的一本书。完成"新民"任务最主要的方法就是"治之教之"，其最终目标便是复其"仁义礼智之性"。

在朱子的理解中，"新民"主要包含三方面的内容。首先，为政者要能够推己及人。朱子认为，《大学》中的"治人"之事就是"新民"之事，也就是指齐家、治国、平天下之事。从《大学》后面的三章传文来看，修身齐家、齐家治国、治国平天下的思想核心主要是指，为政者首先要正心修身，为家人、国人、天下人起到一个示范作用。其次，使民自新。朱子认为"新民"最主要的表现是为政者通过自身的示范作用而使民自新。从为政者的角度而言，是推己及人的过程；从所新之民的角度而言，是学习为政者的行为、动作、道德以自新的过程。我们可以将朱子"使民自新"的思想概述为使民自主而新，自愿而新，以至自然而新。再次，"新民"应当"恤民"。从民众的现实生活角度来看，朱子认为《大学》"新民"思想中包含有"恤民"思想。我们可以从两个方面来看待朱子"新民"思想中的"恤民"内涵。首先，朱子的"恤民"思想是承袭郑玄、孔颖达对《大学》注疏的解释而来的。其次，"恤民"应当落实到民众的日常生活中。虽然朱子跟宋代的很多理学家一样，经常探讨一些"太极""无极""天理"一类的概念，其理论难度很高，但无一例外，最终都要体现与落实到普通民众的日常生活之中，"恤民"思想更是要落实在民众的日常生活中。

综上所述，在朱子的理解之中，"新民"至少包含三方面的内容，一是从为政者的角度来看，为政者要能够推己及人，做出表率；二是从民众自身的角度来看，民众要学习为政者的行为、动作、道德以求自新。三是从民众现实的生活来看，为政者要尽可能将"恤民"的政策落实到民众的日常生活之中，只有这样才有利于自己的统治。

此外，朱子改"亲民"为"新民"最主要的两个原因就是从"新"与"亲"字的文字字义与《大学》文本的思想脉络去考虑的。需要指出的是，朱子的"新民"思想是从属于其"明明德"思想的，是对"明明德"的重要补充，"新民"与"明明德"共同组成了一个完整的思想体系。在朱子的这种思想体系中，将"亲民"改为"新民"的做法可以说是比较合理的，且"新民"的思想深度也是比较高的，我们现在也能在考古学与文字学上找到一些依据。但是，如果从《大学》文本的本义角度来看的话，朱子的改动以及理由可能都会出现问题。

第三，阳明《大学》是从早年"诚意"到晚年"致良知"学说的"心学"解读。

阳明早年是以"诚意"为核心宗旨的，以"格物致知"为"诚意"之工夫，同时是以"格物"为"格心"，在对格物、致知、诚意、正心的逐步阐释中，开始从"诚意"转向了"致良知"学说，"致良知"学说的正式提出，也标志着阳明学说的真正成熟。

首先，阳明早年以"诚意"为核心，从"格物"到"格心"的转变。

阳明关于"诚意"的内涵主要有两种解释：第一种是"着实用意"，第二种是"慎独、戒惧"。阳明"诚意"内涵可以表述为，学者经过"慎独、戒惧"的工夫之后，净化人"心"所发出的"意"或者"意念"，然后学者能够实行、践行此净化之后的"意"，这才是阳明所要表达的"诚意"的内涵。

可以说，阳明早期认为《大学》最重要的便是"八条目"之中的"诚意"，从经学史的角度而言，阳明对"诚意"的重视是承袭于孔颖达对《大学》文本中"诚意之道"的重视，同时在孔颖达的基础上又有进一步的发展。因为孔颖达对于"诚意之道"的解释是为了后面阐述君臣的"为政之道"而作理论准备。

阳明继承了孔颖达对"诚意之道"的重视，虽然也同样认为"诚意"是修身最重要的部分，但是却将"诚意"的发展最终引导向了"致良知"之学。阳明对《大学》"诚意"的理解，既是阳明对孔颖达注解《大学》的承袭与发展，也是对朱子以"格物致知"为核心思想的一种积极回应，同时还是阳明自身生活体验的一种真实反映，尤其是在"心"与"意"、"知"等方面有着非常重要的价值。

阳明在早期之时，也曾经笃信过朱子的"格物"学说，笃信朱子所提出的"三纲领""八条目"，这也导致了阳明之后的学问思路虽然与朱子对《大学》的理解产生较大的差异，但阳明对《大学》的解释却一直限定在"三纲领""八条目"的框架之下，而这也注定了无论阳明与朱子之间的差异有多大，但始终都是在"理学"的框架之下进行探讨，阳明的"心学"始终是对"理学"的一种借鉴、吸收与发展。

从阳明青少年开始"格竹"之时起，一直到阳明在龙场"大悟"为止，阳明一直将"格物"问题作为自己思考的核心问题。

众所周知，宋明理学的理论基础是"心即性即理"，宋代理学的理论基础我们可以笼统地概括为"性即理"，而阳明心学的理论基础可以概括为"心即理"。"格物穷理"的"理"都是一样的，只是"理"究竟存在于外在的事事物物之中，还是存在于内在的人的内心之中，阳明与朱子的看法显然是不同的。

阳明所说的"格物"，其字面意思就是"去其心之不正以归于正"。按照阳明的理解，人的"心"可以从本体与现象两方面来解释。心的本体可以说是无所不正的，即心之本体全都是正的；心的现象也就是常人所具有的平常之心，跟心的本体是不一样的，其心早已不正，即常人之心已经是不正的了。由此来看，"格物"就是要纠正常人之心的不正，以保全或者恢复心之本体的正。从这个角度来看的话，"格物"就应该解释为"格心"。

但是，"意之所在"其侧重点在于"意之所在之物"，跟这里所说的"心"是不一致的。而阳明所强调的"意之所在便是物"，从前后文之间的关系来看，"意之所在"显然是不能够指"物"的，更准确地说应该是指"心"。应该说，阳明在这里将"格物"之"物"理解为"心"与"意念所在之物"，也就是说将"物"转变为了"心"，将"格物"变成了"格心"，于是顺利地从对外在事物的探求开始向内在的人心的探求转变。

阳明将"格物"变成"格心"，那就是说将"格物"变成了纠正平常人心的不正，即要纠正人内心中的非道德的思想意识，这样就跟朱子的"格物"说完全是两个概念了，也就取消了朱子"格物"说中的认识事事物物的功能。这就导致在学者的实践工夫上就没有必要一一穷格所有事事物物之理了，只要能够纠正平常人的心使之归于正就是"格物"了，就能够统率整个学问工夫了。就是在这样的由"物"向"心"的转换之下，阳明将朱子的"格物"说的内外两面性完全转向了向人内心探求的立场。

综合朱子与阳明的"格物"学说来看，朱子的"格物"说反而会更加全面、圆融一些，阳明的"格物"说就显得有些偏颇，不如朱子"格物"说圆满。阳明这样做的确是有些矫枉过正，但是如果不是矫枉过正，又怎么能够纠正朱子"格物"说在后世逐渐偏于重"物"而非重"心"的趋势呢？可以说，阳明对"心"的重视，在明代晚期也起到了巨大的作用。

此外，阳明还对诚意、致知、格物之间的关系进行了定义。"诚欲好之"是说"诚意"，"良知所知之善"与"良知所知之恶"都属于"良知"部分,"即其意之所在之物而实有以为之"是说"格物"。从阳明对于三者的理解来看,"良知"居于指导地位,"诚意"处于上通下达的地位,而"格物"则属于工夫、手段的地位,也就是说"良知"指导着"诚意",而"诚意"最终需要落实到"格物"的工夫上。

其次,阳明晚年以"致良知"学说为核心是"致知"与"良知"概念相结合的产物。

在阳明晚年时期,尤其是自"天泉悟道"之后,阳明结合《大学》中的"致知"与孟子中的"良知"概念,最终提出了"致良知"学说。

阳明所强调的"良知"首先是"是非之心"。阳明认为,"良知"不仅指导我们知道什么是是,什么是非,而且引导我们能够"好"是而"恶"非。其前提都是首先要分辨人的"是非之心",也就是要分辨"良知",从这个层面来看,"良知"的第一个内涵便是"是非之心"。阳明认为,每一个人一出生就具有这种"良知",对于每一个人来说,"良知"都是完全相同的,都是一种普遍性的存在。是非善恶的评价标准就内在于自己的心中而不需要去外面寻求。普遍性是"良知"的第二个内涵。

阳明认为,正是由于个人的私欲遮蔽、间隔了"良知",这才导致了"良知"本体不能完全展现出来。所以,"致良知"的工夫其实包含两方面的内容。从善的方面来说,就是扩充自己的"良知"到极点,体现的是扩充到至极的一个逐步发展的过程;从恶的方面来说,就是要学者去除自己的私欲遮蔽、间隔,体现的是逐步去除遮蔽,恢复本体光明的过程。每一个人都有自己的"良知"发现,但是这种发现并非就是"良知"全体的完全展现,还需要一个"致知"的过程在里面。

阳明的"致良知"学说,如果仅从文字训诂的角度来说,就是"至极其良知"。但是,如果只是从"至极其良知"的解释来说,阳明"致良知"学说的意义是不能完全体现出来的。"致良知"除去有"至极其良知"的一层涵义之外,另一层涵义是说一个人要能够依照"良知"而有所行动,就是要突出学者的实践性来,这是阳明"致良知"学说中非常重要的一个层面。

综上所述,"致良知"学说主要包含两方面的内涵,一是扩充、至极的内涵,即将自己的"良知"逐步扩充,以达到极点、极至;二是"致"字所体现出来的行动、实践、践行的内涵。从行动、实践、践行的角度而言,"致良知"与阳明所提倡的"知行合一"基本上就属于同一个概念了。阳明"致良知"学说一个很重要的作用是将"知"与"行"结合在了一起,这就解决了程朱分"知"与"行"为两样东西的弊端,突出了阳明"心"学的实践意义。

可以说,阳明的《大学》学与朱子的《大学》学在理学的根本问题上,其立场是一致的。但是,在对《大学》中的"三纲领、八条目"的解释上存在着巨大的差异,尤其是在"亲民""诚意""格物致知""致知"等问题的解释上存在着截然不同的阐释,这也是历代学者所关注的重点。

再次,朱王之争是理学结构下的"心""理"之争。

从朱子的注解中可以看出,朱子所理解的"诚意"也应当包括"实用其力",只是"实用其力"由于心之体还有未完全明之处就变得不全面了,就会自己欺骗自己。朱子与阳明对"诚意"注解的不同在于,朱子认为"诚其意"是在"格物致知"之后才发生的,最开始的工夫不应该是"诚其意",而是"格物致知"。也可以说,朱子所理解的"诚意"是在"格物致知"之后自然而然所要进行的步骤,而在阳明的理解中则变成"诚意"为《大学》思想的核心,进而统率"格物致知",两者的阐释方向是不同的。

但是,在《朱子语类》中,朱子也曾说过"诚其意只是实其意",朱子这句话的意思很明显,"诚其意"的内涵也只是"实用其意"。虽然阳明与朱子在对"诚意"的解释方向上有所不同,但我们依然会发现阳明与朱子在经典诠释方面有着密切的联系,两人都认为"诚意"的内涵至少要包括"实用其意"这一方面。毕竟两者都还是在宋明理学"心即性即理"的框架结构之下,虽有众多的不同,但依然有着共同的结构基础。

到了宋明时期,理学成为了中国经学的主流。在"心即性即理"的大前提之下,朱子与阳明又有着不同的看法。朱子着重阐发了《大学》中的"格物致知"学说,而阳明着重阐发的则是"致良知"学说。朱子所理解的《大学》出发点已经不再是政治角度,而是从学者的修身工夫着手。正如笔者前面所提到的,朱子的"格物"学说主要包括"即物""穷其理""至其极"三个层面的话,那么阳明的"致良知"学说也包含着三个层面,那就是"扩充""至极""践行"。

按照阳明"致良知"的系统说法,"致良知"已经在事实上取消了"八条目"的独立实践范围与独特价值意义,所有的事情都可以归纳到"致良知"上面,也就是说阳明所理解的《大学》在阳明晚年已经完全被"致良知"所代替,《大学》只是阳明建构自己"致良知"学说的一个基本材料,这样解释显然是既不符合《大学》原本之意,又不符合汉唐学者释《大学》的注疏传统,只能说是在宋明理学的结构下又开出了一朵亮丽的"心"学之花,重点突出了"心"的重要性,以及"良知"的重要作用。阳明关于《大学》的看法其实有一个逐渐变化的过程,并非从一开始就提出了"致良知"学说。

阳明跟朱子一样,其落脚点依然是以个人的道德修养为核心,也都重视人"心"的认识能力,强调只有通过修身养性才能一步步走向齐家、治国、平天下。可以说,在宋元明清时代,阳明"致良知"之学与朱子的"格物致知"之学是符合当时社会发展的需要的,也为当时的社会、国家做出了应有的贡献。

最重要的是,无论是朱子的"格物致知"之学还是阳明的"致良知"之学,都属于宋明理学,其最重要的一个功绩是,以宋明理学为思想指导的文人官员群体作为一支非常重要的政治力量成为了国家治理的核心组成部分。文官群体的力量越来越大,国家政治的正常运行必须要依靠文人官员,从这个角度来看,朱子与阳明的《大学》注解也实现了其"修齐治平"的理想。但是,这种"修齐治平"理想的实现,其实是文官集团的实现,可以说是那群通过科举考试成功从政之人"修齐治平"的实现。这种最重要的功绩并不是朱子与阳明注解《大学》最重要的意愿,朱子与阳明的出发点与落脚点是放在了普通人的个人道德修养上面,认为《大学》是教育人之所以为人的原则与方法,是学为圣人的原则和方法,跟政治的联系并不大,能顺利实现"修齐治平"的条目只是"格物"工夫或"致良知"工夫自然而然实现的过程。

综上所述,郑、孔、朱、王四人对于《大学》的注解显然都有自己独特的一面,也都有自己的思想主旨。笔者认为,郑玄的《大学注》体现了郑玄的政治理想——即以"君明臣贤"为核心的"为政"思想解读;而孔颖达的《大学正义》则是以"诚意之道"为理论基础,以"为政之道"的顺利实行为宗旨;而朱子的《大学章句》则是以学者"修己治人"

作为宗旨,以"格物致知"作为学者的最重要修养工夫,自然而然推之"新民"(即治人);而阳明的《大学》学,虽然早年以"诚意"为主,但在晚年则以"致知"结合《孟子》之"良知",结合自身之切身体悟,提出"致良知"学说,则阳明的《大学》学是以"致良知"作为自己学说的核心。后世之学者,虽时有不同之见解,但依然逃不出这四种主要的解读方式。

三 研究中发现的问题、启示与以后的研究方向

在经过了对《大学》相关文本与注疏的详细梳理之后,我们大致了解了从汉唐到宋明时期历代注解者的不同思路,以及这些注解所体现出来的《大学》思想演变的过程。笔者认为如何理解《大学》文本中所出现的"民"的概念、"君子"的概念是对《大学》文本进行解读的一个关键,因此笔者对"民"与"君子"的概念进行了考辨,并着重指出了《大学》文本中的"君子"概念内涵在先秦时期的发展演变,以及"君子"文化内涵对于我们现代社会的重要意义。

第一,关于《大学》文本中"亲民"与"新民"考辨。

阳明的"亲民"说主要表现在两个方面,一个是对朱子"新民"说的强烈反对;一个是阳明对"亲民"的两种解释。在阳明的理解中,朱子的"新民"说并未包含对于民众的教养意思在内,只有自新之民的意思,有失偏颇,不如"在亲民"所蕴含的意思全面。

阳明对"民"字有两种解释,第一种解释,将"民"释为"万事万物、事事物物"是不能被合理解释的。第二种解释,将"民"理解为"百姓",虽与先秦时期"民"字的概念有所差异,但是基本上是可以被接受的。

事实上,无论是阳明所坚持的"亲民"说,还是朱子所修改的"新民"说,强调的都是一种积极主动影响、教化、关爱"民"的意思。笔者认为,"亲"与"新"的争论与差别的确是存在的,但关于"民"字在《大学》中的真实含义更为重要。《大学》文本中用的是"民"字不是"人"字,并不是指自然界中的人,也不是指一般的社会中的普通人,它指的是具有政治身份的人。"民"在《大学》中的本义为"民众"之

意,而在周代的阶层划分之中,则属于国人阶层中的下层民众,即庶人阶层。"民"指的是具有政治身份的人。以耕种贵族的土地为生,同时享有一些政治与军事权利并承担相应义务,比如说充当徒卒,参加劳役,还要缴纳赋税等等。可以说,与"民"相对应的正是西周时期的"君子"阶层。

"民"的概念相当于先秦时期的"小人"概念,而"君子"阶层则是西周时代的统治阶层,也就是当时的为政者。在《大学》本义之中,"亲民"一词的最主要涵义就是孔颖达所疏解的"亲爱于民",且是指为政者要"亲爱于民"。

如果弄懂了《大学》文本中所隐含的阶层关系,将"亲民"解释为"亲爱于民"就是一种顺其自然的事情。阳明将"亲民"理解为"安百姓"也是能够接受的。

而朱子将"亲民"理解为"新民"则是不符合《大学》本义的。

在朱子的理解中,"新民"所"新"之"民"是指不包含"明明德者"之内的所有其他人。在卿大夫家、诸侯国、天下的结构中,所有的卿大夫家人、诸侯国人、天下人都是"民"的范畴,唯独这里面没有"明明德者"。如果这样理解的话,朱子实际上将奴隶社会中切实存在的阶层划分刻意回避了。朱子的"新民"思想,是对儒家教化思想的一个重要阐释,尤其跟孟子的思想是高度一致的。

朱子所理解的"新民"思想,是对"明明德"思想的重要补充,并非单独存在的。"新民"思想,实际上是说,人首先能够充分明己之明德,然后人又能以己之明德来教化别人,在这个过程之中主要体现或者突出的是能明己之明德者的价值,也就是说"有德者"的价值。而这是"亲民"思想所没有的内涵。

在《大学》文本中"民"的本义,首先是一个政治概念,是一种地位比较低的被统治阶层,而在朱子的"新民"思想中,"民"则是除去"明明德者"之外的所有人,包括天子、国君、卿大夫等统治阶层。可以说,"亲民"思想设置了比较大的政治地位上的差距,这种巨大的差距体现在权力与地位上,是从高层向底层的俯视,表达的是财富多少、社会地位完全不平等的两种人之间的关系。且只有统治阶层才能去"亲民",普通民众是没有这个资格的,即使这些民众有着较高的道德水平。

而朱子所理解的"新民"思想则没有这种较大的政治地位上的差距。人与人之间的差距只在于能否"明明德",而不在于政治地位的高低。朱子的"新民"是指先觉与后觉、先知与后知之间的关系而言,是说谁先能够自明明德,谁就能有资格去"新民",而不是说谁的政治地位比较高,谁就有资格去"新民"。

朱子的"新民"思想,其实体现了朱子与孟子的相同之处,即在孟子与朱子的理解中,对于民众而言,"有德者"的价值比"有权势者"的价值更重要。朱子曾认为,孔子的功劳是要大于尧舜的功劳的,就体现了孔子作为一个有德者的价值是要高于尧舜作为有权势者的价值的。可以说,朱子的"新民"思想就是主要突出作为"有德者"之于民众的作用。

综上所述,《大学》文本中的"亲民",是指西周时期的"君子"阶层要亲爱于民众,要能行仁政于民众,民众自然会得其恩泽,而"亲民"至极致,那么就是天下太平的境界,人民生活安定,丰衣足食,此种社会状态才能称之为"至善"。突出的是为政者或者有权势者的重要作用,或者用郑玄的话是突出"君明臣贤"的作用;而朱子的"新民"思想则是指人首先能够充分明己之"明德",然后人又能以己之"明德"来教化别人,在这个过程之中主要体现或者突出的是能明己之明德者的价值,也就是说"有德者"的价值。这是"亲民"与"新民"最重要的区别。其实,这种区别更是汉唐学者与宋明学者治学的区别。

第二,先秦时期"君子"内涵的演变及现代意义。

君子属于统治者的贵族阶层,小人则属于被统治者的平民百姓。君子阶层,包括天子、国君、大夫,等等。君子,成为当时统治阶层的通称。君子之社会地位比较高,因此又被称为"大人"。与"大人"相对的是"小人"。在西周时期,"君子"与"小人"是经常成对出现的。"小人"又称为"野人""鄙人""庶人",在最开始的时候是指在城外田野中劳作的人,"小人"的职责是通过提供赋税、徭役等形式,为城内的君子阶层成员提供稳定的生活保障。通过考察《五经》的相关文献记载,在春秋及之前的时代,"君子""小人"之间的区分基本上是以社会地位的高低进行划分的。君子在上位,小人在下位,这是《易经》《尚书》《诗经》《春秋》在内的那个时代的文献的共同认识。在《大学》文本中,"君子"与"小人"的概念也是对比出现的。故此,"君子""小人"在最初之时是以社会地位的高低作为区分标准的。

君子小人，是指"有位无位者"而不是"有德无德者"，是从社会地位的角度区分而不是从道德品质的角度区分。

由此来看，"君子"的概念在西周时期主要是指属于统治者的贵族阶层，主要是指周天子以下的贵族阶层，应该说这一点是目前学界的主流观点而西周时期的"君子"并没有明确的道德含义，笔者认为，首先"君子"的社会地位的确是比较高的，是贵族阶层的泛称，以社会地位的高低作区分是"君子"概念的首要属性，强调的更多的是一种单纯的称谓，其道德含义的确是没有一个明确的体现，此道德意义的体现直到春秋时期的孔子才明确的体现出来。然而，我们却不能否定，此时的"君子"阶层其实是隐含着一种天然的道德含义，原因就在于属于统治者的贵族阶层是统治者"天命"的直接体现，具有天然的道德属性。

综上所述，先秦时期的君子文化有其特定的历史背景与思想内涵。其中，最重要的便是"君子"概念的地位内涵与道德内涵，而由此"君子"内涵演变而来的君子文化除了其在当时的历史环境中所产生的重要作用，对于我们现在建设新时代的社会主义国家依然有着重要的现代价值。因此，君子文化的现代价值主要体现在君子文化与儒家思想的关系、君子文化与党政干部、君子文化与广大民众之间的借鉴与指导意义三个方面。

首先，君子文化是我们现在理解儒家思想的重要维度。儒家思想作为中华优秀传统文化最重要的组成部分，是中华民族精神的重要载体，也是中华民族维系五千年始终传承而没有中断的重要原因之一。而其中的君子文化又是儒家思想的核心，无论是儒家思想学说的创始人孔子，还是孔子的弟子曾子以及儒家的孟子、荀子，他们都非常看重"君子"概念及其所体现出来的理想人格。可以说，孔子对于"君子"概念的理解成为我们今天理解君子文化最重要的载体。这就涉及到君子文化与儒家思想的关系问题。若想充分发挥出儒家思想对于现代社会的价值，必须充分发挥君子文化的现代价值。

其次，君子文化的社会地位内涵对于我们今天广大的党政干部的行为要求有着充分的借鉴意义。在西周之前，君子的概念是以社会地位的高低作区分的。君子属于统治者的贵族阶层，由此带来的君子文化其实就要求我们现在广大的党政干部要有古代统治阶层那样的思想高度，用我们今天的话来说就是全心全意为人民服务。具体而言，首先，广大的党政干部要严格要求自己，努力克制自己的私心欲望；其次，广大的党政干部在对待人民群众的时候要注意方式方法，不能肆意强征掠夺民众的财物；再次，广大的党政干部不能够与民众争夺利益，一定要将民众的利益放在首位，不与民争利，真正践行为人民服务的理念。这种"以义为利"的价值理念对于广大党政干部，尤其是对于我们的高级党政干部有着重要的借鉴和警示意义，因为一个人或者团体的地位越大，其责任也就越大，他们是我们国家的榜样，而西周时期的君子文化就为我们国家的党政干部提供了一个良好的榜样与示范。

再次，君子文化的道德内涵对于我们今天广大民众的道德修养有着重要的指导意义。在孔子及其弟子们的努力下，"君子"文化的社会地位内涵逐渐降低，而其道德品质内涵则在逐步提升，正是基于此，"君子"文化中的道德品质内涵对于我们普通人提升自身的道德修养提供了最开始的理论依据。当然，孔子只是将"君子"文化的社会地位内涵与道德品质内涵放到了一个平等的地位，并第一次着重突出了"君子"应该具有鲜明的道德内涵。在孔子之后的曾子，依然突出了"君子"的社会地位内涵，荀子沿着这条路，社会地位与道德品质内涵基本上是并行的，但社会地位的内涵更多一些，而孟子则着重突出了君子的道德内涵，而在整个汉唐君子的社会地位内涵也一直高于道德内涵，直到宋代时期，"君子"文化的道德内涵终于超过了其社会地位内涵，并且成了学者修养自身道德非常重要的一种理想人格。自宋代儒学的理学化以来，"君子小人"已经固定成为"有德者无德者"的代名词。

而这种对于"君子"道德内涵的理解也是我们目前最主流的理解，从宋代一直影响到我们今天的社会。正是这种君子文化的道德内涵构成了我们当今的个人思想道德修养的主要内容。但是，由于我们目前社会发展的不平衡、物质与精神的发展严重脱节、社会存在着一些不公平、不正义的事情，广大民众的道德修养出现了严重的滑坡。由此，在当今中华民族伟大复兴的伟大时期，我们更加需要君子文化所蕴含的丰富的道德内涵来提升我们广大民众的道德修养，维护社会的和谐发展，先从自身做起，从自家做起，从本职工作做起，为实现中华民族的伟大复兴提供坚实的道德根基。

第三，《大学》以后的研究内容与方向。

首先，关于历代《大学》改本的研究。除了本文中重点探讨的朱子《大学章句》改本之外，历史上还有许多改本，比如宋代二程的《大学》改本，以及明清时期的十多个《大学》改本，限于时间与篇幅的限制，笔者并未对其进行相关的探讨，这不能不说是一个遗憾。而目前关于宋以后的《大学》改本研究只有台湾地区的李纪祥先生写过一部专门的著作，大陆地区目前还没有专门的相关著作，这些改本体现出了明清时期不同学者的重要思想，应该作为以后《大学》研究的一个方向。

其次，关于郑孔、朱王不同《大学》传承体系的研究。本书在一开始之时拟对郑孔、朱子与阳明之不同的《大学》传承进行梳理，但限于自身能力之不足与资料之众多，未能对这一问题进行探索，不能不说是一个遗憾。事实上，由于历史的原因，朱子《大学章句》的巨大影响力，我们目前所能看到的对于《大学》文本的讲解一般而言主要是在讲朱熹的《大学》，大部分人一提到《大学》的第一反应都是认为《大学》是讲怎么样"修身"的，是讲"三纲领""八条目"的，除了学者们在对《大学》文本进行研究时会着重于朱熹与王阳明的对比之外，朱子的《大学章句》俨然已经成为《大学》文本的代名词，甚至是国学的代名词。即使是以朱子的《大学章句》体系为代表的"修己治人"思想传承也并没有相关的专门著作出现，更别提以郑玄、孔颖达为代表的《大学》"为政治国"体系的传承研究、以陆九渊、王阳明《大学》"心学"体系的传承研究，这三种不同体系的传承研究应该成为以后《大学》文本与思想研究的一个方向。事实上，在明清时期出现了很多的《大学》著作，在这些著作之中就存在着这三种不同思想体系的传承，尤其是清代中叶以来掀起的《大学》、《中庸》重回《礼记》的研究思路。

无论是宋以后的历代《大学》，著述还是郑孔、朱王不同的思想传承体系，明清时期的《大学》著述应该作为我们以后研究的一个重要内容与方向。令人欣慰的是，已经有部分学者开始对明清时期的部分《大学》著述进行了单篇的研究，这是一件令人高兴的事情，希望以后能有更多系统性的关于明清《大学》学的研究成果问世。

参考文献

(一) 古典文献

(汉) 司马迁：《史记》，中华书局 1982 年版。
(唐) 孔颖达：《礼记正义》，北京大学出版社 1999 年版。
(唐) 韩愈：《韩愈全集》，上海古籍出版社 1997 年版。
(宋) 程颐，程灏：《二程集》，中华书局 1981 年版。
(宋) 卫湜：《礼记集说》，清通志堂经解本。
(宋) 朱熹：《四书集注》，中华书局 1983 年版。
(宋) 黎靖德编：《朱子语类》，中华书局 1986 年版。
(宋) 黎靖德编：《朱子语类》，中华书局 1994 年版。
(宋) 张栻著，邓洪波点校：《张栻集》，岳麓书社 2010 年版。
(宋) 赵顺孙：《大学纂疏》，华东师范大学出版社 1992 年版。
(宋) 王柏：《鲁斋集》，中华书局 1985 年版。
(明) 黄宗羲：《宋元学案》，中华书局 1974 年版。
(明) 黄宗羲：《明儒学案》，中华书局 2008 年版。
(明) 王阳明：《王阳明全集》，上海古籍出版社 1992 年版。
(明) 王艮：《王心斋全集》，江苏教育出版社 2001 年版。
(明) 王夫之：《礼记章句》续修四库全书，上海古籍出版社 1995 年版。
(清) 阮元校刻，《十三经注疏》，清嘉庆刊本。
(清) 孙希旦，《礼记集解》，中华书局 1989 年版。
(清) 皮锡瑞：《经学历史》，中华书局 2008 年版。
(清) 皮锡瑞，《经学通论》，中华书局 2008 年版。
(清) 朱彝尊：《经义考》，中华书局 1998 年版。

（清）王先谦：《荀子集解》，中华书局1988年版。

（清）陈确：《陈确集》，中华书局1979年版。

（清）李塨：《大学辨业》续修四库全书，上海古籍出版社1995年版。

（清）惠士奇：《大学说》续修四库全书，上海古籍出版社1995版。

（清）阮元：《古揅经室集》，中华书局1993年版。

（清）阮元：《十三经注疏》，中华书局1980年版。

（清）郭嵩焘：《郭嵩焘诗文集》，岳麓书社1984年版。

（清）汪中著，王清信、叶纯芳点校：《汪中集》，台湾中央研究院中国文哲研究所筹备处发行2000年版。

（清）杭世骏：《续礼记集说》，清光绪三十年浙江书局刻本。

（清）江藩：《国朝汉学师承记》，中华书局1993年版。

（清）杨亶骅：《大学古本辑解》丛书集成新编，新文丰出版公司1986年版。

（清）魏源：《魏源集》，中华书局1976年版。

（清）朱一新：《无邪堂答问》，中华书局2002年版。

（二）今人著述

著作类（按姓氏字母）：

A

［意］艾柯等：《诠释与过度诠释》，王宇根译，生活·读书·新知三联书店2005年版。

C

陈来：《有无之境——王阳明哲学的精神》，北京大学出版社2002年版。

陈来：《朱子哲学研究》，生活·读书·新知三联书店2010年版。

陈来：《竹简〈五行〉与简帛研究》，生活·读书·新知三联书店2009年版。

陈来：《中国近世思想史研究》，商务印书馆2003年版。

陈戍国：《四书校注》，岳麓书社2004年版。

陈荣捷：《近思录详注集评》，华东师范大学出版社2007年版。

陈逢源：《朱熹与四书章句集注》，里仁书局2006年版。

陈泽环：《〈大学〉和〈政治自由主义〉之间》[C]//上海市社会科学界联合会．2008年度上海市社会科学界第六届学术年会文集（哲学·历史·文学学科卷），上海人民出版社2008年版。

D

邓球柏：《〈大学〉〈中庸〉通说》，湖南人民出版社2008年版。

F

冯友兰：《三松堂学术文集》，北京大学出版社1984年版。

G

郭沂：《郭店竹简与先秦学术思想》，上海教育出版社2001年版。

侯外庐等：《宋明理学史》，人民出版社1997年版。

干春松：《制度化儒家及其解体》，中国人民大学出版社2003年版。

H

洪汉鼎主编：《理解与解释——诠释学经典文选》，东方出版社2001年版。

黄俊杰：《中国孟学诠释史论》，社会科学文献出版社2004年版。

黄寿祺：《群经要略》，华东师范大学出版社2000年版。

胡适：《中国哲学史大纲》，姜义华主编《胡适学术文集·中国哲学史》，中华书局1991年版。

黄开国：《清代今文经学的兴起》，四川出版集团巴蜀书社2008年版。

韩星：《〈大学〉〈中庸〉解读》，中国社会科学出版社2018年版。

J

蒋伯潜、蒋祖怡：《经与经学》，世界书局1941年版。

[德]伽达默尔：《真理与方法》，洪汉鼎译，上海译文出版社2004年版。

蒋伯潜：《诸子通考》，浙江古籍出版社1985年版。

荆门市博物馆编：《郭店楚墓竹简》，文物出版社1998年版。

L

梁启超：《中国近三百年学术史》，中国书店1985年版。

梁启超：《清代学术概论》，夏晓虹点校，中国人民大学出版社2004年版。

梁涛：《郭店楚简与思孟学派》，中国人民大学出版社2008年版。

梁涛主编：《中国思想史前沿——经典、诠释、方法》，陕西师范大学出版社2008年版。

林庆彰：《明代经学研究论集》，文史哲出版社1994年版。

林庆彰、蒋秋华主编：《明代经学国际研讨会论文集》，中央研究院中国文哲研究所筹备处1996年版。

李纪祥：《两宋以来大学改本之研究》，学生书局1988年版。

柳岳生：《大学阐微》，学生书局1979年版。

刘星：《东传科学与康有为今文经学的嬗变》，中国社会科学出版社2018年版。

M

马宗霍：《中国经学史》，上海书店出版社1984年版。

牟宗三：《心体与性体》，上海古籍出版社1999年版。

牟宗三：《中国哲学十九讲》，上海古籍出版社1997年版。

P

彭永捷：《朱陆之辩：朱熹陆九渊思想比较研究》，人民出版社2004年版。

彭国翔：《良知学的展开》，三联书店2007年版。

Q

钱穆：《中国学术思想史论丛》，生活·读书·新知，三联书店2009年版。

钱穆：《论语新解》，生活·读书·新知三联书店2002年版。

钱钟书、朱维铮主编：《中国近代学术名著〈汉学师承记〉（外二种）》，三联出版社1998年版。

钱基博著，傅宏星编：《大家国学．钱基博卷》，天津人民出版社2008年版。

邱汉生：《四书集注简论》，中国社会科学出版社1980年版。

R

饶宗颐：《固庵文录》，辽宁教育出版社2000年版。

S

束景南：《朱熹年谱长编》，华东师范大学出版社2001年版。

T

田浩：《朱熹的思维世界》，陕西师范大学出版社2002年版。

唐文治：《国学大师说儒学》，云南人民出版社2009年版。

X

徐复观：《中国思想史论集》，上海书店出版社2004年版。

徐复观：《中国人性论史·先秦卷》，生活·读书·新知三联书店2001年版。

Y

杨伯峻：《论语译注》，中华书局1981年版。

杨伯峻：《春秋左传注》（修订本），中华书局1990年版。

杨天宇：《礼记译注》，上海古籍出版社1997年版。

余英时：《宋明理学与政治文化》，广西师范大学出版社2006年版。

余英时：《中国思想传统的现代诠释》，联经事业出版公司1987年版。

余英时：《中国思想传统及其现代变迁》，广西师范大学出版社2004年版。

乐爱国：《朱子格物致知论研究》，岳麓书社2010年版。

Z

章太炎：《章太炎国学讲演录》，中华书局2013年版。

张立文：《中国哲学逻辑结构论》，中国社会科学出版社1989年版。

张立文：《宋明理学研究》，人民出版社2002年版。

张立文、祁润兴：《中国学术通史》，人民出版社2004年版。

朱汉民、肖永明：《宋代〈四书学〉与理学》，中华书局2009年版。

赵泽厚：《大学研究》，台湾中华书局1972年版。

邹晓东：《意志与真知——学庸之异》，齐鲁书社2018年版。

（三）期刊文献

C

蔡方鹿：《朱熹经典诠释学之我见》，《文史哲》2003年第2期。

陈来：《道学视野下的船山心性学——以〈读四书大全说〉的大学部分为中心》，《中国哲学史》2002年3期。

陈来：《论朱熹〈大学章句〉的解释特点》，《文史哲》2007 年第 2 期。

陈立胜：《儒学经传的怀疑与否定中的论说方式——以王阳明、陈确的〈大学〉辨正为例》，《中国哲学史》2002 年第 2 期。

陈志伟：《先秦初期儒家认识论初探——以〈论语〉、〈大学〉和〈中庸〉为中心》，《内蒙古社会科学（汉文版）》2007 年第 4 期。

程辽：《"省""行"之异——从"三纲领"看〈大学〉和〈中庸〉之别》，《重庆师范大学学报（哲学社会科学版一）》2005 年第 5 期。

D

戴兆国：《论中国传统哲学经典诠释之方法——以〈大学〉文本诠释为中心》，《华东师范大学学报（哲学社会科学版）》2006 年第 6 期。

丁为祥：《〈大学〉今古本辨正》，《陕西师范大学学报（哲学社会科学版）》2011 年第 4 期。

丁原明：《〈易〉〈庸〉〈学〉与道家》，《孔子研究》1996 年第 1 期。

J

金建州：《〈大学〉研究综述》，《文教资料》2008 年第 4 期。

金景芳：《论〈中庸〉的"中"与"和"及〈大学〉的"格物"与"致知"》，《学术月刊》2000 年 06 期。

贾艳红：《〈大学〉主旨及对后世的影响》，《山东师范大学学报（人文社会科学版）》2002 年 5 期。

贾艳红、姜亦刚：《〈大学〉的著述时代考》，《山东师大学报（社会科学版）》1998 年第 3 期。

姜亦刚：《〈大学〉简论》，《大同高专学报》1996 年第 2 期。

姜家君：《〈大学〉注疏的解释学循环——以〈大学章句〉、〈大学篡疏〉为例》，《山西师大学报（社会科学版）》2012 年第 6 期。

蒋纯焦：《浅论"大学之道"》，《贵州文史丛刊》1999 年第 1 期。

L

梁涛：《〈大学〉早出新证》，《中国哲学史》2000 年第 3 期。

李学勤：《从简帛佚籍〈五行〉谈到〈大学〉》，《孔子研究》1998 年第 3 期。

罗华文：《〈大学〉成书时代新考》，《孔子研究》1996 年第 1 期。

罗新慧：《曾子与〈大学〉》，《济南大学学报（社会科学版）》1999年第6期。

李锦全：《伍庸伯和他的〈礼记·大学篇解说〉》，《岭南文史》2001年第1期。

罗华文、袁瑛：《〈大学〉在王阳明思想中的架构》，《重庆三峡学院学报》2000年5期。

罗华文、胡国芳：《〈大学〉的版本流传简述》，《河南图书馆学刊》2010年第1期。

林庆彰：《明末清初经学研究的回归原典运动》，《孔子研究》1989年第2期。

刘宝才：《〈大学〉〈中庸〉的道德政治论》，《人文杂志》1990年第5期。

H

胡治洪：《论〈大学〉的作者时代及思想承传》，《陕西师范大学学报（哲学社会科学版）》2008年第5期。

黄宛峰：《〈大学〉的双重影响与当代价值》，《南都学坛（哲学社会科学版）》2001年第5期。

黄怀信：《〈大学、中庸章句〉献疑》，《中国典籍与文化》2011年第3期。

胡国芳、罗华文：《〈大学〉版本的变迁》，《兰台世界》2010年第6期。

黄芸：《"〈大学〉早出新证"献疑》，《中国哲学史》2006年第1期。

胡森森：《从〈大学〉〈中庸〉看原始福学的超越性维度与当代价值》，《西南民族大学学报（人文社科版）》2008年第2期。

G

郭沂：《子思书再探讨——兼论〈大学〉作于子思》，《中国哲学史》2003年第4期。

Y

叶秀山：《试读〈大学〉》，《中国哲学史》2000第1期。

喻剑庚：《〈大学管窥〉〈中庸管窥〉考述》，《南昌大学学报（人社版）》2000年第3期。

杨儒宾：《〈大学〉与"全体大用"之学》，《杭州师范大学学报（社会科学版）》2012年第5期。

余翔林：《〈大学〉中的政治智慧》，《教育与现代化》1996年第2期。

O

欧阳小建：《"大学"即"觉心"——论智旭对〈大学〉的解读》，《湖北经济学院学报（人文社会科学版）》2011年第8期。

R

阮航：《"仁"与"礼"：对〈大学〉文本的论释立场与解释方法》，《理论与现代化》2007年第3期。

热依汗·卡德尔：《〈福乐智慧〉与〈大学〉》，《民族文学研究》2008年第3期。

任蜜林：《〈大学〉本义试探》，《哲学研究》2011年第8期。

S

孙实明：《〈礼运〉和〈大学〉的社会伦理观》，《学术交流》1993年第6期。

苏树华：《〈大学〉"三纲""八条"的心学阐释》，《江西社会科学》2001年10期。

孙以楷：《〈大学〉与道家》，《华夏文化》1998年第2期。

思维：《大同世界与大学、中庸之道》，《孔子研究》1999年第3期。

T

涂耀威：《反思与重建——学术史视野下的王船山〈大学〉研究》，《船山学刊》2009年第1期。

唐雄山：《〈大学〉人性思想及其德治资源》，《江西社会科学》2002年第5期。

W

王建宏：《〈大学〉本义——礼制文明精神的总结》，《西北大学学报（哲学社会科学版）》2008年第6期。

王建宏、朱丹琼：《论朱熹的〈大学〉观》，《西北大学学报（哲学社会科学版）》2002年第2期。

王宗昱：《评梁漱溟论〈大学〉及其对朱王的批评》，《北京大学学报

(哲学社会科学版)》1990年第6期。

王立志,冯秀军:《过程哲学与大学之道》,《河北学刊》2006年第3期。

Z

朱翔飞:《〈大学〉"格物"解平议》,《孔子研究》2003第1期。

周继旨:《"大同"之道与"大学"之道—论先秦儒家对人生的"终极关怀"与"具体设定"》,《孔子研究》1992第2期。

周之翔、朱汉民:《朱子对"为己之学"的诠释与建构》,《湖南大学学报(社会科学版)》2011年第1期。

朱汉民、周之翔:《朱熹〈大学〉"明明德"诠释的理学意蕴》,《哲学研究》2012年第7期。

赵法生:《〈大学〉"亲民"与"新民"辨说》,《中国哲学史》2011年第1期。

张向华:《〈大学〉"格物"义试阐》,《萍乡高等专科学校学报》2005年第2期。

赵玉兰:《"以天统人"与"以人统天"——从对〈大学〉的重解看朱熹、王阳明的天人合一》,《船山学刊》2004年第3期。

衷尔钜:《从〈大学古本序〉的两种文本看王阳明心学的形成过程》,《文史哲》1992年第3期。

张克伟:《从〈大学辨〉看陈确对〈大学〉义理系统的价值重估》,《黄淮学刊(社会科学版)》1995年第2期。

曾军:《"四书之〈大学〉〈中庸〉非〈礼记〉之〈大学〉〈中庸〉"考释》,《重庆邮电大学学报(社会科学版)》2008年第3期。

张伟:《阐释〈大学〉的二重向度——从朱子与阳明不同的哲学进路看〈大学〉》,《浙江社会科学》2002年第4期。

张学君:《〈大学〉原貌与"格物"本义考》,《江汉大学学报(人文科学版)》2010年第2期。

张学智:《熊十力与牟宗三关于〈大学〉释义的辩争———以〈读经示要〉为中心》,《北京大学学报(哲学社会科学版)》2005年第6期。

张志哲:《中国经学史分期意见述评》,《史学月刊》1988年第3期。

张才新,吕达:《政治统治合法性建构说之比较——〈政府论〉和

〈大学〉的对比分析》,《五邑大学学报（社会科学版）》2003 年第 2 期。

章启辉：《王夫之与程朱陆王格致论比较》,《船山学刊》2002 年第 4 期。

邹晓东：《〈大学章句〉中的"出发点丧失"问题》,《周易研究》2011 年第 5 期。

（四）学位论文

陆建猷：《〈四书集注〉与南宋四书学》, 博士学位论文, 西北大学, 1995 年。

王建宏：《从内圣外王到心性论——〈大学〉流变初探》, 硕士学位论文, 西北大学, 2002 年。

李剑虹：《王阳明哲学对〈大学〉的继承与发展》, 硕士学位论文, 安徽大学, 2003 年。

李月华：《〈大学衍义补〉中的天、君、臣、民观》, 硕士学位论文, 东北师范大学, 2004 年。

申淑华：《王阳明〈大学问〉研究》, 硕士学位论文, 吉林大学, 2005 年。

孟威龙：《〈大学〉郑玄本与朱熹本之异同考》, 硕士学位论文, 山东大学, 2005 年。

刘依平：《船山〈大学〉诠释之研究》, 硕士学位论文, 湘潭大学, 2006 年。

李双双：《〈大学〉的教育思想及其现代意义探讨》, 硕士学位论文, 武汉理工大学, 2006 年。

张向华：《〈大学〉文本探微》, 硕士学位论文, 福建师范大学, 2006 年。

曾军雄：《〈大学〉"道"论及其对儒者价值的承载——在理学范围内以主要思想家为例》, 硕士学位论文, 湖南师范大学, 2007 年。

屠建达：《〈大学〉的张力——经典与诠释之学理探索》, 硕士学位论文, 北京大学, 2007 年。

吴菲：《朱熹与王阳明哲学基本路向之比较——从对〈大学〉的不同诠释来看》, 硕士学位论文, 苏州大学, 2007 年。

周春健：《元代四书学研究》，博士学位论文，华中师范大学，2007年。

金建州：《〈大学〉研究考论》，硕士学位论文，南京师范大学，2008年。

纪文晶：《〈大学〉成书公案与流传》，硕士学位论文，曲阜师范大学，2008年。

杨杨：《〈大学〉与宋明理学——"格物致知"在宋明理学发展中的意义》，硕士学位论文，天津大学，2008年。

李炯：《〈大学〉新论：人性根基与大学之道》，硕士学位论文，郑州大学，2009年。

邹晓东：《〈大学〉：其问题意识与文本解读》，硕士学位论文，山东大学，2009年。

辜桃：《〈大学〉在近三十年中国大陆的阐释》，硕士学位论文，中南大学，2009年。

冯晴：《〈大学〉、〈中庸〉之郑注、孔疏与朱子〈集注〉训诂术语比较研究》，硕士学位论文，曲阜师范大学，2009年。

潘斌：《宋代〈礼记〉学研究》，博士学位论文，四川大学，2009年。

张颖：《王阳明〈大学〉思想研究》，硕士学位论文，河南大学，2010年。

陈美容：《朱熹〈大学〉思想研究——从解释学的角度出发》，硕士学位论文，福建师范大学，2011年。

刘登鼎：《论郑玄、孔颖达、朱子、阳明对〈大学〉之诠释》，硕士学位论文，湘潭大学，2011年。

杨利俊：《朱熹〈大学章句〉德育思想对中学德育的启示》，硕士学位论文，苏州大学，2012年。

熊兰花：《王阳明〈大学问〉研究》，硕士学位论文，南昌大学，2012年。

周之翔：《朱子〈大学〉经解研究》，博士学位论文，岳麓书院，2012年。

包敏：《〈大学章句〉中道德语言的意象图式分析》，硕士学位论文，温州大学，2013年。

杜敏姮：《颜元〈大学〉观探微》，硕士学位论文，陕西师范大学，2013年。

李思远：《论朱熹的〈大学〉研究》，硕士学位论文，西北大学，2013年。

杨柳：《王夫之〈大学训义〉对朱熹〈大学章句〉的继承与发展》，硕士学位论文，中南民族大学，2013年。

张伟：《朱熹"四书学"思想研究》，河北大学，博士学位论文，2013年。

外文资料：

Gadamer, Hans – Georg. Truth and Method. Barden, Garrett. &John, Cumming., trans. London：Sheed and Ward Ltd，1975：263.

后 记

时光如梭,转眼间来到山东社会科学院工作已经两年有余了。在博士论文的基础上,又经过几次重新修改,今日在书稿即将出版之际,内心依然惶恐。在求学与学术的道路上,回首过往,当年博士入学之时的情景仍历历在目。

2013年5月,承蒙恩师梁涛先生不弃,我有幸进入人大国学院跟随梁老师学习思想史专业。可以说,在人大读博的这四年是我人生中极为宝贵的经历。正是在这四年的学习之中,我才有幸领略经学与诸子百家的光辉思想。而我的博士论文的选题、写作也是在进入博士课程的学习之后一步步确定下来的。

博士论文题目来源于恩师梁涛教授的指导。读博期间,跟随梁老师学习《孟子研究》、《出土文献研读》等课程,按照老师的指导重点研读了《礼记》的文本。随后在陈壁生老师的《经学研究》课程上点燃了我对经学研究的热情。最终与梁老师商榷后,将博士论文的题目定为——经学视野下的《大学》学史研究。随后,便展开了相关资料的搜集与整理。应该说,资料的搜集与整理以及开题报告的撰写都是比较顺利的。自从博士论文开题之后,梁老师便时常询问我的博士论文写作情况,并多次鼓励我要沉下心来,不要着急,慢慢地去写。论文资料的准备工作比较早,但是真正开始写作的时间并不是太多,大约半年多。从2016年9月份一直到2017年3月初,论文才算是全部完成。在《大学》历代注疏的宗旨问题上也有自己的一些看法和见解,但对于某些具体问题还需更深入地研究。

来到山东社会科学院工作以后,我继续对博士论文进行修改,尤其是关于《大学》历代注疏宗旨的异同和注解内容的承袭与发展进行了深入的研究,形成了我对《大学》学术史的基本看法。由于本书主要集中于对《大学》历代重要注疏进行研究，因此未能对于某个时期内《大学》具体的发展演变进行研究，希望在今后的学习工作中继续努力探索，加强对于宋代、明代、清代以及民国时期《大学》的发展演变进行研究，争取早日取得更加丰硕的成果。

　　本书之所以能够顺利出版，凝聚着很多人的心血。各位老师、同学、朋友、同事、家人给予了我莫大的支持和帮助，在此容我一一向你们表达我真诚的谢意。

　　首先，我最要感谢的便是我的导师梁涛老师。梁老师为人和善，治学严谨，成就斐然。在做人方面，梁老师给予了我很多指导，更多的是亲身示范。有一次，在帮老师拿资料的过程中，就将一袋很重要的资料挂在自行车上弄丢了，再也没有找回来。我的内心充满了惶恐之情，跟老师实话实说后，老师并没有责怪我，只是嘱咐我以后做事情要好好用心，不要再这么粗心大意。老师的为人，是学生学习的终身榜样。在学术上，梁老师提出的"原型——流变"说对我产生了较大的影响。这让我在读书以及写作的时候更多地关注思想产生的本义、流传、演变等，要有一个发展演变的思维，这在我的书稿中有明显体现。梁老师从做人与做学问两方面都为学生做出了榜样，老师的教诲，学生谨记于心，谢谢梁老师。

　　我要感谢求学中遇到的各位老师。感谢人大的各位老师，感谢你们上课时精彩的讲解以及课后的悉心指导，尤其是陈壁生老师和辛亚民老师对我博士论文的指导以及在资料的搜集与整理方面的帮助。还有黄克剑老师精彩的讲课，让我领略到了真正学者的风采。此外，我还要特别感谢陈来老师。在我的博士论文写作过程中，陈来老师的两本书对我帮助极大，它们分别是《朱子哲学研究》和《有无之境——王阳明哲学的精神》，这两本书个人认为是研究朱子哲学和阳明哲学的巅峰之作，无论是从资料的掌握与引用还是哲学分析的条理与系统，都给我留下了深刻的印象。因此，在这里我要特别感谢陈来老师。

　　我要感谢我的硕士生导师济南大学的郭浩帆老师，正是有幸十年前进入郭老师门下，我才能进入学术研究的大门。郭老师性格豪爽，做事认真仔细，对待学生关爱有加，感谢郭老师对我硕士三年的指导与帮助。即使是在毕业之后，郭老师也一直在关注着我的成长，为我提供各方面的帮助和指导。

我还要特别感谢济南大学的赵薇老师。与赵薇老师认识也有十二年之久了，赵老师亦师亦友亦母，有着一颗菩萨般的心，不仅在生活与学业上对我帮助良多，更是引导我走向儒学研究的引路人。正是由于赵薇老师的推荐，我才有机会进入人大国学院继续深造。谢谢赵老师这么多年以来一直在关注着我的成长，学生当一如既往地砥砺前行。

其次，感谢我亲爱的博士同学们，李淑、钟良灿、庞明启、谌详勇、刘政、陆辰叶、柯昊、章丽琼、谭剑波、陈柱、杨康。在这里，尤其要感谢好友钟良灿、庞明启，在写论文的这一年多时间中，我们三人一起吃饭、散步、聊天、投稿、写论文、相互鼓励，也正因为如此，经常被人称为"国学三人组"。没有你俩的陪伴，博士论文的写作必然是非常枯燥难熬的。

我还要感谢一下我的师兄弟姐妹们。谢谢李文娟师姐从我考博之时就尽心帮助于我，一直到其毕业还在指导我写小论文，包括对我找工作也提出了一些有效地建议，并在我工作之后依然尽心尽力的帮助和指导我。还有师弟师妹们，林韵、杨家刚、崔进、李晓帆，感谢你们平时对我的帮助与支持。在我写论文期间，麻烦你们查资料，谢谢你们。

此外，我还要感谢一下我的舍友温建中同学。建中兄跟我在一个宿舍内住了两年多，对我的各种不良习惯始终报以包容之心，对我的生活、学习帮助多多，尤其是听建中兄讲一些经济学方面的知识，收获很多，在此一并感谢。

再次，我要感谢山东社会科学院各级领导对我的接纳和认可，为我提供了一个更加宽广的研究平台，感谢国际儒学研究与交流中心各位同仁对我的厚爱，感恩一路上有你们并肩前行。书稿顺利出版，还要感谢出版社冯春凤老师为此付出的辛勤劳动！

最后我要感谢我的家人。感谢我善良、勤劳的父母，常年的辛苦劳作早已经让你们的头发变得斑白，而正是有你们在我身后默默无闻的支持，我才能从一个农村出来的孩子，一步步上学读书到今天博士毕业，最后顺利来到山东社会科学院工作。感谢我的岳父母，谢谢你们不嫌我少年穷，在我一无所有的时候仍然支持我，鼓励我，并给了我一个美丽漂亮、温柔贤惠的妻子。最后，我要感谢我的爱人李敏和我的儿子张林熙。在我读博期间我们完成了人生中的婚姻大事。认识九年来，感谢你一直陪在我的身边，照顾我的方方面面，承担家庭的重任。有你的支持，我才能安心的写博士论文，完成学业。感谢我的儿子张林熙，在我的工作稳定之后就来到我们的身边，每一次修改论文到深夜回到家中看到你稚嫩的脸庞和银铃般的笑声，我所有的疲惫就一扫而光。在我的书稿即将出版之际，你也马上两岁了，感谢你为我们家庭带来的幸福与快乐。

"言有尽而意无穷"，我想即使是再多的言语也无法表达我对各位老师、同学、朋友、同事、家人的感谢，但我还是要再说一声谢谢！同时，衷心地祝愿各位老师、同学、朋友、同事以及家人身体健康，万事顺意。

张兴

2019 年 8 月

济南舜耕